成功 失敗

是借來的 是自找的

投資「潛力股」，留下「人情債」，他人

商業，就是這麼簡單！

李定汝
潘鴻生 ——著

目錄

目錄

目錄

目錄

前言

　　做生意，從一定程度上說就是交朋友。在人際社交和認知過程中，人們往往存在一種傾向，即對於與自己友好的對象，會更加樂於接近，把他視為朋友。一旦成為朋友，雙方會更加容易發現和確認對方值得自己肯定和引起好感的事情，不斷鞏固並深化對對方已有的積極性評價。在這一心理定勢的作用下，朋友之間的相互交往與認知必然在其深度、廣度、動機、效果上，都會超過非朋友之間的交往與認知。做生意也要受上述規律的支配，若能和客戶成為朋友，對於自己的事業無疑是十分有益的。

　　生意不只是單一的商務往來，它還伴隨著人情。從某種意義上說，與你生意往來的對象也不僅僅是客戶，他們同時也是你的朋友。如果你能把客戶當成朋友那樣對待，做足了人情，客戶自然情動於衷而後發乎於外，你還愁沒有生意嗎？所以，做生意之前，不要著急進入主題，還是先和客戶培養感情才是你當務之急。

　　俗話說：「朋友多了路好走。」無論做哪一行，都要先交朋友，後做生意，先賺人氣再賺財氣。這樣，可以盡可能的減少商業摩擦和阻力。其實這就是商場上的政治學。能夠正確處理好與客戶關係的高手，往往能夠在商場中長袖善舞，並能遊刃有餘地處理關於客戶的各種複雜關係，從而廣結善緣、廣攬合作，進而廣開財路、廣闢財源。

　　先交朋友，再做生意。這並非刻意拉攏，而是以心換心。你真心待人，別人自然也會真心待你。當你真心把客戶當成朋友，彼此傾吐肺腑之言，互

前言

相體恤愛護，那麼朋友也成了，生意自然水到渠成。

我們要和客戶交友，需要以誠相待。做生意的過程，其實就是人與人之間的心靈溝通的過程。因此，想要交易成功，僅僅依靠語言等膚淺的技巧是遠遠不夠的，我們還要學會掌握客戶的心理，迎合客戶的興趣，用真誠來打動顧客，使他對你產生信賴感，視為自己的朋友。

在生意場上，會交朋友是生意人的必備能力，會相處朋友是成功者的不二法門，把接觸過的人盡可能多的變成自己的朋友更會成就事業的巔峰。縱觀古今那些商業泰斗，不論是先秦的呂不韋、晚清的胡雪巖，還是華人首富李嘉誠、世界巨富比爾蓋茲，他們事業的成功都得益於朋友之助。

他山之石，可以攻玉。真正高明的人，朋友的作用是不言而喻的，但很多人苦惱於不會結交朋友，其實，在生意場上，如何交朋友是一門學問。所以，你首先要認識到朋友對於事業的重要性，然後，對於如何如何結識、結交朋友；如何與朋友維護和保持你們的友誼；如何做好生意場上的應酬交際；如何掌握好在生意場上的感情投資等，都需要有一定的了解和認識。

本書針對以上現實問題，一一為你詳解其中要點，幫助你在生意場上有效的與人溝通，結交更多的朋友，從而為自己將來的成功搭橋鋪路。

第一章

做生意就是交朋友，商界永不過時的生意經

　　生意場上一條人人盡知的商業原則是：先交朋友後做生意。朋友就是財富，朋友就是最大的生產力。朋友就好比一座無形的金礦，擁有了這座金礦，你就掌握了取之不盡的財富。很多成功的商界人士都深深意識到了朋友這種資源對自己事業成功的重要性。所以，想賺錢就要先交朋友，只有自己的人氣和合作對象達到一定高度的時候，生意興隆的時候也就不遠了。

朋友是一筆無形資產

　　朋友是一種無形資產，是一種潛在的財富。表面上看來，它不是直接的財富，可沒有它，就很難聚斂財富。人生中最大的財富便是朋友，因為它能為你開啟所需能力的每一道門，讓你不斷的成長，不斷的獲得財富。

　　朋友是什麼？朋友就是彼此有交情的人，彼此要好的人。友情是一種最純潔、最高尚、最樸素、最平凡的感情，也是最浪漫、最動人、最堅實、最永恆的情感。人人都離不開友情。在這個競爭激烈的社會，有些人做起事來，左右逢源，要風得風、要雨得雨；而有些人卻處處碰壁，舉目四顧一片茫然。兩種不同的際遇，和你有無朋友或朋友多少有很大關係。古今，有很多人就是靠朋友的幫助而改變了自己的命運。

　　麥凱信封公司的董事長哈威·麥凱（Harvey Mackay）從大學畢業那天就開始找工作。當時的大學畢業生很少，他自以為可以找到最好的工作，結果卻徒勞無功。好在哈威·麥凱的父親是位記者，認識一些政商兩屆的重要人物，其中有一位叫查理·沃德。查理·沃德是布朗比格羅（Brown Below）公司的董事長，他的公司是全世界最大的月曆卡片製造公司。四年前，沃德因稅務問題而服刑。哈威·麥凱的父親覺得沃德的逃稅一案有些失實，於是赴監獄採訪沃德，寫了一些公正的報導。沃德非常喜歡那些文章，他幾乎落淚的說，在許多不實的報導之後，哈威·麥凱終於寫出公正的報導。

　　出獄後，他問哈威·麥凱的父親是否有兒子。「有一個在上大學。」哈威·麥凱的父親說。「何時畢業？」沃德問。「他剛畢業，最近正在找工作。」「噢，那正好，如果他願意，叫他來找我。」沃德說。第二天，哈威·麥凱打

電話到沃德辦公室，一開始，祕書都不肯轉接電話。後來提到他父親的名字三次，才得到跟沃德通話的機會。

沃德說：「你明天上午 10 點鐘直接到我辦公室面談吧！」第二天，哈威・麥凱如約而至。沒想到面試變成了聊天，沃德興致勃勃的聊哈威・麥凱的父親的那一段獄中採訪。整個過程非常輕鬆愉快。聊了一會兒之後，他說：「我想派你到我們的『金礦』工作，就在對街 ——『品園信封公司』。」

在街上閒晃了一個月的哈威・麥凱，現在站在鋪著地毯、裝飾奢華的辦公室內，不但頃刻間有了一份工作，而且還是到「金礦」工作。所謂「金礦」是指薪水和福利最好的部門。那不僅僅是一份工作，更是一份事業。42 年後，哈威・麥凱成為全美著名的信封公司 —— 麥凱信封公司的老闆。哈威・麥凱在品園信封公司工作當中，熟悉了經營信封業的流程，懂得了操作模式，學會了推銷的技巧，結交了很多朋友。這些朋友成了哈威・麥凱成就事業的關鍵。事後，哈威・麥凱說：「感謝沃德，是他給我的工作，是他創造了我的事業。」

朋友越多，出路越多；朋友越多，賺錢的機會自然也就越多。幾千年來，這已經被無數的經驗和教訓所驗證。友情是成大事者最重要的因素，也是我們挖掘人生金礦的必經之路！

朋友對一個人的命運有著十分重要的影響。一個人如果沒有朋友，就相對少了一些可以幫助他的人，就沒辦法獲取相關支持，進而不可能取得成功。而一個人有了朋友，就可以得到相對的支援，做起事來一帆風順，甚至可以說，成功是有效經營友情的結果性表現，是必然會出現的。

有一位企業家開始發展自己的事業的時候，在各方面都不是特別突出，但是他深知，商業競爭殘酷的戰場上，學會交朋友，才是決勝的關鍵，於是

在短短的 3 年時間裡，正是堅守情誼制勝這一原則，他的人生之路越走越寬，最終成就了輝煌的事業。曾與他共事 20 多年的友人這樣評價他，在同行業或同輩中，論聰明，論能力，他不是最優秀的，他有事業上的成功，八成以上的因素在於他善交朋友，他很願意與大家分享，大家才會爭相以報，正是由於他善交朋友，才取得了非凡的成就。

可見，善於交朋友是我們到達成功彼岸的不二法門，是一筆看不見的無形資產。在做生意的過程中，你要在乎的不僅僅賺了多少錢，累積了多少經驗，更重要的是你認識了多少人，結識了多少朋友。朋友是你寶貴的無形資產，別忽視你身邊的朋友，說不定哪天他們會成為你事業的轉捩點，是你終身受用的無形資產和潛在財富！

成功是從交朋友開始的

朋友是一種資源和資本，很多成功的商界人士都深深意識到了朋友對事業成功的重要性。無論你從事什麼職業，學會交朋友，友好的與朋友處理，並讓朋友成為你事業的夥伴或支持者，你就在成功路上走了 85% 的路程，在個人幸福的路上走了 99% 的路程了。因為朋友是你終身受用的無形資產和潛在財富！

莫洛爾在擔任美國紐約某銀行的董事長兼總經理的時候，他的年收入高達 100 萬美元。但是他最初只不過是一個地方法院的書記員而已。後來讓他的事業發生驚天動地變化的原因是什麼呢？究竟是靠什麼法寶作後盾呢？莫羅爾一生中最幸運，也是最重大的一件事就是他博得了一個大財團董事長的青睞，從而一蹴而就，成為全國矚目的商業鉅子。據說這個大財團董事長挑選莫羅爾擔任這一要職時，是因為他不但人格高尚，而且非常會與人相處，

結交了很多朋友。而這些朋友也對他鼎力幫助，使其事業登上了頂峰。

其實，成功的過程本身就是一個不斷結交朋友的過程，朋友的多少決定了成功的程度。一個人有多成功，關鍵要看他服務了多少人，和多少人在為他服務。無論我們做哪一行，或從事何種職業或專業，如果我們有很多朋友，實現成功就很容易；如果我們不知如何與他人相處，那麼要實現成功就很困難。所有成功人士都有一個共同點，就是擁有大量的朋友資源，並與其保持著良好的聯繫。

吉田是日本一家保險公司的推銷員。一天，吉田正要去車站搭車，可是人一到月臺，電車正好開走，而下一班車還得再等 20 分鐘。吉田突然看到月臺對面有一塊醫院招牌，是吉田大步來到這家醫院，才到門口，便湊巧撞上穿著白衣的醫生。吉田一時頭腦反應不來，便劈頭直說：「我是保險公司的吉田，請你投保！」

遇上這麼一位冒失的推銷員，醫生一時間啞口無言。可是當時正巧看診到一個段落，這醫生對吉田的單直入產生了興趣。

「這麼簡單就要人投保呀？有意思，進來聊聊吧。」

進了醫院，吉田將平時學會的保險知識全盤托出，最後還加了一句：「我正要從上賀茂開始，一直拜訪到伏見。」（注：上賀茂位於京都北側，伏見位於京都南側）結果醫生說：「哇，我再不快捲鋪蓋逃命，我的老命也不保了，哈哈哈哈……」

雖然醫生幽默開玩笑說要逃命，其實他早已買了好幾份保險，也知道吉田還是保險推銷的新手。可是看在吉田態度認真的份上，說出了心裡話：「保險實在高深莫測，說實話，我已經保了五六張，每次都被保險推銷員說得天花亂墜，可事後心裡還是一塌糊塗，這裡有我兩保單，就當是學習，給你拿

回去，評估評估好了。」

　　拿了保單，吉田充當醫生的家人，分別拜訪了醫生投保的公司，確認保單的內容，然後製作了一本圖文並茂的解說筆記，又用筆劃下重點，好讓醫生容易了解。

　　當醫生把解說筆記交給他的會計師看時，會計師極力稱讚這份評估報告，而且還當面建議醫生要買保險就最好向吉田買，結果，醫生就正式要求吉田為他重新組合設計他現有的那 6 張保單。

　　於是吉田根據醫師的需求，將原本著重身後殘障的死亡保險，轉換為適合中老年人的養老保險與年壽保險。對吉田來說，這位醫生客戶不但為吉田帶來一份高達 8,000 萬日元的定期給付養老保險契約的業績，同時也給了她一次難得的比較各家保險公司保險商品的機會。

　　後來，這位醫生又將吉田介紹給幾位要好的醫生朋友。這幾位醫生，也都請求吉田為他現有的保單做評估。而吉田也不厭其煩的為他們製作解說筆記，詳細記錄何時解約會得到多少解約金、不準時繳費的結果、殘廢後的稅賦問題等等。就這樣，吉田獲得了更多醫師的認可和幫助。

　　隨後，吉田不斷運用由一個朋友到一批朋友的方法擴大現有的市場，同時努力保持良好的交往。因為與客戶相處和交往融洽，有些客戶就會以「回饋一張保單」的方式，向吉田表達謝意，並且再為她介紹幾位新客戶，使她的業績一直保持著最高紀錄，吉田因此成了年輕的百萬富翁。

　　在我們追求事業成功的過程中，朋友有著至關重要的作用。如果說血脈是人的生理生命的支援系統，那麼朋友則是人的社會生命的支援系統。在今天的商業社會裡，有朋友就有機會，有朋友就有前途，有朋友就有財富。隨著社會的不斷發展和進步，人與人之間的連繫也隨之更加密切。我們的學

習、工作、生活、娛樂都緊密的與別人連繫起來。你認識的人多,結交的朋友越多,你的事業就越發達。因此,能成就大業者,除了要有一定的業務知識,最為關鍵的還是要廣泛結交朋友。

朋友是財富的源泉

當今社會,朋友對於一個生意人的成功有著特殊的重要性。一切的事業都是與人有關的事業。交朋友是一個生意人通往財富、成功的入門票。

李嘉誠的次子李澤楷家中實木裝飾的餐廳裡掛滿了鏡框,上面鑲嵌著李澤楷與一些政界要人的合影,其中有新加坡總理李光耀以及英國前首相柴契爾夫人等。結交上層人士並廣交朋友,是李澤楷能夠在商界遊刃有餘的堅實基礎。

1999 年 3 月,李澤楷憑父親李嘉誠和朋友的幫忙,使香港特區政府確定了建設「數碼港(數位港)」的專案,並將其交由盈科集團獨家投資和興建。之後,李澤楷又得到朋友的支援,收購了上市公司得信佳,並將自己的盈科集團改名為「盈科數碼動力」。盈科的收購行動及數碼港概念的刺激,使其股市市值由 40 億元變成了 600 億元,盈科成為香港第十一大上市公司,這讓李澤楷在一天之內賺了 500 多億。

2003 年 1 月,李澤楷出席了在瑞士達沃斯舉辦的世界經濟論壇,並與微軟的比爾蓋茲、索尼的董事長兼執行長出井伸之這些傑出的企業家在一起進行討論。這使得李澤楷的個人形象在商界更具有影響力,同時也為李澤楷在商界賺得更多財富,結交了更多的朋友。

對生意人來說,結交對自己事業有幫助的人是提高自身競爭能力、開拓事業版圖的一個重要手段。

朋友是生意人的寶貴資源。結交朋友，使你能與他人互通有無、互惠其利，使你的生活和事業平添無限樂趣和助力，使你實現自己的理想，成就事業，達成目標。

透過朋友的幫助壯大自己的事業。有了朋友的幫助，你的生意會如魚得水；缺少了朋友的幫忙，你的生活及生意則寸步難行。朋友是生意人通往成功、財富的門票，只有善於結交朋友的生意人才有可能越來越走向成功。所以，從現在起，你要學會廣泛結交朋友，因為朋友能為你創造財富，甚至幫你改變命運。

朋友為你帶來機遇

每個朋友都意味著一個機遇，每一個機遇的背後都可能隱藏著財富。廣泛結交朋友的同時為我們帶來了很多的可能性，你不僅認識了別人，別人也了解了你，彼此間形成了一種很好的溝通、互換，這種交往會讓你喜獲豐收，甚至一舉兩得，既加深了友誼又獲得了發展的機遇。

張家瑋搭火車時，和鄰座的一個人聊了起來。這個人以前是行銷部的經理，後來，辭職自己開了一家公司，現在這家公司發展非常好，他們聊得很投機。到目的地後，他們匆匆交換了名片，張家瑋順便也要了那個人的家庭住址和電話。過了幾個月後，張家瑋所在的公司倒閉，他也就失業了，找了幾個月的工作仍無著落，他非常著急，有一天，張家瑋忽然想起了那位在火車上遇到的人，於是就抱著試試看的心理打電話給他，說明了自己的情況，問那裡有沒有適合自己的職位，那個人對張家瑋說：「只要你過來，我就保證你有一份非常滿意的工作」。他為張家瑋介紹了一家公司，讓他去面試，就這樣，他找到了新的工作。

廣泛與人交往是機遇的源泉。交往越廣泛，遇到機遇的概率就越高。有許多機遇就是在與朋友的交往中出現的，有時甚至是在漫不經心的時候，朋友的一句話、朋友的幫助、朋友的關心等都可能化作難得的機遇。在很多情況下，就是靠朋友的推薦、提供的資訊和其他多方面的幫助，人們才獲得了難得的機遇。

有句話說得好，你是誰並不重要，重要的是你和誰在一起。物以類聚，人以群分。在現實生活中，你和一位賭徒在一起，就會認識更多的賭徒；和一位上班族在一起，就會認識更多的上班族；和一位商界菁英在一起，就會認識更多的商界菁英。

有朋友的扶持，前路更好走

人是最大的資源，不管做什麼事情，都有人的因素。有人說：「失去財產，仍有從頭再做生意的機會，失去朋友，就沒有第二次的機會了。」的確，黃金有價，朋友無價。朋友是我們事業成功和生活幸福的源泉。

許高飛，某投資顧問有限公司總經理，目前其個人財富大約有 500 萬元。而其事業的成功靠的就是朋友的幫助，比如他有眾多的媒體朋友，有世界 500 強的公司如聯合利華、三菱電機、通用等客戶……

從許高飛的個人發展來看，他的每一步都是靠朋友的幫助發展起來的！

這是一個很有故事的人，早年的他胸懷著夢想來到大都市，從一家公司的小職員做起，到後來成為某報社培訓部門的負責人，再到後來自己創業成立公司，幾乎每一次成功的飛躍都讓人不可置信卻又真實的存在。

平頭，黝黑的皮膚，一年多以前認識許高飛的人都還以為他還是個學生。你也許很難想像，這樣一個大男生已經能自如的穿梭於銀行家、企業家

之間，遊走於經濟體系的頂端，同時又掌控著高端金融和管理培訓專案。許高飛說，他一路走來必須感謝幾位給予他巨大幫助的人，沒有他們的帶領和提攜，他的人生也許不會如此多彩多姿。

某投資銀行的副總裁劉某也許是給他幫助最直接的人，在他打算創業的時候，正是劉某為許高飛籌集了創業的大筆資金，這一點決定了許高飛的公司從一開始就擁有很高的起點。也同樣是劉某為他提供了大量有價值的建議，令許高飛受益無窮。而許高飛和劉某的認識，僅僅是因為許高飛租的房子恰巧是劉某的，而劉某的太太又正好是許高飛的同鄉，一來二往，他們也就熟識了。兩個人都很健談，話題從人生到事業，常常一聊就是幾個小時。許高飛偶爾也會訴說自己對於未來事業的期許和打算，而許高飛的這些想法使劉某認定這是一個很有想法的年輕人，這也是後來劉某願意幫助他的原因之一。

或許你會覺得許高飛的成功源於幸運，事實上，即使你沒有如此幸運的經歷，只要懂得多結交對自己事業有益的朋友，那也是非常了不起的事情！這些人總有一天會幫助你成就事業，活化你的財富！

紅頂商人胡雪巖曾說過：「一個人的力量到底是有限的，就算有三頭六臂，又辦得了多少事？要成大事，全靠和衷共濟，說起來我一無所有，有的只是朋友。」的確，「一個籬笆三個樁，一個好漢三個幫」，這道理是顯而易見，成功的生意人也都是這樣做的。

童年的傑克‧倫敦是貧窮而不幸的。14 歲那年，他借錢買了一條小船，開始偷捕牡蠣。可是，不久之後就被水上巡邏隊抓住，被罰去做勞工。傑克‧倫敦藉機逃了出來，從此便走上了流浪水手的道路。

兩年以後，傑克‧倫敦隨著姐夫一起來到阿拉斯加，加入了淘金者的隊

伍。在淘金者中，他結識了很多朋友。他這些朋友中三教九流什麼人都有，而大多數是美國的勞苦人民，雖然他們的生活貧窮困苦，但是在他們的言行舉止中充滿了生命的活力。

傑克‧倫敦的朋友中有一位叫坎里南的中年人，他來自芝加哥，他的辛酸歷史可以寫成一本厚厚的書。傑克‧倫敦聽他的故事時經常潸然淚下，而這更加堅定了傑克‧倫敦心中的一個目標：我要寫作，寫淘金者的生活。

在坎里南的幫助下，傑克‧倫敦利用休息的時間看書、學習。1899 年，23 歲的傑克‧倫敦寫出了處女作《獵人》，接著又出版了小說集《狼之子》。這些作品都是以淘金工人的辛酸生活為主題的，因此，贏得了廣大中下層人士的喜愛。傑克‧倫敦漸漸走上了成功的道路，他的著作在全國暢銷，也給他帶來了巨額的財富。

剛開始的時候，傑克‧倫敦並沒有忘記與他同甘苦、共患難的淘金工人們，正是他們的生活給了他靈感與素材。他經常去看望他的窮朋友們，一起聊天，一起喝酒，回憶以往的歲月。

但是後來，傑克‧倫敦的錢越來越多，他對於錢也越來越看重，甚至公開聲明他只是為了錢才寫作。他開始過起豪華奢侈的生活，而且大肆揮霍。與此同時，他也漸漸的忘記了那些窮朋友們。

有一次，坎里南來芝加哥看望傑克‧倫敦，可傑克‧倫敦只是忙於應酬各式各樣的聚會、酒宴和修建他的別墅，對坎里南不理不睬，一個星期中坎里南只見了他兩面。

坎里南頭也不回的走了。就這樣，傑克‧倫敦的淘金朋友們逐漸從他的身邊離開了。

離開了朋友，就斷了寫作的源泉，傑克‧倫敦的情緒沉悶、思維枯竭，

再也寫不出一部像樣的著作了。1961 年 11 月 22 日，處於精神和金錢危機中的傑克‧倫敦在自己的寓所裡用一把左輪手槍結束了自己的生命。

傑克‧倫敦因為朋友獲得了成功，也因為失去朋友而一敗塗地。

這個故事告訴我們：沒有了朋友，你就等於失去了一切。世上有很多路，但朋友之路是萬萬不可斷絕的。因為，人是感情動物，需進行感情上的交流，以獲得幫助和友誼。在邁向成功的道路上，要想堅持到底，僅僅依靠信念的支持是不夠的，還必須有友誼的滋潤。所以，每個人生活在社會上，永遠都要靠朋友的幫助。

多個朋友多條路

俗話說：「在家靠父母，出門靠朋友。」每個人都難免遇到需要幫助的時候，特別是在社會功能沒有完全建立的情況下，朋友之間的互助顯得尤為重要。在生活中，每天都在發生著朋友的故事，當你為了某一件事情快要徹底絕望的時候，因為朋友的出現而變的「柳暗花明」，只有的事例數不勝數，同時也證明了「多一個朋友多一條路」這句話的正確。

對於生意人來說，多交朋友才會處處順利。仔細的去看那些成功的生意人，會發現他們有一個共同之處，那就是他們的朋友都很多，交往都很廣泛。因為朋友越多，從朋友那裡獲得的資訊就越多，這樣就比別人多了一些成功的機遇和橋梁，做起生意來也會順風順水。

有人曾問某公司董事長打拚成功的經驗，他故作神祕的問：「你要聽大話？還是實話？」那個人說，當然是後者。他不改幽默本色，故意誇張的把門關上，然後才說：「就是靠朋友。朋友越多，機會也越多。很多機會當初自己根本沒想過，更沒看到。」出身貧寒的他，是從小業務員做起的，憑他

的學歷及出生背景，竟然成就了今天的大業，確實是誰也沒想到的。但他最大的優點是性格豪爽，很容易交到朋友，事實上他也正是靠朋友的介紹、引薦、扶持，一步一腳印才走到今天這個地步。他有兩本總是隨身攜帶的「通訊錄」，因為他的朋友遍及各領域，上千、上萬條，數都數不清。

　　一個人只要活著，就不能沒有朋友。結交一個朋友就多一條路，在你最困難的時候，往往是你的朋友幫助了你；離開了朋友，你往往就會陷入無助之中。朋友會在你意想不到的時候幫上你的大忙。

　　在自己的發展道路上，結交朋友，讓朋友推進自己的發展，有時要比只憑自己的努力更容易接近成功。這個道理，很多成功人士身上能夠得到很好的印證。對於正在打拚的人來說，多結交朋友，讓朋友多提供一些機遇，距離成功也不會太遠了。

　　劉正剛畢業於著名學府，在校期間是非常優秀的學生幹部，結交了許多好朋友。畢業後自己創業開辦一家公司，剛開始紅火興隆有聲有色的，賺了一些錢，他就拿自己賺的錢，幫助其他的朋友創業。

　　劉正剛看準了一個很好的機會，投資一個專案，把公司的資金全部投入進去，可是資金回來得很慢，資金很快就周轉不靈了，如果資金跟不上，那公司就徹底垮了，劉正剛實在沒錢了。他的同學和朋友聽說了，全部傾囊相助，幫助劉正剛度過難關。這個專案讓劉正剛賺到很多錢，不但可以很快還給朋友們，公司的資產也翻了幾倍。

　　生活中，我們不能缺少朋友。多結交一個朋友就多一條路，在你最困難的時候，往往是你的朋友幫助了你；離開了朋友，你往往就會陷入無助之中。朋友，是你人生中一筆巨大的財富，是關鍵時刻拉你一把的靠山。這是每一

個生意人需要牢記於心的事情。

不要忽視身邊的每個人

如今，一些有識之士將朋友視為財富，稱之為「今日的朋友，明日的財富」，把朋友的作用和地位提升到一個新高度。一個人的事業是否成功，是否大發展，在很大程度上取決於朋友的支持力，能否不斷發掘益友、創造益友、培植益友、珍視益友，是決定一個人事業能否成功的關鍵，而朋友圈的素養高低，支援力的多寡決定事業發展的層次。

張心怡是一名財經記者，由於平時待人非常熱情，所以身邊有許多朋友。很多時候，她都能從這些朋友中得到一些幫助。當然，她並沒有因為得到幫助而對哪一個朋友特別熱情，而是對大家都一視同仁，這讓她在好友圈裡很受歡迎。

有一次，張心怡為了做一個名人專訪，想要採訪當地最有名的一個企業大亨。但是，她幾次約見對方都沒有成功，這讓她的採訪工作無法進行下去。眼看著就要到臺裡約定的最後期限了，如果她再拿不出一篇像樣的稿件的話，恐怕就無法向臺裡交差了，到時她不光要受罰，恐怕今後很長一段時間她的稿子都會被「打入冷宮」。

於是，非常煩悶的她找來平時比較熟的朋友解悶，也想順便換個思路，看看朋友能不能幫她出點主意什麼的。當她把自己的遭遇講給朋友聽後，朋友們雖然很替她著急，也在那裡七嘴八舌的出主意，可是，他們的主意都不可行，被一一否決掉了。就在她不抱任何希望時，一向不大起眼的雅玲突然發話了。她說：「我倒是可以試著幫你找找那位大亨，他好像是我堂哥的舅舅。」

聽她這麼一說，張心怡只覺得眼前一亮，原來自己身邊就有認識那位大亨的人，虧自己還曾託了那麼多人都沒找到門路。可是，轉念一想，她又猶豫了，因為雅玲在她朋友裡是最普通的人，甚至到現在也沒有一個正職的工作，有時候還會和張心怡借錢救急，託她辦這件事可靠嗎？但是，現在她又實在找不到別的門路，也只能「死馬當活馬醫」了。

讓張心怡想不到的是，就在第二天，雅玲就給她回話了，說她已經託堂哥聯繫上了那個大亨，約好下午 3 點到對方辦公室進行採訪。張心怡感激的對雅玲說：「這次真是太感謝你了。」雅玲笑笑說：「你平時對我那麼好，應該說感謝的是我啊。」

在通往成功的道路上，朋友有時具有紐帶和橋梁的作用，可以幫你盡快到達成功的彼岸。就像上面的故事那樣，張心怡之所以可以採訪到那位大亨，完全是由於雅玲的幫助。一個人遇到的困難自己可能無法解決，但也許這個問題對於你的朋友來說是個小兒科，如果得到了朋友的幫助，問題自然迎刃而解。所以，一個人如果想要在成功的路上走得更快，朋友是必不可少的。對於在社會上拚搏的人來說，實力、學歷都比不上「人力」，要想在同樣的競爭條件下獲得比別人更好的運氣，就不要忽視身邊的每個人。

多一個朋友，必定可以多為你帶來一個財富機會，所以千萬不要忽視和放棄與周圍的人交朋友的大好機會。你所認識的每一個人都有可能成為你的好幫手，成為你事業中重要的支撐。

喬伊絲在美國的律師事務所剛開業時，連買一臺影印機的錢都沒有。移民潮一浪接一浪湧進美國時，他接了很多移民的案子，經常在半夜的時候被喚到移民局的拘留所領人。他開一輛破舊的車，在小鎮間奔波。經過多年的努力，他的事業得到了很大的發展，業務擴大了，處處受到禮遇。

天有不測風雲，一念之差，喬伊絲將資產投資股票幾乎虧盡 —— 更不巧的是，歲末年初，移民法又再次修改，職業移民名額削減，頓時門庭冷落，幾乎快要關門了。

正在此時，喬伊絲收到了一封信，是一家公司的總裁寫給他的，信中說：願意將公司 30% 的股權轉讓給他，並聘他為公司和其他兩家分公司的終身法人代理。看完信後，他又驚又喜，不敢相信這是真的。喬伊絲帶著疑惑找上門去。

總裁是個 40 歲左右的波蘭裔中年人，見到他後，笑著問道：「還記得我嗎？」

喬伊絲搖搖頭，總裁微微一笑，從辦公桌的大抽屜裡拿出一張很皺的 5 美元匯票，上面夾的名片印著喬伊絲律師的電話、地址。對於這件事，他實在想不起來了。

總裁看了看他，緩緩的說道：「10 年前，在移民局，我在排隊辦理工卡，當時人很多，我們在那裡擁擠和爭吵。當輪到我的時候，移民局已經快關門了。當時，我不知道申請工卡的費用漲了 5 美元，移民局不收個人支票，我身上沒帶錢，如果我再拿不到工卡，雇主就不會雇我了。就在這個緊急關頭，你從身後遞了 5 美元上來，我要你把地址留下，以後好還錢給你，你就給了我這張名片。」

喬伊絲也慢慢想起了這件事，但是仍半信半疑的問：「後來呢？」

總裁繼續道：「後來我就在這家公司工作，很快我就發明了兩個專利。我到公司上班後的第一天就想把這張匯票寄出，但是，我卻一直沒這麼做。我一個人來到美國闖天下，經歷了許多冷落和磨難。這 5 美元改變了我對人生的態度，所以，這張匯票是不能這麼隨隨便便就寄出去的……」

　　喬伊絲做夢也沒有想到，多年前的小小善舉竟然獲得了這樣的回報，僅僅 5 美元就把兩個人的命運改變了。

　　你如何對待朋友，他們就如何對待你。古人云：欲知其人，視其朋友。同理，欲知事業，視其朋友。事業與朋友是成功人士開創輝煌未來的助推器，是不斷實現自我突破，實現自身和事業大跨越的基石。

　　一個人的力量是有限的，孤軍奮戰、單打獨鬥，很難成為行業的長青樹。所以，要眼睛向外，面向社會，借力助推，眾人扶持，充分挖掘利用身邊的每個人，誰能做到這一點，誰就能勝人一籌，成為最終的勝利者。

和朋友共創輝煌

　　生意場上，凡是欲成大事大業者必交一幫朋友；凡是成就大事大業者必有一幫朋友。以事業聚積朋友，以朋友共創事業，朋友是開拓事業的策略制高點。如果你有敏銳的洞察力，去捕捉商機，加上你的朋友的幫助，那就意味著財富。

　　經營之神王永慶，從做生意開始就非常重視與客戶之間的友誼。

　　王永慶在剛開始做木材生意的時候，對客戶的條件放得很寬，往往都是等到客戶賣出木材之後再結帳，而且從不需要客戶做任何擔保。不過沒有一個客戶曾拖欠和賴帳，原因就在於王永慶不但了解每一個客戶的為人，也理解他們做生意的難處。正因為有了這份信任，客戶很快就跟王永慶建立起了深厚的友誼。

　　某塑膠有限公司趙董事長，曾經與王永慶合作過建築生意。有一次，趙董需要大量資金周轉，於是向王永慶表明自己的難處。王永慶二話不說，立刻借給他十幾根金條，還不收分文利息。這樣的舉動不僅幫助了趙董，兩人

還成了好朋友，並且從此後，趙董營造的工程上所需要的木材全都向王永慶購買，成為王永慶最大的客戶。

王永慶後來回憶這段往事的時候說道：「正因為結識了木材界眾多朋友，我才能在木材業迅速崛起，站穩腳步。」後來，王永慶一直在建築業發展，並且木材廠的生意非常興隆。

可見，一個人有了朋友的幫助，他的事業和未來就會越做越大。你如果想在社會上立足，想在事業上出人頭地，就必須學會結交朋友，並讓這些朋友變成自己成功的法寶。

對生意人來說，能力只是經商的技能，朋友則是祕密武器，如果光有能力，沒有朋友，個人競爭力就是一分耕耘，一分收穫。但若加上朋友，個人競爭力將是一分耕耘，數倍收穫。所以說，結交和善待你身邊的朋友，就可以為你的事業成功鋪平道路。

一個美國富翁，有 10 個兒子，擁有 1,000 萬美金的財產。富翁最鍾愛的是小兒子費拉克·梅維爾。臨終前，富翁將他的幾個兒子叫到了床前，對 9 個哥哥說：「我給你們每人 100 萬美元！」父親接著又對費拉克說：「現在我只剩下 100 萬了，還須從中拿出 10 萬來做我的喪葬費，40 萬元捐給育幼院，我只能給你 50 萬，不過，我有 10 個朋友，準備都給你，他們比金錢好得多。」費拉克和 9 個哥哥聽完後都非常吃驚。當確信父親的話明白無誤時，9 個哥哥心中一陣暗喜，齊聲說：「就這麼分吧！」費拉克也沮喪極了，礙於父親的威嚴和哥哥的贊同，他不能表示異議。富翁就這樣將自己的財產順利的分給了 10 個兒子。

幾天後，父親把他的 10 個朋友一一介紹給了費拉克。他們都是父親生意場中往來多年的老朋友。不久，富翁死了，幾個兒子很快揮霍掉了父親留給

他們的錢。費拉克也是如此。當他窘迫時，他想起了父親介紹給他的朋友。於是，費拉克將他們請到了家中，希望他們能給他一些幫助。父親的 10 個朋友非常願意幫助他，但沒有直接給費拉克金錢，而是每人給了費拉克一頭懷孕的牛，還告誡費拉克如何從這 10 頭母牛起家：母牛產下小牛，再變賣小牛，用賣小牛的錢做生意。費拉克遵從父親朋友的教導，用賣小牛的錢與他們做起了生意。在生意上，10 個朋友給費拉克提供了許多方便，還將寶貴的商場經驗傳給了費拉克。費拉克的生意越做越大，財富便像雪球一樣迅速累積起來。費拉克的哥哥們將遺產揮霍掉後，也各自做起了小生意，但缺少生意上常往來的朋友，全要靠自己開闢新的交易夥伴，加之經驗不足，生意大都不順。僅僅過了幾年，費拉克的財富就遠遠超過了他的哥哥。後來，費拉克比當年的父親還要富有。直至這時，哥哥們才明白父親那樣分配遺產的用心。這是一個真實的故事，這個費拉克就是美國鉅賈費拉克‧梅維爾。費拉克‧梅維爾曾經意味深長的說：「我父親告訴過我，朋友比世界上所有的金錢都珍貴，朋友比世界上所有的財富都恆久。這話一點也不錯。」

由此可見，朋友不是金錢，卻勝似金錢；不是資產，卻形同資產。它是取之不盡的財富之源，是一生最大的資本。

在當今社會，一個人的朋友越多、朋友層次越高，他的財路就越廣，這已經成為一個不爭的事實。每一個人都有著自己的財富夢想，這個夢想能否實現，很大程度上取決於他是否擁有一些對自己事業有幫助的朋友。

《時代》雜誌曾經評選出全球最有影響力的 25 位商界領袖，鐘彬嫻是唯一入選的華人女性，她的成功之路被許多人認為是一個奇蹟。而奇蹟中蘊含的奧祕看起來卻很簡單 —— 善用結交朋友。

1979 年，鐘彬嫻以優異的成績從普林斯頓大學畢業。當時她決定在零售

業鍛鍊一段時間，然後再進入法學院學習法律。在她看來，零售業的經驗將對她的法律學習有很大的幫助。零售業的經歷可以培養悟性，鍛鍊自己的臉皮與耐性。於是她加入了魯明岱百貨公司，成為一名管理培訓人員。

鐘彬嫻的家人都是專業人士，唯獨她一個人進入了零售行業。因此，當她面對零售工作，與客戶打交道時，體會到了工作的艱辛。但她沒有放棄，而是決心努力開拓自己的事業。

幸運的是在魯明岱百貨公司，鐘彬嫻遇到了公司首位女副總裁萬斯。此人自信機智，講話清晰有力，進取心強。鐘彬嫻意識到，如果要在相互搏殺的商業社會叱吒風雲，就必須擺脫亞洲人服從特性的束縛。於是，為了向萬斯學習豐富的工作經驗和技巧，鐘彬嫻像對待老朋友一樣對待萬斯，用心來交流，用真誠來互動，並很快取得其信任，讓她心甘情願充當自己的職業領路人。

「有些人只等著機會來臨，」鐘彬嫻說，「我不這樣，我建議人們要抓住能帶你飛翔的人的翅膀。」在萬斯的幫助下，鐘彬嫻在魯明岱百貨公司升遷很快，到了 1980 年代中期，她已一躍成為銷售規劃經理、內衣部副總裁。

後來，鐘彬嫻開始兼任有著 110 多年直銷歷史的雅芳公司的顧問工作。在雅芳，鐘彬嫻卓越的才華和超絕的社交能力吸引了雅芳 CEO 普雷斯的注意。七個月後，她正式加盟雅芳公司。時間長了，她發現在這裡沒有擋住女性升遷的玻璃天花板，女人也有很寬很廣的發展空間。很快鐘彬嫻便在雅芳擁有了自己的人才隊伍，並以卓越的管理才能獲得高管普雷斯的認可，與之結為好友。

1999 年 11 月，在經濟高速膨脹時期，雅芳卻股票下滑，銷售量下降。這時，普雷斯力薦鐘彬嫻繼任 CEO 接手雅芳。20 個月內，鐘彬嫻從廣告、

加工、包裝、銷售等各個環節對雅芳進行了大檢修，使雅芳煥然一新。更令人稱道的是，她沒有放棄雅芳原來的銷售隊伍，反而使這支隊伍重現活力。鐘彬嫻延用老員工，無疑是一種贏得人心的策略，使得她的每一項改革工作都獲得了公司員工的大力支持。

　　一個沒有任何背景的女性，在四十出頭時就能有如此令人羨慕的成就，這不能不說是一個奇蹟。而鐘彬嫻成功的關鍵就在於善於結交朋友，找對了自己職業生涯中的關鍵人物。這就是當代成功速成法則，甚至可以稱之為成功的捷徑。所以說，不斷擴大自己的交友範圍是提高自身競爭力、開拓事業的一個重要手段。

第二章

廣泛結交朋友，生意場上多個朋友多條路

對於生意人來說，朋友是一筆不可估量的財富。俗話說：「多個朋友多條路」。在現代社會，朋友少就好像路不通，不能四通八達、互通有無，做生意自然就阻礙難行。而朋友多，不僅可以讓你獲得財富，還使你擁有被人歡迎喜愛的充實感和快樂感。所以，生意人應該不斷擴大自己的世界，擴大視野，廣泛結交朋友，贏得更多的支持。

同鄉情誼可以利用

俗話說：「同鄉見同鄉，兩眼淚汪汪」。華人鄉情很深，離家越近，同鄉的範圍越窄，離家越遠，同鄉的範圍越寬。範圍越寬，則距離越重要。一個人無論是出於什麼原因，離開家鄉，但對家鄉那份感情，對於家鄉養育之恩的感激，那股鄉情都會影響到他對家鄉人、事、物，獨有的親切感。所以說，人處於異地他鄉時，會更珍重鄉情，珍愛鄉誼。這可是一個人的最弱環節，精通的生意人總能抓住這一點，輕鬆的達到自己的目的。

張先生憑著智慧與汗水創辦了一個大型集團公司，經過幾十年的奮鬥與拚搏，現已成為香港同行業中的佼佼者。張先生雖已成家立業，但時時刻刻都在想著家鄉，想著家鄉的人民，現在年齡也大了，很有一種葉落歸根的想法，但苦於工作太忙，無法回去。

這時，張先生的家鄉為了修築一座大橋，需要一筆不小的資金，當地政府千方百計籌措，才籌到了總數的三分之一，於是就派出王某去找張先生，希望能得到援助。

王某是政府對外聯絡辦的，人很聰明，善於交際，且很有辦法。他看了張先生的詳細資料後，就判斷張先生這時也很有回家鄉投資的意向。因此，在沒有任何人員的陪同，也沒有準備任何禮品的情況下，王某打包票定會籌到款項。

當張先生聽到家鄉來人時，他在欣喜之餘也感到有些驚訝。因為久不聞家鄉的訊息，突然有人來了，該不會是招搖撞騙的吧！張先生心裡不由陣陣疑心，但出於禮節，他還是同王某見了面。王某一見張先生這種態度，知道他還未完全相信自己。於是他挑起了家鄉的話題，他那生動的語言，特別是

那濃濃的愛鄉之情溢於言表，令張先生深受感動，也將他帶回了童年及少年時期，想起了那時的家鄉、那裡的爺爺奶奶還有鄰里親戚……顯然，張先生記憶深處中的那塊思鄉領地已被王某揭開了，蘊藏在心中的那份幾十年的感情全部流露了出來，欲罷不能。

就這樣，經過兩個人的「聊天」，王某對借錢一事隻字未提，只是與張先生回憶了家鄉的變遷，猶如放電影一般。最後，張先生不但主動提出要為家鄉捐款一事，還答應了與家鄉合資開工廠的要求，並與王某成為「忘年交」。

王某巧妙利用「同鄉」的情誼，成功的達到了目的，更給自己增加了一位可以信賴的朋友和靠山。這就是利用「同鄉」情誼做事的最有力的證明。

大多人有著強烈的鄉土觀念，其表現之一就是對同鄉人有一種天生的熱情，特別是到外地上學或謀生之時，這種同鄉感情就越更加強烈。現在，在一些大學裡經常可以見到有某地學生組織同鄉的「聯誼會」，這就說明，他們那種「抱成團」的觀念也確實給大多數同鄉帶去了「實惠」，解決了不少困難。再後來，這種同鄉會性質的團體幾乎到處都能見到。它的形式雖是沒有什麼大的團體，但「親不親，故鄉人」，這種同鄉觀念，借著這種心理，也有一定的凝聚力，它在「對外」上要保持一致性。對內互相提攜，互相幫助，對外則團結一致，抵禦困難和外來的威脅。

與同鄉交朋友，對於幫助我們做事成功，作用不可低估。一個人不論在什麼地方，做什麼生意的同時，都要學會做人，懂得交往，這無論對於個人的感情還是對於未來個人的發展都是有益的。我們要到處找到對事業有幫助的人，讓他幫助自己，拉自己一把，而同鄉就是其中的一點。因此，出門在外一定要學會借助同鄉的情誼巧攀登。

有一個小夥子，在一所著名大學念書。自從開始上大學，就立志要出國

念法律。畢業後，他終於得償所願。美國的哈佛、耶魯的法學院都寄來了入學通知書。但是，兩個學校都只給他半額獎學金。他還必須每年支付一萬五千美元的學費和生活費。雖然到美國後半工半讀這一萬五千美元可以賺來，可是第一年去總得帶上午十萬、一百萬元，這個數字對他來說簡直是天文數字。

在一次同鄉會上，他認識了一位做生意的同鄉，這位同鄉是個地道的億萬富翁。這個小夥子很有心計，專門到這位同鄉家裡拜訪了兩次，跟這位有錢的同鄉談人生、談理想，虛心的請教人生經驗，還專門把自己面臨的問題要麼借錢去美國，成就一番事業，要麼放棄出國的打算，在國內努力再求其他發展，與這位同鄉探討。

在知道這位小同鄉的困難後，這位億萬富翁痛快的答應先讓小同鄉從自己這裡拿一百萬走，以後在美國混出息了再還他，如果混得不好，這一百萬就是資助他了。有了這一百萬，這位小夥子成功的去了耶魯大學法學院，現在已經畢業，並在一個著名的跨國企業 —— 通用汽車公司法律部任要職。此時，一百萬元，對他只是一個小數目，但是，如果當初沒有同鄉對他的支援，慷慨的拿出一百萬，現在，他也可能做得很成功，但他的美國夢或許就破滅了。

大多人對同鄉有特殊的感情，學會利用同鄉之間的情誼，不但可以多交幾個朋友，更重要的是做生意時能得到關照，也許一輩子都會受益無窮。

借同窗之誼拜託事情

同學之間的情誼對很多人來說也是非常珍貴的，因為學校生活是人生中一段美好的時光，不論小學，中學，還是大學，每一段都讓我們回味無窮。

尤其是對於高學歷人來說。善於與同學交往並保持很好的聯繫對於我們未來的發展具有重大的影響。

轉眼間，劉忠浩已經畢業四年多了，在三年的東奔西跑之後，終於在某公司做了一名業務員。七月時，他奉命去外地聯繫一項業務，到了那裡以後才發現，對方公司的客戶經理江育濤正是自己的大學同學。劉忠浩很高興，心想看在老同學的面上，對方怎麼也會照顧一下。誰知道江育濤對他並不熱情，根本沒有一點照顧他的意思。這讓劉忠浩又怨又氣。兩週後，劉忠浩回到了公司，逢人就說同學關係靠不上，他不知道江育濤也在對別人說「就是一個大學同學，畢業以後從來都沒跟我聯繫過，要做事時想到我了！我又不是墊腳石，用到時搬過來，用不到時就踢走！」

劉忠浩平時不注意與同學交際，結果在需要同學幫忙時碰了釘子。這並不奇怪。你在和老同學分開後不相往來，有事時再去找人家，人家怎麼會樂於幫忙呢？

同學有時候會在很關鍵的時刻幫上你一個大忙。但是值得注意的是，平時一定要注意與同學培養並聯絡相互之間的感情。只有平時經常聯絡，同學之情才不至於越來越疏遠，只有這樣同學才會甘心情願的幫助你。

在大千世界，茫茫人海中，彼此能成為同學，實在是緣分不淺。雖相處時間都不是很長，但這中間的關係是值得珍惜，值得持續下去的。如果你與同學分開後，還能保持相互聯繫，對你的一生，或者說對你將來所要達到的目標與理想是會有很大好處的，這其中有利的方面，也許是我們從未想到過的。

富比士曾有一位創業者說，他在創立公司前，曾經花了半年時間到企業家特訓班上學、交朋友。他開始的十幾單生意，都是在同學之間做的，或是

由同學幫著做的。同學的幫助，在他創業的起步階段具有很大的作用。「同學間的資源正好形成互補，與在商界中相比，同學間的信任度更高，合作起來自然成功率也更高。」

可以說，同學是你成就事業的好幫手。從某種程度上看，同學之間的情誼又是僅次於血緣、姻緣的感情。或許很多畢業生都有這樣一種感受，畢業之後在社會上所認識的人（如同事、客戶），多半都帶有很強的功利性，從某種程度上甚至可以說是一種赤裸裸的利益交換的關係。但相比之下，同學是作為在學校讀書期間所結識的人，就自然的顯得單純多了，這主要因為同學之間本來就沒有什麼真正的利害衝突。而這種單純的同學關係有其淳樸性的一面，利用起來處理一些事情，自然的也就顯得更加簡捷便利了。正所謂一提到「老同學」，就意味著是一種期待，一種信任，一種實實在在的幫助。

俗話說：「十年同窗半生緣」。由同窗之情而發展出的友誼是純潔、樸實的，有可能日後發展為長久、牢固的友誼。在現代社會，同學關係是潛在的資產。一位在大學的 MBA 班就讀的胡先生曾經表示，讀 MBA 有兩大目的，一是學習愛立信的一流管理經驗，二是多交些朋友。胡先生認為念這個 MBA 國際班的都不是等閒之輩，與今日的同學成為朋友，就意味著明日的財富。

某木材廠銷售部門經理張大亮，聽說某公司要進一批木材，正在聯繫貨主。於是，張大亮和該公司聯繫，但是他發現已有數家木材公司同時和這家公司聯繫，競爭十分激烈。張大亮透過調查該公司人員材料發現，該公司的一部門經理竟時自己高中時的同學劉和偉，雖然張大亮與其十多年沒見面了，但是張大亮還是決定約見劉和偉。

週六晚上，張大亮和劉和偉二人在一家飯店相聚。見面後，自然是感慨萬千，各自唏噓不已。一陣寒暄後，張大亮就談起了高中時的往事：

「劉和偉，不知你還記不記得，高一時我們的那次旅遊。那時真是天真爛漫，記得爬山時的情景嗎？我們班的馬麗麗怎麼也爬不動了，你拉她一把，你臉紅得不得了，還不好意思拉人家！」

劉和偉不好意思的笑了起來：「我那時哪有那麼大的膽子，哪像你，用一條玩具橡皮蛇嚇得女生們都不敢往前走了，還是我揭穿了你的詭計，把你的假蛇扔到了山下，你還吵著要我賠呢！」說著兩個人都笑了起來。

兩個人又談起了高中時的許多往事，不禁越談越來勁，越談越動情，兩個人都落了淚。

時間已經不早了，兩個人又聊到了當前的工作，張大亮順勢說：「我們公司最近有一批好木材，質優價廉，聽說你們公司正需要，怎麼樣，我們兄弟也合作一回吧？」

當時的劉和偉還正沉浸在高中的記憶之中，一聽到老同學有所求，自己公司又需要，二話沒說，當即就說：「我回去就跟採購部經理說，憑我和他的關係，應該沒問題。」果不其然，幾天後，在老同學的幫助下，張大亮順利的簽訂了訂單合約。

張大亮正是利用與劉和偉的這層同學情誼，先勾起對方的回憶，再順水推舟，提出合作之事，劉和偉也樂得做個人情，雙方既增進了友情，又做成了生意，可謂是一舉兩得。

誰沒有幾位昔日的同窗？說不定你的音容笑貌還存留在他們的記憶中。如果你還想成就一些事業，就千萬不要忘記同學之間的情誼。

讓同事為你盡點心力

對現代人來說，和同事一起打交道、一起分工合作的時間與機會甚至遠

遠超過生命中最重要的親人。有研究顯示，公司中有好朋友的人比其他人有更好的事業發展空間。

在常人看來，與工作中的同事交朋友，是不夠純潔的，因為同事之間存在著競爭，即便表明一片和平，暗地裡也是激流湧動。但這並不是絕對的，無論怎樣，多一個朋友總比多一個敵人要好。若能把同事變成朋友，對你只有好處，而不會有壞處。

可見，與同事融洽相處，得到大家的認可與尊重，無疑對自己的生存和發展有著極大的幫助。每天大部分的時間都是與同事在一起度過的，如果能把同事變成朋友，而你又能透過對方認識更多的人，那麼你的朋友會越來越多，你也將會獲得更大的成功。

要想讓同事把你當朋友，你首先就要以朋友的身分去面對你的同事，以下幾點需要你注意：

1. 相互尊重

同事之間，不管能力和水準有多大的差異，都應對他人有必要的尊重。對那些你認為水準比你高、能力比你強的人，也不要表現出缺乏自尊與自信，這樣往往讓他瞧不起。對那些你認為不如你的同事不要盛氣凌人，因為這樣會因為你對他不尊重而導致正常交往的失敗。不要在他人面前說壞話，不要掃他人興致，不要以質問的口氣對人說話，這些都是對別人的不尊重。相反，在你出現錯誤時，要勇於承認錯誤，並適時的請求別人的幫助。承認你需要幫助，會容易與和你一起工作的人打交道，而告訴別人你從某個錯誤中學到了什麼，則證明你並沒有把自己看得高人一等，讓人感到你容易相處。

2. 相互幫助

俗話說得好：「一個籬笆三個樁，一個好漢三個幫。」同事間只有互相團結、相互支持、互相幫助、相互尊重、親如一家，才能營造一個和諧的工作環境。我們經常能聽到這樣一句話：與人方便，與己方便。我們工作中如果沒有了關懷和愛心，同事之間就無法和睦相處。有時候，我們必須為他人的利益著想。如果只站在自己的角度而不顧別人，那麼你就可能受到排擠、攻擊。不給他人方便的人，自己也難有好的結果，不愛人等於不愛己。

3. 真誠相待

同事間相處具有相近性、長期性、固定性，彼此都有較全面深刻的了解。要特別注意的是真誠相待，不能以「禮」行虛，一個人如果給同事的印象是「虛禮」，他就不能贏得同事的信任。信任是連結同事間友誼的紐帶，真誠是同事間相互共事的基礎。同事之間的工作受阻，或遇到挫折和不幸時，往往是相互之間真誠和信任的重要時機，在這種關鍵時刻要特別留心，把同事的境遇掛在心上，及時給對方真誠的關心和幫助，才能使同事式的友誼地久天長。同時，在同樣的工作條件下，相互的喜好、愛憎都較接近，至少相互比較熟悉，因此，處理各種事情時，只能設身處地替他人著想，在自己的言行付諸行動之前想一想別人這樣對待自己時會怎樣樣？就會獲得別人的讚賞。

4. 不要信口允諾

言必信、行必果，在同事交往中非常重要。一出口，就要考慮到責任

感，沒有把握或做不到的事，不要信口允諾，不能空口說大話。允諾的事不管有多麼困難，也要千方百計的去兌現。如果因其他意外的原因未能辦成，應誠懇的向對方解釋說明，並致以歉意，不可不了了之。在做事或工作中，要有毅力，有持之以恆的決心，凡經過考慮成熟的事就要善始善終，絕不中途鬆懈，虎頭蛇尾。這樣，在交往中才能表明你是個有見地、有能力和可以信賴的人。

總之，做好同事關係是一門藝術。所有的人都需要不斷的學習和實踐、才能臻於嫻熟。只要你根據自己的具體情況，作一個自我分析，從而衝破自我封閉的籬笆，虛懷若谷，就可以建立一個和諧的同事關係。

遠親不如近鄰

俗話說：「遠親不如近鄰。」鄰里之間，抬頭不見低頭見，接觸十分頻繁，彼此之間一些事更是相求不斷。今天你求我，明天我可能會去求你。因此，處理好鄰里關係，做到互敬、互信、互助、互讓，和睦相處，在我們日常生活中顯得格外重要。

在一個居民區裡，住著這樣一對鄰居，那個東面的鄰居的男主人則是一家企業的老闆，而西邊的男主人則是一名普通的銀行職員，他們相鄰將近十年，而且每天在上下班的樓梯間曾無數次的擦肩而過，從來都沒有打過招呼。有一天早晨，東鄰的男主人還沒有穿衣服，就走出房門去放垃圾桶，可是就在他轉身的一剎那，聽到身後砰的一聲，一陣風吹來，把他們家的房門牢牢的鎖上了，但此時他只穿著睡衣、拖鞋，他一下愣在那兒了，不知道自己該怎麼辦才好，後來想要給已經上班的妻子打電話，但是剛起床，所以在他出來的時候手機也沒有帶，卻被鎖在房內，他想借用鄰居的電話，但是不

知道鄰居的名字，正這個時候，鄰居的男主人出門上班，看到他那副模樣，很樂意幫忙，然後借用電話給他的妻子打通電話就這樣在鄰居的幫助下，事情解決了。

可見，生活上的事，日常的瑣事，離不開你的鄰居。無論你的鄰居能力有多小，有些事可能還真離不開他。所以，那種「人人自掃門前雪，莫管他人瓦上霜」的做法實在不可取。

相傳，古時候有個張員外，兩口子為人善良，就是兒子張清不爭氣，不是吃喝玩樂，就是到賭場裡花錢。不久，老兩口去世了，張清再也沒人管了，成天在賭場裡，很快就變成了一個窮光蛋，只好以乞討為生。

一年冬天，風雪交加，張清又冷又餓，只好跑到舅舅家混口飯吃。他舅舅一見是他，臉一沉，讓家人把他趕出門外，張清無處可去，此時才想起爹娘，不禁哭得像個淚人兒。天越來越冷，雪越下越大，漸漸的張清凍得失去了知覺。

這時，張清的鄰居張江見張清躺在雪地裡，便把他背回家，給他暖身子。張清凍餓了好幾天，一下子病得吃不下飯，喝不下水，張江又請來郎中給他看病。張清感動得流下了眼淚，張江勸他說：「好兄弟，別哭了，浪子回頭金不換啊！」後來，張清病好了，惡習也改掉了，每日和張江勤勤懇懇的過日子。沒幾年工夫，哥倆就富裕起來了。人們見了都說：「鄰家鄰家，關起門來是一家，真是遠親不如近鄰啊！」

當你身陷的困境的時候，鄰居可以給你出人意外的幫助。我們不可小看鄰與鄰之間關係，與鄰居相處好關係，也是你在成功道路上的一段必經之路。

鄰里近在咫尺，他們的適時照顧、幫助，能解燃眉之急，婚喪嫁娶，大

事小事，離不開鄰居。鄰里之間本應該互助互利，但我們必須努力去爭取，才能夠得到幫助。生活中，有一個好鄰居，建立一種好的鄰里關係，會使我們在家在外辦起事來又順手又方便。

有一個年輕人和一個商人為鄰，這個年輕人很想和這個商人鄰居一樣做出一番事業，就從銀行貸款投資做生意，可是他畢竟年紀輕，涉世太淺，沒多久就陷入資金周轉不開的困境，這使他想起了平日和自己關係不錯的那個商人。他就找了個合適的時間來到商人家，告訴他自己的難處。商人聽後，笑著說：「商海中人心險惡，你還很年輕，經驗太少，有許多事還沒看透。不過，我會給你談談我這些年來在商場磨練的經驗，也許會對你還有一些幫助。」年輕人聽後，覺得自己明白了不少事理，也似乎從中摸出了一些經商門道。後來，他告訴商人，自己現在的困境，商人說：「我可以幫你度過這個難關，但這些錢必須是用你賺的錢來還我。」年輕人聽後，深表感謝。

鄰居是我們最接觸的關係，一定要學會把鄰居的關係做好，鄰居就在我們身邊，他們可以隨時隨地給我們幫助與照顧，能解燃眉之急。

鄰里之間在彼此了解基礎上的相互關照、相互幫助，是人們生活中不可或缺的一項內容。作為鄰居，低頭不見抬頭見，要處理好雙方的關係。要做一個受人歡迎的好鄰居，應做到以下幾點：

1. 互相往來：主動與鄰居交往，建立團結友愛的鄰里關係。對鄰居要一視同仁，不要因鄰居職業的不同和職位的高低而採取不同的態度，也不要「勢利眼」，對我有用有利就交往，無用無利則不交往。對鄰居來串門，要熱情歡迎，禮貌相待。平時鄰里間相見要互相打招呼或點頭示意。

2. 互相尊重：鄰里相處必須遵循人人平等、家家平等的原則。鄰里之間，不論從事什麼職業，擔任什麼職務，只是社會分工不同，沒有高低貴賤

之分。大家都生活在社會中，都享有法律規定的同樣的權利，都有同樣的義務。鄰居相處必須明確這一點。這樣，才能不自卑，不自傲，互相尊重，友好相處。

3. 互相幫助：一方有難，八方支援，何況鄰里之間，更責無旁貸。鄰居家有困難，要主動幫忙，日常生活中要互相關心。關心鄰居家裡發生的事，遇到開心的事，你要替他高興，遇到不如意的事，能幫就幫，不能幫就給他一點建議。

4. 互相謙讓：鄰里之間，難免有摩擦之事，遇到了矛盾，要嚴於律己，寬以待人，互相謙讓，互相諒解，不能持力逞強，以勢壓人。讓步不是無能，而是有修養、有風格的表現。

善用名人關係宣傳自己

　　社會名流是在社會上有影響的人，與他們結識並建立情誼無異於為我們的成功插上了翅膀。如果你立志在商界成就一番大事業，首先就要想辦法接近商界名流，與其交往。他們一旦與你成為朋友，就會考慮幫助你，如此一來你的命運可能會大幅轉變。

　　先讓我們看看下面兩個真實的故事：

　　埃德沃‧波克被稱為美國雜誌界的一個奇才，他的成功源於與社會名流主動聯繫和交往。6 歲時，他隨著家人移民至美國，在美國的貧民窟長大，一生中僅上過 6 年學。上學期間，他每天還要工作賺錢。18 歲時，他便輟學到一家工廠工作。然而，他並沒有就此放棄學習。他堅持自修，最重要的是他非常有遠見，很早就懂得與名人交朋友。他省下了工錢、午餐錢，買了一套《全美名流人物傳記大成》。接著，他做出了一個讓任何人都意想不到的舉

動。他直接寫信給書中的人物，詢問書中沒有記載的童年及往事。例如：他寫信問當時的總統候選人哥菲德將軍，問他是否真的在拖船上工作過？他又寫信給格蘭特將軍，問他有關南北戰爭的事。

那時候的小波克年僅 14 歲，週薪只有 6.25 美元。他就是用這種方法結識了美國當時最有名望的大人物：詩人、哲學家、名作家、大商賈、軍政要員等。當時的那些名人也都樂意接見這位可愛的充滿好奇心的波蘭小移民。小波克獲得了多位名人的接見，決定利用這些非比尋常的關係來改變自己的命運。他開始努力學習寫作技巧，然後向上流社會毛遂自薦，替他們寫傳記。然後，不到 20 歲的波克收到像雪片一樣的訂單，需要僱用 6 名助手幫他完成這些工作。

不久，這個傳奇性的年輕人，被《家庭婦女雜誌》邀為編輯。波克答應了，並且一做就是 30 年，將這份雜誌變成了全美最高銷量的著名婦女刊物。

波克是第一個創立「婦女信箱」的人。透過信箱，他替婦女爭取權益、保護野生動物、保護環境，提倡清潔都市、反對大機構損毀市容等。他的雜誌，每年收到的讀者來信達萬封以上，每年廣告收益則有數千萬美元。

瑪律科姆‧富比士也是一個善於利用和名人的關係宣傳自己，獲得商業利益的典型人物。瑪律科姆‧富比士在和好萊塢巨星伊莉莎白‧泰勒認識之前，已經出版界裡響噹噹的人物，而他那些乘熱氣球、騎摩托車及收藏法比傑金蛋、玩具士兵、總統檔等怪異手段，又為他添了不少名氣，再加上他那若有若無的同性戀問題，更使得原來的名字前頭被媒體冠以越來越多光怪陸離的頭銜。不過，他的知名度和超級巨星比起來，還有一段距離。因為，再怎麼有名的雜誌大亨，圈外人知道的也還是不多。

怎樣才能提高知名度呢？那就是利用名人的關係，借用名人的名氣。伊

莉莎白‧泰勒曾兩次榮獲奧斯卡提名，因擔任《埃及豔后》主角而被世人尊稱為「埃及豔后」，而她本人也被稱為好萊塢的長青樹。

瑪律科姆與伊莉莎白‧泰勒相識是緣於一次商業合作。泰勒為了推銷新上市的熱情香水，想找一個名聲響亮而品味高雅的百萬富翁幫忙。因為這種香水的使用對象是品味高而又性感的淑女，被她的香水吸引過去的必須是品味高而又性感的百萬富翁，瑪律科姆很符合這個標準，他本人對此似乎也樂此不疲。其實，這對瑪律科姆來講簡直就是天上掉下來的一個擴大知名度的絕佳機會。

「做這個國際巨星的護花使者，就如同往銀行裡存錢一樣。」瑪律科姆為自己大出風頭的時機即將到來而興奮不已。雖然在場的鎂光燈全都把目標對準泰勒，但只要和泰勒站在一起，還愁自己不成為世人矚目的焦點嗎？「我做什麼都是為了享受人生，擴展事業。」瑪律科姆表示他與泰勒出雙入對可以達到目的。雖然瑪律科姆經常表示他和泰勒無意結婚，但同時也經常做一些小動作，讓外界保持對他們的浪漫幻想。有一次，《新聞週刊》的記者採訪瑪律科姆，提到有傳言他向泰勒求婚。瑪律科姆笑著回答說那只是空穴來風，不過他並沒有否認他們之間的羅曼史。

瑪律科姆借助這種與名人的友誼所產生的經濟效益的確越來越高。很多從不涉足商界的人因為伊莉莎白‧泰勒而知道了瑪律科姆。瑪律科姆的名聲像滾雪球一樣越滾越大。

瑪律科姆曾為伊莉莎白‧泰勒和她所致力的愛滋病防治運動投入了不少時間和金錢，但在他 70 歲壽誕時，他連本帶利的回收了。在這場耗資兩三百萬美元的超豪華晚宴上，泰勒以女主人的身分出現，從而成為宴會上最閃亮的明星。其實，瑪律科姆一直都在利用她的名氣推銷自己，不管她本人有沒

有感覺到，她只是瑪律科姆事先設計好的盛大表演的一個活道具。

　　1987 年，瑪律科姆為慶祝 70 歲大壽在摩洛哥皇宮舉辦了又一場晚宴，這次宴會總共有 800 多名工商鉅子和政客顯貴參加，包括記者在內的來客，所有的交通費用都由《富比士》承擔。出席宴會的名人大致可分為兩種，一種是家喻戶曉的明星級人物，如巴巴拉・華特絲、亨利・季辛吉、李・艾科卡以及來自石油世家的哥登・蓋堤、大都會傳播企業的克魯吉、英國出版王國的麥克斯韋爾、英國企業界霸主詹姆斯・高史密斯等，另一些貴賓則是《富比士》的衣食父母，包括美國信託公司的丹尼爾、20 世紀福斯特公司的巴端・泰勒、國際紙業的喬吉斯、西屋公司的馬如斯、豐田公司的東鄉原、福特公司的哈洛・波林、通用公司的羅傑・史密斯等。這些世界上響噹噹的大人物，不斷為瑪律科姆帶來名望和利潤。

　　從上面兩個故事可以看出，多與名流交往是助己成功的利器。名流多是在某一領域的成功人士，能結識幾個名流，甚至成為朋友，對自己的事業大有裨益。

　　與社會名流交往是一個人身分和地位的表現，多與名流來往能為你事業的成功增加一些資訊和機會。但名流不是那麼容易就能結識上的，特別是那些在商界叱吒風雲的人物，更是難上加難。為此，我們應掌握以下一些可能與名流「搭上線」的方法。

1. 提前了解名流的有關資訊

　　對有關名流的資訊要盡力搜集，多多益善，力求全面詳細。比如他的出生地、過去的生活經歷、現在的地位狀況、家庭成員、個人興趣愛好、性格特點、處世風格、最主要的成就、將來的發展潛力、他的影響力所及的範

圍，總之，凡是與他有關的資料，只要能搜集到的，就盡力搜集。

2. 要有信心和誠意

　　名流的知名度和影響力取決於崇拜者的多少，一般來說，名流對於自己的崇拜者是很客氣、很歡迎、很感激的。如果想結交你所崇拜的名人，就要有「精誠所至，金石為開」的信心。比如：可以寫信請教，因為寫信很簡便，名人又能收到。當然，你的信要有獨特的地方，提的問題新鮮、甚至能啟發他思考問題，能引起名人的興趣，那肯定會得到滿意的回答。託人介紹去結識名人，或者到有名人參加的社交場合去接近他們，結識他們，也是與名人主動交往的一種形式，更要表現出自己慕名而訪的誠意。俗話說：「心誠則靈」，只要誠心誠意，總有一天能得到名人的理解和青睞的。

3. 交往時心態要平和

　　名流也是普通人，也有七情六欲，也有喜怒哀樂，也有很多缺點，不要把他「神化」，風光的外表之下也許有不敢見陽光的地方。你既要想到他同樣有可能有令你失望的地方，也要理解名人的苦衷，不要因為你寫信、求見，受了名人的冷遇就橫加指責，大肆嘲弄。要知道，一個名人的社交機會太多，崇拜者也多，因此有可能顧不過來，可能造成某種失誤、失言。如果能體諒、支持他們，甚至真心誠意的指正他們，名人也會感激不盡的，甚至會跟你結為知己、至交。

4. 態度不卑不亢

跟名人打交道，不要拘謹，也不要太直太露。舉止言談，要落落大方，不要給人以諂媚、討好的感覺。很多人對名流肯定懷有敬佩之情，你很真實的表達你的欽佩之情，適當的奉承一下也無不可，但一定要讓他感覺你的稱讚發自內心，發自肺腑之言。因為他們聽慣了吹捧話，甚至有些麻木，你再多而又俗套的吹捧難以打動他的心和引起他的興趣，要吹捧的話，不妨找些別人尚未吹捧到的地方。

5. 選擇適當的話題

交談前，一定要對你崇拜的名人所從事的職業、專長有一定的了解。如果第一次給人留下了好印象，就為今後打交道打下良好的基礎。交談中，你的真知灼見會使名人刮目相看，甚至引為知己。初次交談時間不要過長。切忌班門弄斧，不懂裝懂，說些外行話。談他的成就是，一定要多談一些他最為得意的成績，而不要「搔不到癢處」。最好選擇一些能顯示出你對他關心的問題。如早晨何時起床？身體狀況如何等。這些話展現了你在關心名人，處處為名人著想。

要保持談話輕鬆，不要談起那些令人沮喪的而且純屬你個人的事。不要告訴他你在生活中遇到的各種不快，你的疾病以及你所遭受的多種不公正，因為它們太沉重，太令人沮喪，又屬於你的私事。

透過一次交往建立良好的關係是很難的，所以，我們要多製造交往的機會，多次接觸才能建立較為牢固的關係。當你有事求助於這些名流時，他們才會樂於幫忙。

客戶是你的衣食父母

　　有一條古老的商業格言說：「條件一樣，人們想和朋友做生意；條件不一樣，人們還是想和朋友做生意。」據估計，半數以上的銷售是因友誼而做成的，半數以上的商業聯繫也因友誼而得以保持。所以，如何成為與客戶交朋友，成為客戶所喜歡的人至關重要。

　　有一位銷售員經常去拜訪一位老太太，打算以養老為理由說服老太太購買股票或者債券，為此，他就常常與老太太聊天，陪老太太散步。經過一段時間，老太太就離不開他了，常常請他喝茶，或者和他談些投資的事項。然而不幸的是，老太太突然死了，這位銷售員的生意泡湯了，但仍然前往參加了老太太的葬禮。當他抵達會場時，發現競爭對手另一家證券公司竟也送來了兩個花圈，他很納悶：「究竟是怎麼一回事呢？」

　　一個月後，那位老太太的女兒到這位銷售員服務的公司拜訪他。據她表示，她就是另一家證券某分行的經理夫人。她告訴這位銷售員：「我在整理母親遺物的時候，發現了好幾張您的名片，上面還寫了一些十分關懷的話，我母親很小心的保存著。而且，我以前也曾聽母親談起過您，彷彿和您聊天是生活的快事，因此今天特地前來和您致謝，感謝您曾如此關心我的母親。」

　　夫人深深鞠躬，眼角還噙著淚水，又說：「為了答謝您的好意，我瞞著丈夫向您購買貴公司的債券……」然後拿出 40 萬元現金，請求簽約。對於這種突如其來的舉動，這位銷售員大為驚訝，一時之間，無言以對。

　　這是發生在銷售界的一個真實的故事，有些人可能認為這份合約來的太突然、太意外，其實不然。老太太的女兒之所以會這樣做，就是因為被他的愛心所感動，才買下該公司的債券。

　　無獨有偶。有一次，小張上門給顧客送產品時，聽顧客說，他隔壁住了一位老太太，先生早逝，兒女都在海外，身體情況不太好。小張心裡就想，也許公司的營養保健食品對她會有所幫助。於是，小張就在顧客的引見下登門拜訪。知道小張的來意後，老太太婉拒的說：「我不太相信什麼保健食品，就連兒女買的保健食品還有很多沒開封呢。」

　　離開後，小張總是記掛著這位孤獨的老人，每逢去那位顧客家送貨時，都要去老人家坐坐，陪她聊一會兒天。沒想到有一天，老人向來看她的小張認真諮詢起保健食品的功用，還請小張針對自己的身體情況推薦幾款。

　　生意就這樣做成了，就連小張自己都有些納悶：自己再也沒向老人銷售過產品，她怎麼會有 180 度的大轉變呢？其實，有經驗的銷售人員一看就明白，是小張對老人真誠的關心最終促成了交易，因為它滿足了老人被了解與被重視的需求。

　　可見，付出真誠，讓客戶感受到你的關心，就能贏得客戶。所以，如果你要想讓客戶成為朋友，就要像朋友那樣去關心他。只有你把客戶做成了朋友，你成功的機會才會越來越多，路才會越走越寬。

　　人們常說：「愛心有多大，事業就可以做多大」，這是很有道理的觀念。與客戶交朋友，不僅表現在對顧客的關心、愛護和體貼方面，使買賣雙方不局限於一種商業關係，還要富有「人情味」，使客戶產生一種親切感，在交易的同時，得到一種精神情感上的滿足。

　　喬‧吉拉德是世界上最偉大的銷售員，他在 15 年裡賣出 13,000 輛汽車，最多的一年竟賣了 1,425 輛，他的成功，就是歸功於他用關懷溫暖了每一個人。

　　有一次，一位中年婦女走進他的展銷室，她說想在這裡看看車打發一會

時間。閒談中，她告訴喬‧吉拉德她想買一輛白色的福特車，就像她表姐開的那輛一樣，但對面福特車行的銷售員讓她過一小時後再去，所以她就先來這兒看看。她還說這是她送給自己的生日禮物：「今天是我 55 歲生日。」

「生日快樂！夫人。」喬‧吉拉德一邊說，一邊請她進來隨便看看，接著出去交代了一下，然後回來對她說：「夫人，您喜歡白色車，既然您現在有時間，我給你介紹一下我們的雙門轎車 —— 也是白色的。」

他們正談著，女祕書走了進來，將一束玫瑰花遞給他。他把花送給那位婦女：「祝您長壽，尊敬的夫人。」

顯然她很受感動，眼眶都溼了。「已經很久沒有人給我送禮物了。」她說，「剛才那位福特銷售員一定看我開了部舊車，以為我買不起新車，我剛要看車他卻說要去收一筆款，於是我就上這兒來等他。其實我只是想要一輛白色車而已，只不過表姐的車是福特，所以我也想買福特。現在想想，不買福特也可以。」

最後她在喬‧吉拉德這兒買走了一輛雪佛蘭，並寫了張全額支票，其實從頭到尾喬‧吉拉德的言語中都沒有勸她放棄福特而買雪佛蘭的詞句。只是因為她在這裡感受了重視和關心，於是放棄了原來的打算，轉而選擇了喬‧吉拉德的產品。

一束鮮花溝通了買賣雙方心靈的橋梁，使商店裡充滿溫馨的氣息，使客戶產生了深深的信任感，買賣自然能夠成功。

生意不只是單一的利益關係，不光是單純的商務往來，它還伴隨著人情。因此，與你生意往來的對象也不僅僅是客戶，他們同時也是你的朋友。如果你能把客戶當作朋友那樣對待，做足了人情，客戶自然情動於衷而後發乎於外，你還愁生意不到手嗎？

人情的國度，只要有一個「情」在，事情就會辦得比較順利。因此，做生意之前，先和客戶培養感情才是你當務之急。

多結交事業成功的人

在一次商務聚會中，各路神仙相聚一處。有兩個端著酒杯的中年男子出於禮貌相互敬酒，並攀談了起來。了解了彼此的身分和身價後，兩個端著杯子的人進行了這樣的談話。

「為什麼你能成為千萬富翁，而我只能成為百萬富翁呢，難道我還不夠努力嗎？」其中的百萬富翁向身邊那位千萬富翁請教道。

「你平時和什麼人在一起？」

「和我在一起的全都是百萬富翁，他們都很有錢，很有素養……」百萬富翁自豪的回答。

「呵呵，我平時都是和千萬富翁在一起，這就是我能成為千萬富翁，而你只能成為百萬富翁的原因。」那位千萬富翁輕鬆的回答。

由此可見，結交什麼樣的朋友對一個人的影響是巨大的。與強者交朋友，自己會變得更強；與弱者交朋友，自己就會變得平庸。

有句古話：「近朱者赤，近墨者黑。」美國人也有句諺語：「你能走多遠，在於你與誰同行。」如果你想展翅高飛，那麼請你多與雄鷹為伍，並成為其中的一員；如果你成天和小雞混在一起，那你就不大可能高飛。猶太經典《塔木德》裡有句話：「和狼生活在一起，你只能學會嚎叫。同樣，和成功的人接觸，你就會受到他們良好的影響。」

有一位名叫亞瑟‧華卡的農家少年在雜誌上讀了某些大實業家的故事

後，非常想知道得更詳細些，並希望得到他們對後來者的忠告。

有一天，華卡跑到紐約，也不管幾點開始辦公，早上 7 點就到了威廉‧亞斯達的事務所。在第二間房子裡，華卡立刻人出了面前那體格結實，長著一對濃眉的人是誰。高個子的亞斯達開始覺得這個少年有點不討人喜歡，然後一聽少年問他：「我想知道，我怎樣才能賺得百萬美元？」他的表情便柔和並微笑起來，和少年竟交談了一個小時。隨後亞斯達還告訴他該去訪問的其他實業界的名人。

華卡照著亞斯達的指示，遍訪了一流的商人、總編輯及銀行家。

在賺錢這方面，華卡所得到的忠告並不見得對他有所幫助，但是能得到成功人士的知遇，卻給了他自信。他開始仿效他們成功的做法。

又過了兩年，這個 20 歲的青年，成為他學徒的那家工廠的所有者。24 歲時，他是一家農業機械廠的總經理，為時不到 5 年，他就如願以償的擁有百萬美元的財富了。這個來自鄉村粗陋木屋的青年，終於成為銀行董事會的一員。

華卡在活躍於實業界得 67 年中，實踐著他年輕時來紐約學到的基本準則，即多與成功人士交往，從而改變了他的命運。

多結交事業有成的人是一條十分有效的獲得長遠發展的途徑。借成功者的智慧，這樣，你就能夠在思考中始終處於一種領先的地位，然後再取得事業上的成功。

1970 年，25 歲的美國小夥子特普曼來到丹佛市，在第二大道的一套小公寓裡，開始了他的創業生涯。剛到丹佛，特普曼就徒步走遍了這個都市的每一個角落，了解、評估每一塊好的房地產的價值，計畫在這個都市發展他的房地產事業。為此，他常常去看一些土地和房地產，就像是這些土地

的主人。

初來乍到時，人們不認識特普曼。因此他必須計畫好為自己的房地 - 產事業鋪平道路的每一個步驟。他要做的第一件事就是盡快加入該市的「快樂俱樂部」，去結識那些出入該俱樂部的社會名流和百萬富翁。對特普曼這樣一個無名小輩來說，要想進這樣高檔的俱樂部，實在不很容易，但特普曼還是決心去大膽嘗試一番。

特普曼第一次打電話給「快樂俱樂部」，剛說完自己的姓名，電話隨著一聲斥責就被對方掛了。特普曼仍不死心，又打了兩次，結果仍遭到對方的嘲弄和拒絕。

「這樣堅持下去，將會毫無結果。」特普曼望著電話機喃喃自語，突然，他心生一計，又拿起了電話。這次他聲稱將有東西要交給俱樂部董事長。對方以為他來頭不小，連忙將董事長的電話號碼和姓名告訴了他。

特普曼得意的笑了，他立即打電話給「快樂俱樂部」董事長，告訴他想加入俱樂部的要求。董事長沒說同意也沒說不同意，卻讓特普曼來陪他喝酒聊天。特普曼自然滿口答應了。

透過喝酒聊天，特普曼逐漸與這位董事長建立了良好的關係。幾個月後，在董事長的特殊關照下，他如願以償，成為了「快樂俱樂部」中的一員。

在俱樂部中，特普曼結識了許多富商巨賈，建立了良好的關係網。

1972 年，丹佛市的房地產業陷入蕭條，大量的壞消息使這座都市的房地產開發商們嚴重受挫，丹佛人都在為這個都市的命運擔心。然而在特普曼看來，丹佛城的困境對他來說無疑是天賜良機，從前那些對他來說是可望而不可即的好地皮，現在可以以較低的價格任意挑選收購了。

就在這時，特普曼從朋友處得到一個消息：丹佛市中央鐵路公司委託維

克多‧米爾莉出售西岸河濱 50 號、40 號廢棄的鐵路站場。

特普曼憑著自己敏銳的眼光和經驗判斷出：房地產蕭條是暫時性的，賺大錢的好機會終於降臨了。為此，他把自己所擁有的幾個小公司合併起來，改稱為「特普曼集團」，使他更具實力。

第二天一早，特普曼便打電話給米爾莉，表示願意買下這些鐵路站場，並約定了在米爾莉的辦公室商談這筆買賣。

風度翩翩、年輕精幹的特普曼給米爾莉留下極好的印象。他們很快便達成協議：「特普曼集團」以 200 萬美元的價格購買了西岸河濱的那兩塊地皮。不久，房地產升溫，特普曼手中的兩塊地皮漲到了 700 萬美元。他見價格可觀，便將地皮脫手了。

經過許多人的幫助以及自己的努力，特普曼終於挖到了來到丹佛市的第一桶金 —— 500 萬美元。這是他闖蕩丹佛的第一筆大買賣，也是他第一次獨立做成的房地產生意。此後，他開始了在美國輝煌的經商生涯。

生意場上，初創業者往往起步艱難，為了結交更多的朋友，獲得他人的認同和青睞，有必要把自己置身於高等級的場所中。因此，你的周圍中有幾位大老闆為你「呼風喚雨」是非常重要的。如果能得到事業有成的人幫助，一定會飛得快，跑得遠。

與成功者為伍對於個人的事業成功有著多麼重要的影響。你想做什麼樣的人，就要和什麼樣的人在一起，你要想成為一個成功者，就要先努力和成功者在一起。所以，廣泛結交事業有成的朋友，並獲取到他們的支持和幫助，成功的彼岸離我們就更近了！

第三章

善於結交朋友，贏在交友的第一回合

　　有人說，做生意就是做朋友。的確，只有與更多的人保持和諧友好，生意才能財源滾滾。如果你想在交際場遊刃有餘，商海裡淘金，你就要善於結交朋友，給人留下良好的印象。在商業交往中，第一印象是很重要的，只有討人喜歡，別人才願意與你交往。特別是與別人的初次交往時。所以，一個善於生意場交際的人都很重視自己給別人的第一印象。

與陌生人一見如故

世界上沒有所謂的陌生人，只有還未認識的朋友，所有的朋友都是從陌生到認識再到一步步發展成為朋友的。如果你想要結交更多的朋友，就要敢於與陌生人打交道。

在很多人的意識中，陌生人是某種敵對意味的代名詞。其實，我們根本沒有必要迴避陌生人。將陌生人拒之門外，這十分不利於交往和交友。我們所要做的就是如何在最短的時間內將陌生人轉化為自己的朋友、客戶和生意上的夥伴。因此，對每個人來說，如何親近陌生人，這是一個非常重要的問題。

魏國豪是一家私企的老闆，因為要與另一家公司展開合作。所以，他就開車帶著助手小王去商談合作的事宜。

此時正是上班高峰，路上的車特別多，不可避免的，他們遭遇了塞車，眼看著離會面的時間越來越近，兩人急得像熱鍋上的螞蟻。

真應了那句話：忙中出錯。魏國豪在急於搶時間的時候，車啟動得稍快了一些，挨到了前面的黑色奧迪上。不過，奧迪車主好像還不知道情況，並沒有從車上下來。魏國豪趕緊熄了火，打算下去跟對方說一下。這時，小王一把拉住了他：「張總，我們還是不要多事了，您沒看見嗎，那個人還不知道我們碰到了他的車，乾脆我們也裝作不知道就行了。萬一他是個難纏的人拖住不讓我們走，不光耽誤時間，還會給自己找麻煩的。」

魏國豪笑了一下：「小王，不能裝作不知道，有了過錯就得承擔後果。反正現在正塞車，我下去跟他解釋一下。」

「張總，真是拿你沒辦法。要下去就一塊下去，我給您助威，讓他不敢

找事。」

魏國豪下車來到奧迪前，敲了敲窗玻璃。窗玻璃搖下後，露出了一張年輕的臉。「這位朋友，不好意思，剛才我發動車的時候可能碰到了您的車，您要不要下來看一下。」

年輕人打量了魏國豪幾眼，確定魏國豪不像在說謊。就打開車門下來了。兩個人來到奧迪車後仔細的查看了一番，還好，沒什麼大問題，奧迪車的保險桿擦出了幾道痕跡。年輕人沒說什麼，魏國豪掏出了名片遞上去說：「因為時間緊迫，來不及商量賠償的事。這是我的名片，我們可不可以另外找時間商談？」年輕人看了下名片說：「沒關係，這點小問題不用賠償。都是塞車惹的禍。」

魏國豪說：「可不是嗎，如果不是塞車，我也就不這麼急著趕路了。」就這樣兩個人你一句我一句聊上了塞車的話題，而且越聊越起勁。

最後，魏國豪說：「看您這麼豁達，這樣吧，改天我請您喝茶吧，能不能告訴我您的聯繫方式？」年輕人也給了魏國豪一張名片。

回到了車上後，小王見魏國豪不僅沒有剛才焦慮的神情，反而還笑眯眯的。「張總，您沒事吧？這都快到會談的時間了您還笑？」

「小王，不用怕。你知道那個年輕人是誰？他就是要跟我們會談的人！」

這個故事或許有些巧合的成分在裡面，但事實上，世界就是這麼小，而事情就不是這麼巧了，因為，這個世界上根本沒有陌生人，說陌生是因為我們還沒有認識他，也就是說，陌生人只不過是我們一個潛在的朋友。

培養自己和陌生人溝通的習慣是提高之間的社交能力的保障。其實，老朋友都是由新朋友發展而來的，新朋友都是從陌生人發展來的。只有當你主動開口和陌生人交流才能消除素不相識所帶來的隔閡，才能發展成為朋友。

許多人在同老朋友交談時感到自然協調，而面對陌生人時卻顯得很拘謹，為什麼呢？很簡單，因為老朋友都相互了解，彼此之間沒有距離。而對陌生人卻一無所知，特別是進入了充滿陌生人的群體，有些人甚至懷有不自在和恐懼的心理。那麼，面對一個很想認識的陌生人，你需要怎麼做呢？

1. 察言觀色，發現共同點

為了與陌生結為朋友，應該留心那些你需要交際的人跟別人的談話，對他們的談話進行分析、揣摩。如果你能夠與這樣的人直接談話，更要認真揣摩對方的話語，從中發現共同點。

細心揣摩對方的談話確實可以找出雙方的共同點，使陌生的路人變為熟人，發展成為朋友的。

2. 聽人介紹，揣測共同點

當有人為你介紹陌生朋友的時候，你就能夠從介紹人的嘴裡聽到如下資訊：他與介紹人的關係、身分、工作公司、甚至個性特點、愛好等等。由此，你便可從介紹當中了解自己與對方有何相同之處。

一位公司老闆與文化局一位股長，一起去一個朋友家做客，主人對這對陌生人做了一番介紹後，他們知道了他們之間的共同點都是主人的同學，他們就以「同學」為話題，這樣進行了談話，並且還相互認識了，並且了解了，最後也變得熟悉起來。

3. 間接的讚美對方

初次與陌生人交往，對方一般都有防備心理，如果你直接讚美，他會覺得你有所目的或者是表現得很「假」，所以你不妨盛讚與對方密切相關的其他事物，利用這種間接讚美表達自己對他的欣賞。

某公司要建一座影劇院。一天，公司經理正在辦公，家具公司李經理上門推銷座椅。一進門便說：「哇！好氣派。我很少見過這麼漂亮的辦公室，如果我也有一間這樣的辦公室，我這一生的心願就滿足了。」李經理就這樣開始了他的談話。然後他又摸了摸辦公椅扶手說：「這不是紅木嗎？難得一見的上等木料啊！」

「是嗎？」王經理的自豪感油然而生，並接著介紹說：「我這兒整個辦公室都是請有名的廠商裝潢的。」又親自帶著李經理參觀了整個辦公室，介紹了設計思想、裝潢材料、色彩調配等，整個過程興致勃勃。

在這樣和諧的氣氛下，李經理自然拿到了王經理簽字的訂購合約。

李經理沒有直接讚賞王經理有品味、有見地，而是稱讚王經理辦公室的豪華氣派，令對方倍感自豪、興致大發，於是自然就拉近了與這個「陌生人」之間的距離。

給人留下良好的第一印象

人生在世，就是不斷的結識新朋友，擴大交往的過程。認識每一個新朋友，離不開第一次交往。懂得第一次交往的藝術，會使人如沐春風、相見恨晚，若不懂交往的方法，就會在交往中如無頭蒼蠅，到處碰壁。俗話說，良好的開端等於成功的一半，初次交往一定要給人好印象！

在交往中，給剛認識的人第一印象是非常重要的，因為良好的第一印象會給對方帶來好感，從而決定是否願意深入接觸。

心理學家做過這樣一個試驗：

分別讓一位戴金絲眼鏡、手持資料夾的青年學者，一位打扮入時的漂亮女郎，一位提著菜籃、臉色疲憊的中年婦女，一位留著怪異頭髮、穿著邋遢的男青年在公路邊搭車，結果顯示，漂亮女郎、青年學者的搭車成功率很高，中年婦女稍微困難一些，那個男青年就很難搭到車。

這個故事說明：第一印象在人際社交中的重要性。

我們常說的「給人留下一個好印象」，一般就是指的第一印象，說的是人與人第一次交往中給人留下的印象。因此，在談生意、接待客戶等社交活動中，我們可以利用這種效應，展示給人一種極好的形象，為以後的交流和溝通打下良好的基礎。

所謂第一印象是對不熟悉的社會知覺對象第一次接觸後形成的印象。初次見面時，對方的儀表、風度所給我們的最初印象往往形成日後交往時的依據。一般人通常根據最初印象而將他人加以歸類，然後再從這一類別系統中對這個人加以推論與做出判斷。

曾有一位經銷商講過這樣一個故事：

A 公司是很有競爭力的公司，他們的產品品質優秀，進入食品添加劑已有一年，銷售業績不錯。

經銷商說：「有一天，我的祕書電話告訴我 A 公司的銷售人員約見我。我一聽是 A 公司的就很感興趣，聽客戶講他們的產品品質不錯，我也一直沒時間和他們聯繫。沒想到他們主動上門來了，我就告訴祕書讓他下午三點到我的辦公室來。」

「三點十分我聽見有人敲門，就說請進。門開了，進來一個人。穿一套舊的皺皺巴巴的淺色西裝，他走到我的辦公桌前說自己是 A 公司的銷售員。」

「我繼續打量著他，羊毛衫，打一條領帶。領帶飄在羊毛衫的外面，有些髒，好像有油汙。黑色皮鞋，沒有擦，看得見塵土。」

「有好大一會，我都在打量他，腦中一片空白。我聽不清楚他在說什麼，只隱約看見他的嘴巴在動，還不停的放些資料在我面前。」

「他介紹完了，沒有說話，安靜了。我一下子回過神來，我馬上對他說把資料放在這裡，我看一看，你回去吧！」

「就這樣我把他打發走了。在我思考的那段時間裡，我的心裡沒有接受他，本能的想拒絕他。我當時就想我不能與 A 公司合作。後來，另外一家公司的銷售經理來找我，一看，與先前的那位銷售人員簡直是天壤之別，精明能幹，有禮有節，腳踏實地，我們就合作了。」

有一句諺語是這樣說的：第一印象永遠不可能有第二次機會。可見，良好的第一印象是交往成功的開始。第一次與人溝通是後續成功發展的關鍵。人們對你形成的某種第一印象，通常難以改變。而且，人們還會尋找更多的理由去支持這種印象。因此，初次見面就給人留下不好的印象的人，通常是不討人喜歡的人，而第一次交往就給人留下美好印象的人，更容易受人歡迎。

「良好的開端是成功的一半。」人際社交的開端 —— 第一印象，同樣會決定一個人的交往「命運」。第一印象是在人際社交中得到的關於對方的最初印象，第一印象的好壞往往決定交際的成敗。

張立軍是某公司銷售部西北地方的負責人，因為工作需要，他要到一家公司與經理面談。

　　張立軍到那個經理辦公室的時候，正趕上經理在大罵下屬。那個經理對著犯錯的下屬咆哮著，毫不顧及張立軍的來訪，等訓斥完了，還大聲的命令下屬「馬上滾蛋」。這個經理的行為讓張立軍感到異常的不舒服，他覺得自己來錯了公司。晚上，經理和他的下屬宴請張立軍，陪同的人員裡有一個人不擅長喝酒。「不會喝酒的男人，哪裡是真的男人？！」經理不滿的斥責下屬，似乎張立軍不存在似的。這讓張立軍十分尷尬，只好靠轉移話題來化解。但是張立軍沒想到酒過三巡的時候，那個經理又開始批評餐桌上的酒菜，甚至還用帶著明顯奉承的口氣，但對張立軍家鄉的飲食大加讚賞。張立軍心裡很清楚，這個經理過度的誇張，無非是為了要討好他。等張立軍回去後，馬上終止了和這家公司的合作，因為在他看來，這家公司的經理留給他的簡直是無法容忍的、糟糕透頂的第一印象。張立軍根本不敢想像要和如此沒有修養、不懂得為人基本禮貌的人進行合作，他認為這樣的人遲早會被殘酷的商場所淘汰。

　　第一印象真的很重要。一個人的第一印象往往會給對方留下很深的烙印，如果你在第一次交往中給別人留下了一個好印象，別人就樂於跟你進行第二次交往；相反，如果你在第一次交際中表現不佳或很差，往往很難挽回。因此，在與人的初次交往過程中，要注意給人以良好的第一印象。

　　卡內基說過：「良好的第一印象是登堂入室的門票。」不可否認，給他人第一印象的好壞直接影響著你在他人心目中受歡迎的程度。美國心理學家亞瑟所作有關第一印象的研究中指出，人們在會面之初所獲得的對他人的印象，往往與以後所得到的印象相一致。那麼，怎樣才能給人良好的第一印象呢？從根本上說，它離不開提高自己的文明程度和修養水準，離不開進行經常的心理鍛鍊。心理學家提出下面幾條建議：

1. 注意儀表：儀表是一個人內部思想的展現，它反映了個體內在的修養。得體的儀表，是展現個人魅力的重要手段之一。因為第一次見面，別人是沒辦法去了解你的內在美的，而你展現在著裝上的個性讓別人看得明白。如果你穿的得體，那就會給別人留下一個好的印象。注意自己的穿著，不一定要穿上最流行、最時髦的衣服，只要穿著整潔，合適你的性格和體型的就可以了。

2. 注意談吐：一個人的談吐可以充分展現其魅力、才氣及修養。一個人有沒有才氣最容易從講話中表現出來。在社交談吐時，要注意環境氣氛，絕不要喧賓奪主，自說自話。風趣，幽默的言談給人以聽覺的享受和心靈的美感。

3. 展現風度：風度是一個人的性格和氣質的外在表現，是在長期的社會實踐中所形成的好的性格、氣質的自然流露，屬於一個人的外部形態。要有美的風度，關鍵在於個人在實踐中培養自身的美的本質，形成美的心靈。古人早就說過：「誠於中而形於外。」心裡誠實，才有老實的樣子。當然，人的風度是多樣的，不能強求一律。人的風度的多樣性，是為人的性格、氣質的多樣性所決定的。但是，無論性格、氣質的多樣性也好，還是風度的多樣性也好，都應當展現出人的美的本質。只有美的心靈，美的性格、氣質，才能有美的風度。

4. 注意行為舉止：行為動作是一個人內在氣質，修養的表現。男子的舉止要講究瀟灑，剛強。女子的舉止要注意優美，含蓄。在一般情況下，大方、隨和樂觀、熱情的人總受人歡迎；炫耀、粗魯或過於拘束的人則讓人生厭。

微笑是最好的標籤

生活離不開微笑。微笑是善良的表現，微笑是真誠的流露，微笑是溝通人們心靈的調和劑。微微的一笑，可以代替多少解釋，化解多少誤會，又得到多少理解和尊重呢？凡是經常面帶微笑的人，往往能將別人吸引住，使人感到愉快。

在 20 年前的美國，曾經發生過一個真實的故事。

美國加州一位六歲的小女孩，在一次偶然的機會中，遇到一個陌生的路人，陌生人一下子給了她 4 萬美元的現金。

一個女孩突然得到這麼大金額的饋贈，消息一傳出，整個加州都為之瘋狂騷動起來。

記者紛紛找上門，訪問這個小女孩：「小妹妹，你在路上遇到的那位陌生人，你真不認識他嗎？他是你的一位遠房親戚嗎？他為什麼給你那麼多錢？4 萬美元，那是一筆很大的數目啊！那位給錢給你的先生，他是不是腦子有問題……」

小女孩露出甜美的微笑，回答說：「不，我不認識他，他也不是我的什麼遠房親戚，我想……他腦子應該也沒有問題！為什麼給我這麼多錢，我也不知道啊……」儘管記者用盡一切方法追問，仍然無法探個究竟。

這位小女孩努力的想了又想，約莫過了十分鐘，她若有所悟的告訴父親：「就在那一天，我剛好在外面玩，在路上碰到那個人，當時我對他笑了笑，就只是這樣啊！」

父親接著問：「那麼，對方有沒有說什麼話呢？」

小女孩想了想，答道：「他好像說了句『你天使般的微笑，化解了我多年

的苦悶！』爸爸，什麼是苦悶啊？」

原來那個路人是一個富豪，一個不是很快樂的有錢人。他臉上的表情一直是非常冷酷而嚴肅的，整個小鎮根本沒有人敢對他笑。他偶然遇到這個小女孩，對他露出了真誠的微笑，使他心中不自覺的溫暖了起來，讓他塵封了不知多少年的心扉打開了。

於是，富豪決定給予小女孩 4 萬美元，這是他對那時候他所擁有的那種感覺定出的價格。

微笑是人類臉孔上最動人的一種表情，是社會生活中美好而無聲的語言，它來源於心地的善良、寬容和無私，表現的是一種坦蕩和大度。微笑是成功者的自信，是失敗者的堅強；微笑是人際社交的潤滑劑，也是化敵為友的一劑良方。微笑是對別人的尊重，也是對愛心和誠心的一種禮讚。

張少華是某圖書出版公司的老闆，別看他年輕輕輕，但卻幾乎具備了成功男人應該具備的所有優點。他有明確的人生目標，他的嗓音深沉圓潤，講話切中要害；有不斷克服困難信心；他走路大步流星、工作雷厲風行、做事乾脆俐落；而且他總是顯得雄心勃勃，富於朝氣。他對於生活的認真與投入是有口皆碑的，而且，他對於下屬也很真誠，講求公平對待，與他深交的人都為擁有這樣一個好朋友而自豪。但初次見到他的人卻對他少有好感。這令熟知他的人大為吃驚。為什麼呢？仔細觀察後才發現，原來他的臉上幾乎沒有笑容。

平日裡，張少華深沉嚴峻的臉上永遠是炯炯的目光、緊閉的嘴唇和緊咬的牙關。即便在輕鬆的社交場合也是如此。他在舞池中優美的舞姿幾乎令所有的女士動心，但卻很少有人同他跳舞。公司的女員工見了他更是如同山羊見了虎豹，男員工對他的支持與認同也不是很多。而事實上他只是缺少了一

樣東西，一樣足以致命的東西 —— 一副動人的、微笑的臉孔。

可見，整天板著一張臉孔的人是沒有人喜歡的，如果你想做一個受歡迎的人，就不要忘記微笑。

微笑具有擋不住的魅力。一位學者說：「對人微笑是高超的社交技巧之一，也是獲得幸福的保障。只要活著，忙著、工作著，就不能不微笑……」

一天，約瑟夫去拜訪一位客戶，但是很可惜，他們沒有達成協議。約瑟夫很苦惱，回來後把事情的經過告訴了經理。經理耐心的聽完了約瑟夫的講述，沉默了一會兒說：「你不妨再去一次，但要調整好自己的心態，要時刻記住運用微笑，用你的微笑打動對方，這樣他就能看出你的誠意。」

約瑟夫試著去做了，他把自己表現得很快樂、很真誠，微笑一直洋溢在他的臉上。結果對方也被約瑟夫感染了，他們愉快的簽訂了協議。

約瑟夫結婚已經 18 年了，每天早上起來都要去上班。忙碌的生活讓他顧不上自己心愛的太太，他也很少對妻子微笑。約瑟夫決定試一試，看看微笑會給他們的婚姻帶來什麼不同。

第二天早上，約瑟夫梳頭照鏡子時，就對著鏡子微笑起來，他臉上的愁容一掃而空。當他坐下來開始吃早餐的時候，他微笑著跟太太打招呼。她驚愕不已，非常興奮。在這兩周的時間裡，約瑟夫感受到的幸福比過去兩年還要多。

現在，約瑟夫上班時，就對大樓門口的電梯管理員微笑；他微笑著跟大樓門口的警衛打招呼；站在交易所時，他對工作人員微笑。約瑟夫很快就發現別人同時也對他微笑。一段時間之後，他發現微笑帶真的改變了他的生活，他收穫了更多的快樂和友誼。

微笑是世界上最美的表情，是最動聽的無聲語言，社交中最有力的武

器。要想在社交中成為主角，就必須牢牢的把握住最有力的武器 —— 微笑。無論你在什麼地方，無論你在做什麼，在人與人之間，簡單的一個微笑是一種最為普及的語言，她能夠消除人與人之間的隔閡。人與人之間的最短距離是一個可以分享的微笑，即使是你一個人微笑，也可以使你和自己的心靈進行交流和撫慰。

　　飛機起飛前，一位乘客請求空姐給他倒一杯水吃藥。空姐很有禮貌的說：「先生，為了您的安全，請稍等片刻，等飛機進入平穩飛行後，我會立刻把水給您送過來。好嗎？」

　　15 分鐘後，飛機早已進入了平穩飛行狀態。突然，乘客服務鈴急促的響了起來，空姐猛然意識到：糟了，由於太忙，忘記給那位乘客倒水了！空姐連忙來到客艙，小心翼翼的把水送到那位乘客跟前，面帶微笑的說：「先生，實在是對不起，由於我的疏忽，延誤了您吃藥的時間，我感到非常抱歉。」這位乘客抬起左手，指著手錶說道：「怎麼回事？有你這樣服務的嗎？你看看，都過了多久了？」空姐手裡端著水，心裡感到很委屈。但是，無論她怎麼解釋，這位挑剔的乘客都不肯原諒她的疏忽。

　　接下來的飛行途中，為了補償自己的過失，空姐每次去客艙給乘客服務時，都會特意走到那位乘客面前，面帶微笑的詢問他是否需要水，或者別的什麼幫助。然而，那位乘客餘怒未消，擺出一副不合作的樣子，並不理會空姐。

　　臨到目的地前，那位乘客要求空姐把留言本給他送過去。很顯然，他要投訴這名空姐。此時，空姐心裡雖然很委屈，但是仍然不失職業道德，顯得非常有禮貌，而且面帶微笑的說道：「先生，請允許我再次向您表示真誠的歉意，無論你提出什麼意見，我都將欣然接受您的批評與指教！」那位乘

71

客臉色一緊，嘴巴準備說什麼，可是卻沒有開口。他接過留言本，在上面寫了起來。

飛機安全降落。所有的乘客陸續離開後，空姐打開留言本，驚奇的發現，那位乘客在本子上寫下的並不是投訴信，而是一封熱情洋溢的表揚信。

是什麼使得這位挑剔的乘客最終放棄了投訴呢？在信中，空姐讀到這樣一句話：「在整個過程中，你表現出的真誠的歉意，特別是你的十二次微笑，深深打動了我，使我最終決定將投訴信寫成表揚信！你的服務品質很高。下次如果有機會，我還將乘坐你們的這趟航班！」

由此可見，微笑是一種武器，是一種尋求和解的武器。微笑能將怒氣擋在對方體內，阻止他的進攻。微笑是一縷春風，化開久凍得堅冰；微笑是一滴甘露，滋潤久旱的心田；微笑是人們臉上高尚的表情，溫馨而怡人。無論是在生活，還是在工作中，只要你不吝惜微笑，往往就能夠左右逢源、順心如意。這是因為微笑表現著自己友善、謙恭、渴望友誼的美好的感情因素，是向他人發射出的理解、寬容、信任的信號。

在我們的生活中不能沒有微笑。一位詩人曾經這樣寫道：「你需要的話，可以拿走我的麵包，可以拿走我的空氣，可是別把你的微笑拿走。因為生活需要微笑，也正因為有了微笑，生活便有了生氣。」的確，在我們的生活中不能沒有微笑。微笑是你接近他人最好的介紹信。微笑的表情，是一種誠意和善良的象徵，是愉悅別人的一種良好形象，同時也是一種引起興趣和好感的催化劑。

良好的形象影響他人對你的印象

形象是一個人留給他人的總體印象，是透過人的相貌、衣著、語言、性

格、氣質、態度來綜合展現的，在很大程度上決定了一個人在別人心目中的價值。

在人際社交中，我們總有這樣一種感覺，對某個人印象好的時候，就會對他評價高並且今後會再次與他合作。相反，如果對方沒有給自己留下什麼好印象，你就會對他感到不快，甚至厭惡或同朋友們談及此人時，你甚至會表現出對他的不滿意。這就是一個人形象的重要性。

張亮南畢業於國立大學，是一個追求獨特個性、胸懷抱負的年輕人。他崇拜比爾蓋茲和賈伯斯這兩個電腦奇才，並追隨他們不拘一格的休閒穿衣風格，他相信人真正的才能不在外表而在大腦。於是，他不修邊幅，以輕鬆舒適為最高原則。

然而，他的一次次面試卻以失敗而告終。直到最後一次，他與同班同學被某公司面試，他才認識到自己的差距。他的同學全副「武裝」：髮型整潔、面容乾淨、西裝革履，看起來已經儼然是成功者的姿態。其他的應聘者也都是西裝，看起來不但精明強幹，而且充滿氣勢。他那不修邊幅的休閒裝，顯得格格不入，巨大的壓力和相形見絀的感覺使他終於放棄了面試的機會。張亮南的自信和狂妄一時間全都消失了。他不得不面對一個現實：自己還不是比爾蓋茲。

由此可見，一個人的外在形象是多麼的重要！在人際社交中，一定要重視自己的外貌和服飾，良好的外形表現出你對生活的態度，得體的衣飾，反映著一個人良好的精神狀態。

英國女王曾在給威爾斯王子的信中寫道：「穿著顯示人的外表，人們在判定人的心態以及對這個人的觀感時，通常都憑他的外表，而且常常這樣判定。因為外表是看得見的，而其他則看不見，基於這一點，穿著特別重

要……」人類都有以貌取人的天性，外在形象直接影響著別人對你的印象。穿著得體整潔的人給人的印象會好，它等於在告訴大家：「這是一個聰明、自重、可靠的人，大家可以尊敬、信賴他。」反之，一個穿著邋遢的人給人的印象就差，它等於在告訴大家：「這是個沒什麼作為的人，他粗心、沒有效率、他習慣不被重視。」

良好的形象往往能夠為自己加分，在人際社交中有極好的推動作用。一般人通常根據最初印象而將他人加以歸類，然後再從這一類別系統中對這個人加以推論並做出判斷。人與人之間的相互交往與建立，往往是根據對別人的印象所形成的論斷。

1962 年，在英國倫敦一個著名貴族舉辦的豪華宴會上，一名中年男子出盡了風頭，他優雅的舉止、迷人的言談，不但令在場的所有女士都對他傾心，所有男士也都對他產生極大的興趣和好感。人們私下裡紛紛相互打聽，都想認識他、和他成為朋友，而那位男子在這次宴會上也收穫頗豐，不僅簽下了 40 多筆生意，結交了很多朋友，還找到了他的終身伴侶。

這名男子就是當時英國著名的房地建商柯馬・伊魯斯。

他的妻子愛琳娜後來在自傳中這樣描述他們的第一次見面：「很明顯，他不是我心目中理想的丈夫形象，但是看到他俊朗的臉孔、清澈的眼睛，聽到他充滿磁性的聲音，我就怦然心動了，但關鍵不是這樣，關鍵是他身上散發出的一些獨特的、說不清的東西，這東西令我真正的心迷神醉……我對他一見鍾情，決定要嫁給他。」

柯馬・伊魯斯的商業夥伴梅德也是從這次宴會上認識他的，他們後來終生合作，非常有默契。梅德曾這樣評價他：「他簡直是個魔鬼，他身上散發著一種能夠征服任何人的魔力。」

　　那次宴會是柯馬‧伊魯斯第一次在英國上流社會的社交場露面，可是他一露面，就憑藉他優秀的形象徵服了整個倫敦的上流社會，隨後，金錢和好運向他滾滾湧來。不過，事實上柯馬‧伊魯斯在 12 年前就來過倫敦，並出席了一個由商會舉辦的小型聚會。但在那次聚會上，柯馬‧伊魯斯不僅受到了幾位女士的嘲弄，還被侍從當成鞋匠給趕了出去。憤怒的柯馬‧伊魯斯一氣之下離開了倫敦。

　　那時的柯馬‧伊魯斯還是個小人物，開了一家小水泥廠，整天勤奮的忙來忙去，根本無暇顧及自己的形象。為了擴大生意，他千方百計弄到了一張商行聚會的邀請信，想混進去多結交一些人。可是一進入聚會大廳，他就立即知道自己走錯了地方。大廳裝飾得金碧輝煌，男士們個個西裝革履、彬彬有禮，女士們個個華服錦衣、優雅漂亮，柯馬‧伊魯斯低頭看看自己，一身滿是補丁，穿著厚厚油膩的工作服、大膠鞋、亂髮，簡直像個乞丐。這時幾位女士過來了，故意將酒灑在他身上，並趾高氣揚的給他小費。侍從過來詢問他，他講明自己的身分，可是沒人相信，而他拉一個認識他的人作證時，那個人不承認認識他，而說他是路邊的鞋匠，於是他被當成混進來的鞋匠被趕了出去。

　　生氣過後，柯馬‧伊魯斯開始考慮自己為什麼會受到這種待遇。自然，憑他的頭腦，一下子就想明白了。他回到家鄉後的第一件事就是參加了一個禮儀培訓班，並高薪聘請了私人形象顧問。經過一番改造之後，就有了前面他一舉成名的一幕了。

　　由此可見，美好的形象有助於增強人際間的吸引力，有助於你事業的成功。

　　在人際社交中，別人對你的印象是從你的形象中獲取的，而他人對你的

印象又影響著他人對待你的態度和行為。外表形象對一個人而言，就好比是商品的外包裝。包裝紙如果粗糙，裡面的商品再好，也會容易被人誤解為是廉價的商品。所以說，當你與人交往的時候，你的外表將有著意想不到的作用。你的裝束打扮總是有意無意的影響著他人對你的感覺，可能是愉快感，也可能是厭惡感。因此，在與人交往中，你的外表給人留下的印象是深刻的，這一點不容小視。一個外貌整潔、乾淨俐落的人，總會給人儀表堂堂、精神煥發、充滿自信的印象。

李嘉誠在當推銷員的時候，就特別注意推銷自己。他認為，一個優秀的推銷員，在推銷產品的同時，更要注重推銷自己。在推銷的過程中，李嘉誠發現當好推銷員必須十分注意自己的包裝。他覺得產品需要包裝，而推銷員就更應該包裝。而推銷員的包裝，服裝是其一，還包括言談舉止、行為修養。

於是，李嘉誠開始全方位包裝自己。他對自己的高標準是要具有紳士風度。雖然李嘉誠當時收入不高，家庭負擔很重，而且他還有大抱負，要賺錢辦大事，但是，李嘉誠十分重視自己的儀表修飾。他的服裝既不新又非名牌，但相當整潔。他對自己的行為有一個簡單而又包羅萬象的衡量標準，就是給任何人都能產生好感。

李嘉誠先生給人的印象就是那麼的謙和、穩重、誠懇、和氣、值得信任，這也是他成功的賺到錢的法寶之一。

好的形象能給個人贏得不錯的聲譽。它像是一張特殊的名片，又像是一則生動的廣告，在社會交往中常常能達到「未見其人，先聞其名」的效果。

良好的形象有助於增強人際間的吸引力，能夠將別人的眼光、信賴、好感、機遇等都吸引到你的身上，能夠讓你建立自信，積極瀟灑的投入到社會

生活之中，能夠幫你贏得更多的朋友。因此，從現在開始，你就應該注意保持自己的良好形象。

傾聽有時候勝過訴說

生活中，很多人之所以不討人喜歡，不能給人留下良好的印象，原因是他們不能耐心的做一個很好的聽眾。心理學研究表明，越是善於傾聽的人，與他人關係就越融洽。因為傾聽本身就是褒獎對方談話的一種方式，你能耐心傾聽對方的談話，等於告訴對方「你是一個值得我傾聽你講話的讓人」。所以，如果要別人喜歡你，原則是：首先做個好聽眾，並隨時鼓勵對方談談他自己的事。

吉德是威廉見到的最受歡迎的人士之一。他總能受到邀請參加一些私人聚會。

一天晚上，威廉碰巧到一個朋友家參加一次小型社交活動。他發現吉德和一個漂亮女孩坐在一個角落裡。出於好奇，威廉遠遠的注意了一段時間。威廉發現那位年輕女士一直在說，而吉德好像一句話也沒說。他只是有時笑一笑，點一點頭，僅此而已。幾小時後，他們起身，謝過男女主人，走了。

第二天，威廉見到吉德時禁不住問道：

「昨天晚上我看見你和最迷人的女孩在一起。她好像完全被你吸引住了。你怎麼抓住她的注意力的？」

「很簡單。」吉德說，「有個朋友把她介紹給我認識後，我只對她說：『你的皮膚曬得真漂亮，在冬季也這麼漂亮，是怎麼做的？你去哪呢？阿卡普科還是夏威夷？』」

「夏威夷。」她說，「夏威夷永遠都風景如畫。」

「你能把一切都告訴我嗎？」我說。

「當然。」她回答。我們就找了個安靜的角落，接下去的兩個小時她一直在談夏威夷。

「今天早晨，那個女孩打電話給我，說她很喜歡我陪她。她說很想再見到我，因為我是最有意思的談話伴侶。但說實話，我整個晚上沒說幾句話。」

看出吉德受歡迎的祕訣了嗎？很簡單，吉德只是讓那個女孩談自己。他對每個人都這樣——對他人說：「請告訴我這一切。」這足以讓一般人激動好幾個小時。人們喜歡吉德就因為他注意他們。

由此可見，專注認真的傾聽別人談話，向對方表示你的友善和興趣，這樣做的最大價值就是深得人心，能使雙方感情相通、休戚與共，增加信任度。

傾聽是人際社交中一項很重要的制勝法寶。一個在人群中滔滔不絕的人或許很容易得到大家的尊敬和欽佩，可是一個懂得傾聽並善於鼓勵別人的人，能更容易得到他人的好感和信任。

美國演員阿麗恩‧‧弗朗茜斯曾主持「我是做什麼的？」的電視節目。主持人請來一位觀眾，向他提出問題，然後從中猜出他的職業。該節目辦了二十五年。剛開始辦時，阿麗恩對怎樣提出生動有趣的問題不得要領，後來她的丈夫對她說：「看你們的節目時，我感到你不能傻等在那裡只想提問，而應細心傾聽別人在講什麼。最關鍵的是，你要學會積極主動的傾聽。」

阿麗恩接受了丈夫的建議，她說：「這的確是個有效的方法，透過悉心品味他們的談話，我變得精於此道了。此後，耐心傾聽成了我職業的主要內容。」

阿麗恩認為，傾聽的作用絕不僅僅是獲得資訊，還是與你周圍人們友好

相處的一個途徑。她從一個七十多歲的老婦人身上也感受到了這一點。

阿麗恩經常在一個雜貨店遇到一位老婦人。她深色的雙眼充滿了戒備和渴望。但當她見到阿麗恩時，總是喋喋不休，嘮叨個沒完。有時阿麗恩碰到自己心情不好時，都不得不耐著性子聽下去。

「我要去阿肯色州了，」一天，老婦人對阿麗恩說，「那裡春季的高溫氣候對我的關節炎有好處。不過我會很快回來的，免得你惦念。」

「只有您一個人去嗎？」阿麗恩問道。

「對，只有我一個人。」她說，「我是個孤老婆子，獨居很久了。可是我遇到了許多像你這樣的好人，他們願意聽我嘮叨。」

阿麗恩意識到，她就是用無處不與人交談來充實自己晚年枯燥的生活的。聆聽的耳朵，就是她的需求，我的耳朵不僅僅屬於我自己。從那以後，阿麗恩在與陌生人打交道時，都盡力讓自己積極耐心的傾聽。

事實表明，傾聽有時候勝過訴說。做個好聽眾、注意傾聽，這是一門藝術。教育家卡內基說：「做個聽眾往往比做一個演講者更重要。專心聽他人講話，是我們給予他的最大尊重、呵護和讚美。」每個人都認為自己的聲音是最重要的、最動聽的，並且每個人都有迫不及待的表達自己的願望。在這種情況下，友善的傾聽者自然成為最受歡迎的人。

善於傾聽是人不可缺少的素養之一，是人與人交往的一個必要前提，學會傾聽能正確完整的聽取自己所要的資訊，而且還會給人留下認真、踏實、尊重他人的印象。

美國汽車推銷之王喬·吉拉德曾有一次深刻的體驗。一次，某位名人來向他買車，他推薦了一種最好的車型給他。那人對車很滿意，並掏出 10,000 美元現鈔。眼看就要成交了，對方卻突然變卦而去。喬為此事懊惱了一下

午，到了晚上 11 點他忍不住打電話給那人：「您好！我是喬‧吉拉德，今天下午我曾經向您介紹一部新車，眼看您就要買下，為什麼卻突然走了？」

「你知道現在是什麼時候嗎？」

「非常抱歉，我知道現在已經是晚上 11 點鐘了，但是我檢討了一下午，實在想不出自己錯在哪裡了，因此特地打電話向您討教。」

「真的嗎？」

「肺腑之言。」

「很好！你有用心在聽我說話嗎？」

「非常用心。」

「可是今天下午你根本沒有用心聽我說話。就在簽字之前，我提到我的兒子吉米即將進入密西根大學念醫科，我還提到他的學科成績、運動能力以及他將來的抱負，我以他為榮，但是你毫無反應。」

喬不記得對方曾說過這些事，因為他當時根本沒有注意。喬認為已經談妥那筆生意了，他不但無心聽對方說什麼，反而在聽辦公室內另一位推銷員講笑話。這就是喬失敗的原因：那人除了買車，更需要一個耐心的聽眾。

俗話說：「善言，能贏得聽眾；善聽，才能贏得信任」。傾聽是金，我們需要學會傾聽，讓傾聽成為一種習慣，這也正是上帝賦予我們兩隻耳朵一張嘴巴的意旨所在。讓我們養成傾聽的習慣，做一名傾聽者，聽出教養，聽出責任，聽出誠意，聽出信任，聽出人類更加和諧美好的未來。

用你的親和力去感染和打動別人

親和力是指一個人在人際社交時所散發出來的讓別人欽佩、讚賞、認同

的高尚品德和人格魅力。有親和力的人身上散發出一種獨特的力量，迫使我們不得不去喜歡他。那神祕的力量便是親和力，我們就是被這種力量給影響了。

在人際社交中，「親和力」具有很好的人際吸引力。讓人感到親切，會縮短你與別人之間的心理距離。如果你是一個讓人感到親切的人，交談時，別人情感的大門會主動向你敞開；勸說時，別人心中的疙瘩會自動解開；求助時，別人熱情的雙手會真誠向你伸出……可以說，使人感到你很親切，更富有人緣魅力。

一家工廠面向社會招聘廠長，其中一位四十多歲的女士獲得了大家的一致好評，最後勝出。讓我們看看她在應聘過程中的表現：

問：「你是個外行，靠什麼管理工廠，怎樣調動起大家的積極性？」

答：「論管理企業我並不認為自己是外行，何況我們廠還有那麼多懂管理的幹部和技術高超的老工人，有許多朝氣蓬勃、勇於上進的年輕人。我上任後，把老師傅請回來，把年輕人的工作、學習和生活安排好，讓每個人都做得有活力，玩得舒暢，把工廠當成自己的家。」

問：「我們工廠不景氣，去年一年沒發獎金，我要求調走，你上任後能放我走嗎？」

答：「你要求調走，是因為工廠管理得不好，如果把工廠管理好了，我相信你就不走了。如果你選我當廠長，我先請你留下看半年有無起色再說。」

話音剛落，全場立即掌聲四起。

問：「現在正議論機構和人員精簡，你來了以後要裁多少人？」

答：「調整幹部結構是大勢所趨，現在部門的幹部顯得人多，原因是事少，如果事情多了，人手就不夠了。我來以後，第一目的不是裁人，而是擴

大業務、發展事業……」

　　問：「我是一名女工，現在懷孕七個多月了，還讓我在生產線裡站著工作，你說這合理嗎？」

　　答：「我也是女人，也懷孕生過孩子，知道哪個合理，哪個不合理，合理的要堅持，不合理的一定要改正。」

　　女工們立即活躍了起來。有的激動的說：「我們大多是女工，真需要一位體貼、關心我們疾苦的廠長啊！」

　　由此可見，親和力是獲得事業發展必不可少的重要條件，是建立友誼、發展友誼的堅強動力。良好的親和力可以拉近人與人之間的心理距離，令你收穫意想不到的前途和機會。

　　親和力是親切、友善、易於被別人接受的一種力量，就如同美好的事物令人無法拒絕一樣。親和力不是靠嚴肅的說話態度來產生的，而是一種自然而然的力量，它讓與你交往的人感覺到快樂。

　　瑪麗是一位來紐約、經驗豐富的女商人。她有著時髦的行頭，講究品味。瑪麗因為想放慢生活節奏，得到更多的歸屬感，而搬到西南部的一個小城鎮。

　　儘管她喜歡這個都市和那裡的居民，但是她感到她不受歡迎。最終，她的同事給她指出，她的穿著和交談方式讓當地人覺得她在裝腔作勢，高人一等。

　　從那以後，瑪麗特意穿得很隨意，與人談論當地的事情，多參加社交活動，試著讓自己更加容易接近。雖然一開始她很不舒服，不習慣穿卡其布，不習慣談論經營牧場。但是她發現，她與新鄰居和同事更加容易交流了。

　　由此可見，親和力是人與人之間資訊溝通，情感交流的一種能力。它能

夠方便與陌生人之間的溝通和交流，人都是有感情的，陌生人當然也不例外，感情的溝通和交流能夠讓人和陌生人之間建立一座信任的橋梁。信任的建立將會有效的消除人的交流的難度。

良好的親和力不但能讓你獲得更多友情，感受到人與人之間的關愛和溫暖，還能讓你經常保持愉快的心情，儲存更多的人際資源。

施展親和力是獲取交際對象好感、取得交際實效最輕巧的方法，那麼在交際中怎樣施展親和力呢？

1. 裝扮大方，以顯示淡雅清新的氣質，給人以舒適感。

2. 學會微笑，努力使笑容真實自然。

3. 有意識的放慢說話速度，以讓自己的表達清晰有邏輯，但也不要慢條斯理，讓人感覺到沒有熱情。

4. 多培養自己的興趣愛好，要不斷培養自己的信心，不斷的與人溝通。

主動打招呼，讓彼此熟悉起來

在人際社交中，打招呼是聯絡感情的手段，溝通心靈的方式和增進友誼的紐帶，所以，我們絕對不能輕視和小看打招呼。而要有效的打招呼，首先應該是積極主動的跟別人打招呼。

喬‧吉拉德是美國汽車銷售界的傳奇人物，稱為汽車銷售大王，他沒有三頭六臂，也沒有強硬的後臺支持，他的祕訣就是主動打招呼，讓你覺得他和你很熟悉，就像昨天剛剛一起喝過咖啡，聊過天似的。

「哎呀，老兄，好久不見，你躲到哪裡去了？」假如你曾經和喬‧吉拉德見過面，你一進入他的展區，就會看到他那迷人的、和藹的笑容，他朝你熱

情的打著招呼，呼喊著你的名字，似乎你昨天剛剛來過，完全不介意你們也許又好幾個月沒見面了。

他這樣親切，讓本來只是想隨便看看車子的你產生了一點局促不安，「我只是隨便看看。」

「來看望我必須要買車嗎？天啊，那我不就成了孤家寡人了？不管怎麼樣，能夠見到你，我就感到很高興！」

吉拉德幾句話就讓你的尷尬和局促消失得無影無蹤，也許你會跟他到辦公室坐坐，聊一會兒天，喝幾杯茶，爽朗而不放肆的大笑一氣。當你起身告別的時候，你的心裡會產生一種戀戀不捨的感覺，這個時候，你的購買欲望會變得更加強烈，原本的購置計畫也許會提前落實。

對於陌生的顧客，吉拉德也有自己的一套辦法。一天，一個建築工人來到了他的展位，吉拉德與他打完招呼，並沒有著急介紹自己的商品，而是和工人談起了建築工作，吉拉德一連問了好幾個關於施工隊的問題，每個問題都圍繞著這位建築工人設計，比如「您在工地上做什麼具體工作？」「你是否參與過建造附近哪片社區？」等，幾個問題下來，他和這位建築工人成了無話不談的好朋友，建築工人不但非常信賴的把挑選汽車的任務交給了他，而且還介紹他和自己的同事們認識，使吉拉德獲得了更多的商機。

由此可見，主動向別人打招呼，不僅可以讓別人心情暢快，給人留下好感，還可以為你的事業帶來幫助。

打招呼是給對方帶去好印象的第一步。打招呼其實是想向對方傳遞一種資訊。這是為了使雙方更加接近的非常重要的行為。這不僅是接觸的第一步，也是所有交往的起點。

1930 年，西蒙‧史佩拉傳教士每日習慣於在鄉村的田野之中漫步很長的

時間。無論是誰，只要經過他的身邊，他就會熱情的向他們打招呼問好。其中有個叫米勒的農夫是他每天打招呼的對象之一。米勒的田莊位於小鎮的邊緣，史佩拉每天經過時都看到他在田裡勤奮的工作。然後這位傳教士總會向他說：「早安，米勒先生。」

當傳教士第一次向米勒道早安時，這個農夫只是轉過身去，像一塊石頭般又臭又硬。在這個小鄉鎮裡，猶太人和當地居民處得並不太好，成為朋友的更絕無僅有。不過這並沒有妨礙或打消史佩拉傳教士的勇氣和決心。天地一天又一天的過去，他持續以溫暖的笑容和熱情的聲音向米勒打招呼。終於有一天，農夫向教士舉舉帽子示意，臉上也第一次露出一絲笑容了。

這樣的習慣持續了好多年，每天早上，史佩拉會高聲的說：「早安，米勒先生。」那位農夫也會舉舉帽子，高聲的回道：「早安，西蒙先生。」這樣的習慣一直延續到納粹黨上臺為止。

史佩拉全家與村中所有的猶太人都被集合起來送往集中營。史佩拉被送往一個又一個集中營，直到他來到最後一個位於奧斯維辛的集中營。

從火車上被趕下來之後，他就等在長長的行列之中，靜待發落。在行列的尾端，史佩拉遠遠的就看出來營區的指揮官拿著指揮棒一會兒向左指，一會兒向右指。他知道發派到左邊的就是死路一條，發配到右邊的則還有生還機會。

他的心臟怦怦跳動著，越靠近那個指揮官，就跳得越快。很快的，就要輪到他了，什麼樣的判決會輪到他？左邊還是右邊？

他離那個掌握生死的獨裁者還有一段距離，但是他清楚，這個指揮官有權力將他送入焚化爐中。這個指揮官到底是個什麼樣的人？他怎麼能在一天之中將千百人送入枉死城中？他的名字被叫到了，突然之間血液衝上他

的臉龐，恐懼消失得無影無蹤了。然後那個指揮官轉過身來，兩人的目光相遇了。

史佩拉靜靜的朝指揮官說：「早安，米勒先生。」米勒的一雙眼睛看起來依然冷酷無情，但聽到他的招呼突然抽動了幾秒鐘，然後也靜靜的回道：「早安，西蒙先生。」接著，他舉起指揮棒指了指說：「右！」他邊喊還邊不自覺的點了點頭。「右！」——意思就是生還者。

人是很容易被感動的，有時候，僅僅是一個熱情的問候，也可以融化冰山。所以說，打招呼是人際社交中的潤滑劑，它能有效拉近雙方的距離。

有些人可能都會有這樣的經歷，在與人初次見面時，由於彼此都不太了解，往往容易陷入無話可說的尷尬場面。此時，你不妨以一些寒暄語作為打招呼的開頭。

跟初次見面的人打招呼，最標準的說法是「您好！」「很高興能認識你」「見到您非常榮幸」。比較文雅一些的話，可以說「久仰」，或者「幸會」。要想隨便一些，也可以說「早聽說過您的大名」「某某人經常跟我談起您」，或是「我早就拜讀過您的大作」「我聽過您作的報告」等等。跟熟人打招呼，用語則不妨顯得親切一些，具體一些。可以說「最近忙些什麼呢？」，也可以講「您氣色不錯」等。雖然這些打招呼的話大部分並不重要，但它能使談話的雙方迅速擺脫尷尬的沉默。在打招呼時，你的語氣要輕鬆柔和、充滿感情，讓對方徹底放鬆，這樣才能讓對方很順利的接受你。

下面是幾種比較常見的打招呼的方式：

1. 問候型

問候型打招呼的用語類型比較複雜，總結起來主要有以下幾個方面：

（1）表現禮貌的問候語如「早安」、「您好」之類。交談者可以根據不同的對象、場合、環境、進行不同的問候。

（2）表現對對方關心的問候語如「最近身體好嗎」、「生意還可以吧」、「最近工作進展如何，還順利吧」。

（3）表現思念之情的問候語如「好久不見，近來怎麼樣」等等。

2. 言他型

「今天天氣不錯」。這類話也是日常生活中常用的一種打招呼的方式。尤其是陌生人之間見面，一時難以找到話題，就會說類似：「冬天天氣很冷吧」之類的話，能夠打破尷尬的場面。言他型打招呼的方式用於初次見面非常合適。

3. 觸景生情型

觸景生情型是針對具體的交談場景臨時發出的問候語，比如對方剛做完某件事，或正在做某件事以及將做什麼，都可以作為打招呼的話題。比如：早晨在家門口或路上問：「早安，上班嗎」，在食堂裡問：「吃過了嗎」，這種寒暄隨口而來，自然得體。

總之，「打招呼」不僅僅是你呼我應的一種禮儀，更重要的是，它是愛的橋梁、紐帶，架起人與人之間的尊重、平等，傳遞著親人般的愛。

得體的自我介紹為你敲開交際的大門

在日常生活和工作中，人與人之間需要進行必要的溝通，以尋求理解、

幫助和支持。自我介紹是最常見的與他人認識、溝通、增進了解、建立聯繫的方式。

社交場合中並不人人都相識，而參與社交的人往往希望結識更多的朋友，因此，自我介紹便成了社交中必不可少的方式了。在人際社交中，如果能正確得體的介紹自己，不僅可以擴大自己的交際範圍，廣交朋友，而且有助於自我宣傳、自我展示。

自我介紹是一個人的「亮相」，人們的評價就從此時開始。在某種意義上來說，自我介紹是社交活動的一把鑰匙。這把鑰匙如果運用得好，可使你在以後的活動中得心應手；反之，由於已造成了不良的第一印象，也會使你覺得困難重重。

一次非正式聚會中，有兩位初出茅廬的大學畢業生，他們都想結交舉辦此次聚會的主人張先生。張先生是一個商業奇才，不到十年時間就已經把自己的業務拓展到歐洲去了。

男生 A 這樣介紹自己：「您好，我叫某某，今年剛畢業，正在找工作。」張先生當時有點愣，頭一次聽人這麼介紹自己，只好接話說：「是嗎？那加油啊，祝你早日找到滿意的工作。」

其實，A 的自我介紹有些不得要領。首先，張先生和他完全不熟，在對他的性格和特長一無所知的情況下，A 傳達給張先生一個他正在找工作的訊息，屬於無效信號。自我介紹儘管只是簡短的一兩句話，但吸引別人的也許正是開篇的某個亮點。

就這點而言，女生 B 做得更好一些。她介紹自己的方式是拉近距離形成對比：「你好，聽說您是一位商業奇才。」張先生趕緊說：「哪裡算奇才。只是別人抬舉罷了。」她笑吟吟的說：「我對做生意也很有興趣，不過我更喜歡

電子商務，我是一個商業學院剛畢業的學生。」

張先生對電子商務很有興趣，這樣他們就以電子商務為話題聊了起來。

自我介紹是向別人展示你自己的一個重要手段，自我介紹好不好，直接關係到你給別人的第一印象的好壞及以後交往的順利與否。那麼，應該怎樣作自我介紹呢？交際心理學家為我們提出了幾點建議：

1. 注意內容：自我介紹的內容，通常包括本人姓名、年齡、出生地、學歷、履歷、特長、興趣等。至於是否要「全盤托出」，你可根據交際的目的、場合、時限和對方的需要等做出恰當的判斷，盡量使介紹能滿足對方的期待。

2. 注意時間：進行自我介紹一定要力求簡潔，盡可能的節省時間。通常以半分鐘左右為佳，如無特殊情況最好不要長於 1 分鐘。為了提高效率，在作自我介紹的同時，可利用名片、介紹信等資料加以輔助。

3. 講究態度：進行自我介紹，態度一定要自然、友善、親切、隨和。應落落大方，彬彬有禮。既不能唯唯諾諾，又不能虛張聲勢，輕浮誇張。進行自我介紹要實事求是，真實可信，不可自吹自擂，誇大其辭。氣要自然成長率，語速要正常，語音要清晰。

4. 注意方法：進行自我介紹，應先向對方點頭致意，得到回應後再向對方介紹自己。如果有介紹人在場，自我介紹則被視為是不禮貌的。應善於用眼神表達自己的友善，表達關心以及溝通的渴望。如果你想認識某人，最好預先獲得一些有關他的資料或情況，諸如性格、特長及興趣愛好。這樣在自我介紹後，便很容易融洽交談。在獲得對方的姓名之後，不妨口頭加重語氣重複一次，因為每個人最樂意聽到自己的名字。

5. 注意時機：當你與陌生人初次見面時，必須及時、簡要、明確的做自我

介紹，讓對方盡快了解你。相反，見面時相互凝視半天，你仍沉默或前言不搭後語，對方會很不愉快，甚至會產生許多疑問，使之不願意與你交往。當然，若對方正與他人交談，或大家的精力正集中在某人、某事上，則不宜做自我介紹；而對方一人獨處時進行自我介紹，則會產生良好效果。

與人握手也要注意禮節

握手在人際社交中，是一種經常使用的禮節方式，不僅常用在人們見面和告辭時，更可作為一種祝賀、感謝或相互鼓勵的表示。儘管對絕大多數人而言，握手只是兩個人之間雙手相握的一個簡單動作，但卻是溝通、交流、增進人際社交的重要手段。

美國著名盲聾作家海倫・凱勒寫道：「我接觸的手，雖然無言，卻極有表現力。有的人握手能拒人千里之外，我握著他們冷冰冰的指尖，就像和凜冽的北風握手一樣。也有些人的手充滿陽光，他們握住你的手，使你感到溫暖。」這從側面證明恰到好處的握手可以向對方表現自己的真誠與自信，也是吸引他人和贏得信任的契機。

某跨國大公司要招聘一位重要的工程師，開價年薪為 60 萬美元。該公司有關部門人員經過再三努力，最終篩選出兩名候選人。因為這兩名人選，各方面的條件「旗鼓相當」，難以定奪。於是，經辦人就向老闆作了彙報。老闆當即說：「下星期一上班時，請他們兩位來，讓我面試。」週一上班時，經辦人員就將這兩位候選人的兩本詳細資料呈送給了老闆。老闆喝完咖啡，沒看資料就讓經辦人傳喚候選人來面試。經辦人頗感驚訝的提示老闆：「您是否先看一下資料再……」老闆果斷的說：「不用了，你就去叫吧！」

兩位候選人先後進來，都經過握手後，簡單的聊了幾句。然後，老闆當即表態，決定錄用第一位面試者。事後，經辦人問老闆：「您連資料都沒看，怎麼這麼快就做出決定了呢？」老闆回答說：「我是透過『握手』的感覺來做出選擇的。」老闆看到手下人都感到詫異，就做了說明：「第一位和我握手時，我感到他的手比較溫暖，握手時用力適當，再加上他的談吐自然。給人一種充滿自信、具有親和力、身體健康的感覺；而第二位和我握手時，他的手冰涼、且略出冷汗，握手時無力，捎帶顫抖。給人的感覺顯得拘謹矜持，身體不夠健康，可能患有高血壓。」經辦人再翻閱這兩人的資料，果然發現，第一位身體健康，性格開朗，而第二位確實患有高血壓，而且性格過於內向……。據說，從此以後，一本《如何握手》書在美國特別暢銷，竟然位於新書排行榜前列。

可見，握手是溝通、交流感情、增進友誼的重要方式。透過握手的動作，往往顯露一個人的個性，給人留下不同印象。一個積極的、有力度的正確的握手，表達了你友好的態度和可信度，也表現了你對別人的重視和尊重。一個無力的、漫不經心的、錯誤的握手，立刻傳送出不利於你的資訊，讓你無法用語言來彌補，會給對方留下對你非常不利的第一印象。

娜娜是個熱情而敏感的女士，目前在某著名房地產公司任副總裁。那一日，她接待了來訪的建築材料公司主管銷售的韋經理。韋經理被祕書領進了娜娜的辦公室，祕書對娜娜說：「於總，這是 ×× 公司的韋經理。」

娜娜離開辦公桌，面帶笑容，走向韋經理。韋經理先伸出手來。讓娜娜握了握。娜娜客氣的對他說：「很高興你來為我們公司介紹這些產品。這樣吧，讓我看一看這些資料，我再和你聯繫。」韋經理在幾分鐘後就被娜娜送出了辦公室。幾天內，韋經理多次打電話，但得到的均是祕書相同的回答：

「娜娜不在。」

　　到底是什麼讓娜娜這麼反感一個只說了兩句話的人呢？娜娜在一次討論形象的課上提到這件事，餘氣未消：「首次見面，他留給我的印象不但是不懂基本的商業禮儀，而且沒有紳士風度。他是一個男人，職位又低於我，怎麼能像王子一樣伸出手讓我來握呢？他伸給我的手不但看起來毫無生機，握起來更像一條死魚，冰冷、鬆軟、毫無熱情。當我握他的手時，他的手掌也沒有任何反應。握手的這幾秒鐘，他就留給我一個極壞的印象，他的心可能和他的手一樣冰冷。他的手沒有讓我感到對我的尊重，他對我們的會面也並不重視。作為一個公司的銷售經理，居然不懂得基本的握手禮儀，他顯然不是那種經過嚴格職業訓練的人。而公司能夠雇用這樣素養的人做銷售經理，可見公司管理人員的基本素養和層次也不高。這種素養低下的人組成的管理階層，怎麼會嚴格遵守商業道德，提供優質、價格合理的建築材料？我們這樣大的房地產公司，怎麼能夠與這樣的小公司合作？怎麼會讓他們為我們提供建材呢？」

　　握手只有幾秒鐘的時間，但這短短的幾秒鐘是如此的關鍵，立刻決定了別人對你的喜歡程度。透過握手時的舉止行為，在一個側面可以斷定許多問題：雙方關係遠近、情感厚薄、個人文化修養、地位和工作精神，乃至於為人處事的方式與品性等。握手的方式向別人傳遞了你的態度是熱情還是冷淡、積極還是消極，是尊重他、誠懇相待，還是居高臨下、敷衍了事。熱情、文雅而得體的握手能讓人感受到愉悅、信任和接受，促進彼此間的交流和了解。

　　與陌生人初次見面，人們大都會重視著裝和微笑，但據調查指出，握手同樣能夠對人的第一印象有決定性作用，因為人類能夠對來自內在或者外

在的刺激做出更強烈更敏銳的反應。所以，想在初次見面留給他人良好的印象，就要學會與人握手的技巧。

1. 握手的順序

主人、長輩、上司、女士主動伸出手，客人、晚輩、下屬、男士再相迎握手。

長輩與晚輩之間，長輩伸手後，晚輩才能伸手相握；上下級之間，上級伸手後，下級才能接握；主人與客人之間，主人宜主動伸手；男女之間，女方伸出手後，男方才能伸手相握；如果男性年長，是女性的父輩年齡，在一般的社交場合中仍以女性先伸手為主，除非男性已是祖輩年齡，或女性未成年在 20 歲以下，則男性先伸手是適宜的。但無論什麼人，如果他忽略了握手禮的先後次序而已經伸了手，對方都應不遲疑的回握。

2. 握手的方法

握手時，距離受禮者約一步，上身稍向前傾，兩足立正，伸出右手，四指併攏，拇指張開，向受禮者握手。掌心向下握住對方的手，顯示著一個人強烈的支配欲，無聲的告訴別人，他此時處於高人一等的地位，應盡量避免這種傲慢無禮的握手方式。相反，掌心向裡與他人的握手方式顯示出謙卑與畢恭畢敬，如果伸出雙手去捧接，則更是謙恭備至了。平等而自然的握手姿態是兩手的手掌都處於垂直狀態，這是一種最普通也最穩當的握手方式。

3. 握手的禁忌

1. 握手時應伸出右手，不能伸出左手與人相握，有些國家習俗認為人的左手是髒的。

2. 戴著手套握手是失禮行為。男士在握手前先脫下手套，摘下帽子，女士可以例外。當然在嚴寒的室外有時可以不脫，比如雙方都戴著手套、帽子，這時一般也應先說聲：「對不起」。握手者雙目注視對方，微笑，問候，致意，不要看第三者或顯得心不在焉。

3. 如果你是左撇子，握手時也一定要用右手。當然如果你右手受傷了，那就不妨聲明一下。

4. 在商務洽談中，當介紹人完成了介紹任務之後，被介紹的雙方第一個動作就是握手。握手的時候，眼睛一定要注視對方的眼睛，傳達出你的誠意和自信，千萬不要一邊握手一邊眼睛卻在東張西望，或者跟這個人握手還沒完就目光移至下一個身上，這樣別人從你眼神裡體會到的只能是輕視或慌亂。那麼是不是注視得時間越長越好呢？並非如此，握手只需幾秒鐘即可，雙方手一鬆開，目光即可轉移。

5. 握手的力度要掌握好，握得太輕了，對方會覺得你在敷衍他；太重了，人家不但沒感到你的熱情，反而會覺得你是個老粗，女士尤其不要把手軟綿綿的遞過去，顯得連握都懶得握的樣子，既要握手，就應大大方方的握。

6. 握手的時間以１～３秒為宜，不可一直握住別人的手不放。與大人物握手，男士與女士握手，時間以１秒鐘左右為原則。如果要表示自己的真誠和熱烈，也可較長時間握手，並上下搖晃幾下。

7. 多人相見時，注意不要交叉握手，也就是當兩人握手時，第三者不要把胳膊從上面架過去，急著和另外的人握手。

8. 在任何情況下，拒絕對方主動要求握手的舉動都是無禮的。但手上有水或不乾淨時，應謝絕握手，同時必須解釋並致歉。

綜上所述，握手，是社交活動中最常見的禮節，掌握握手禮儀的要領，是令你討人喜歡的心理策略之一。

記住他人的名字

俗話說：人過留名，雁過留聲。姓名是人的標誌，人們出於自尊，總是最珍愛它，同時也希望別人能尊重它。如果你與曾打過交道的人再次見面，能一下叫出對方的名字，對方一定會感到非常親切，對你的好感也會油然而生。

當我們和別人交談的時候，如果能夠在恰當的時機稱呼一下別人的名字，那無疑就會迅速拉近彼此之間的距離，這在和並不是很熟悉的人打交道時，尤其有效。

美國前總統羅斯福說過：「交際中，最明顯、最簡單、最重要、最能得到好感的方法，就是記住人家的名字。」踏入社會和人交往的第一祕訣就是記住他人的名字，因為記住每個人的名字，是尊重一個人的開始，也是與人有效溝通的第一步。

在某家旅館的大廳裡，有一位來自遠方的客人到服務臺辦住宿手續，客人還沒有開口，服務小姐就先說：「×× 先生，歡迎你再次光臨，希望您在這兒住得愉快。」

客人聽後十分驚訝，沒想到她會記住自己的名字，他露出欣喜的神色，

因為他只在半年前到這裡住過一次。這位客人因此而感受到了莫大的尊重，進而對那位服務小姐，甚至她服務的旅館產生了好感。

由此可見，記住對方的名字是極為重要的。這既表現出了你對對方的重視，同時，也讓對方感到你的親切，如此一來，對你的好感也就油然而生。抓住了對方的這一心理特徵，你也就輕鬆的贏得了交際的第一回合了。

吉姆・佛雷 10 歲那年，父親就意外喪生，留下他和母親及另外兩個弟弟。由於家境貧寒，他不得不很早就輟學，到磚廠打工賺錢貼補家用。他雖然學歷有限，卻憑著愛爾蘭人特有的熱情和坦率，處處受人歡迎，進而轉入政壇。最叫人佩服的是他還有一種非凡的記人本領，任何認識過的人，他都能牢牢記著對方的全名，而且隻字不差。

他連高中都沒讀過，但在他 46 歲那年就已有四所大學頒給他榮譽學位，並且高居民主黨要職，最後還擔任郵政部長之職。

有一次有記者問起他成功之祕訣。他說：「辛勤工作，就這麼簡單。」記者有些疑惑，說道：「你別開玩笑了！」

他反問道：「那你認為我成功的原因是什麼？」

記者說：「聽說你可以一字不差的叫出 1 萬個朋友的名字。」

「不。你錯了！」他立即回答道：「我能叫得出名字的人，少說也有 5 萬人。」

這就是吉姆・佛雷的過人之處。每當他剛認識一個人時，他定會先弄清他的全名，他的家庭狀況，他所從事的工作。以及他的政治立場，然後據此先對他建立一個概略的印象。當他下一次再見到這個人時，不管隔了多少年，他一定仍能迎上前去在他肩上拍拍，噓寒問暖一番，或者問問他的老婆孩子，或是問問他最近的工作情形。有這份本領，也難怪別人會覺得他平易

近人，和善可親。

姓名，是世界上最美妙的字眼，每個人都十分看重自己的姓名。記住別人姓名，並真誠的叫響別人的姓名，它意味著我們對別人的接納，對別人的尊重，對別人的誠心，對別人的關心。

古人云：不知禮，無以立也；不知言，無以知人也。記住別人的名字，不僅傳遞了你對別人的尊重，滿足了人類基本的心理需求，拉近了人與人之間的距離，產生其他禮節所達不到的效果，也展現了一個人的知識、涵養和魅力所在。

一位德高望重的教授，當有人問他深受學生愛戴的原因時，他說：記住每個學生的名字。

多年以前，有一次，教授在一家餐館吃飯，忽然聽到有人喊他老師，一抬頭他發現是他們學院幾年前畢業的一個學生和他的女友，看情形是剛交上不久的朋友。碰巧，教授記得這個學生，但當時忘了他的名字，只記得他姓季，就隨口叫了「小季」。可等他剛叫出口，那個學生就驚喜得瞪大了眼睛。說了幾句話，教授又想起了他的名字，這一次他的驚喜簡直無法形容。那位學生激動的說：「沒想到過了這麼多年老師還記得我！」

幾天後，教授接到那位學生的電話，他在電話裡不停的道謝！原來，他的女朋友起初對他態度一般，但上次在餐館吃飯時碰到教授，教授叫出了他的名字，女朋友對他的態度竟然改變了，她說教授過了這麼多年仍能叫出了他的名字，說明他在大學時一定很不錯。

從那件事以後，教授就意識到，一個教授隨口叫出一個學生的名字對他來說是多麼重要！所以，後來每接一個新班級，教授做的第一件事情就是在最短的時間內叫出班裡所有學生的名字！

　　善於記住別人的姓名是一種禮貌，也是一種感情投資，在人際溝通中會達到意想不到的效果。所以，牢記別人的名字，並正確無誤的說出來，對任何人來說，是一種尊重、友善的表現。否則，萬一你不慎忘記而說錯了人家的名字，很可能還會招來一些不愉快的事。

　　一位心理學家曾說：「在人們的心目中，唯有自己的姓名是最美好、最動聽的東西。」人們在日常應酬中，如果一個並不熟悉的人能叫出你的姓名，就會產生一種親切感和知己感；相反，如果見了幾次面，對方還是叫不出你的名字，便會產生一種疏遠感、陌生感，增加雙方的心理隔閡。許多事實也已經證明，在公關活動中，廣記人名有助於公關活動的展開，並助其成功。

　　推銷員希得·李維曾經遇到一個名字是非常難念的顧客。他叫尼古瑪斯·帕帕都拉斯，別人因為記不住他的名字，通常都只叫他「尼古」。而李維在拜訪他之前，特別用心的反覆練習了幾遍他的名字。當李維見了這位先生以後，面帶微笑的說：「早安，尼古瑪斯·帕帕都拉斯先生。」

　　「尼古」簡直是目瞪口呆了。過了幾分鐘，他都沒有答話。最後，他熱淚盈眶的說：「李維先生，我在這個小鎮生活了三十五年，從來沒有一個人人試著用我的真正的名字來這麼稱呼我。」當然，尼古瑪斯·帕帕都拉斯成了李維的顧客。

　　在與陌生人交往的過程中，如果能夠記住別人的名字並輕鬆的叫出來，就等於巧妙而有效的給予了別人恭維。如果忘記或者叫錯了人家的名字，你便把自己放到了十分不利的位置。

　　美國一位學者曾經說過：「一種既簡單但又最重要的獲得好感的方法，就是牢記住別人的姓名，並且在下一次見面時喊出他的姓名。」名字作為每個人特有的標識，是非常重要的。對一個人來說，自己的名字是世界上聽起來

最親切和最重要的聲音。它不但獲得友誼、達成交易、得到新的合作夥伴的通行證，而且能立即產生其他理解所達不到的效果。所以去嘗試記住別人的名字，不僅是對他們的尊重和表示你對他們的重視，同時也讓別人對你產生更好的印象。

世界上天生就能記住別人的名字的人並不多見，大多數人能做到這一點全靠有意培養形成的好習慣。而你一旦養成了這個好習慣，它就能使你在社會活動中占有很多優勢。

小名片大學問

名片，是現代人進行交往聯絡的一種基本工具。當今社會，人際社交頻繁，不分行業職位，不分階級，名片廣泛使用。名片是個人身分的證明，自我推介的媒體，能達到結交朋友、增進了解、拓展業務、聯絡感情的作用。人們在各類場合與他人進行交際應酬時，倘若離開了名片的使用或者不善於使用名片，往往直接有礙於彼此之間的溝通，而且還要有可能導致個人形象因此而受到損害。

劉志剛跟隨上司參加博覽會，臨行前，他想著給上司提醒一下別忘了帶名片，可由於一時忙亂忘了，再說，出門談生意必須帶名片，這是常識性的問題，在生意場上打滾了十幾年的上司，難道會不知道這個道理？兩個人到了出差地點後，很快聯繫到了十幾個潛在的客戶，上司決定把這些人邀到酒店，大家小聚一下，直到別人將名片遞到上司手裡的時候，上司才尷尬的發現自己沒有帶名片，只好拿出劉志剛的名片應付一下，這讓參加聚會的客戶們感到很驚訝，聚會的氣氛也變得不那麼和諧了。

回來之後，上司把劉志剛狠狠的罵了一頓，劉志剛感到非常冤枉，幾天

後，有個陌生的電話打過來，對方告訴劉志剛：他們出差時見過面，他留下了劉志剛的名片，現在自己公司有個專案，需要劉志剛他們公司的產品，所以聯繫一下。商場如戰場，為了避免上當受騙，劉志剛一邊應承著對方，一邊打開自己的抽屜，從一把亂七八糟的名片中尋找這個電話號碼的來源，可是名片太多太雜了，他找了好久也沒翻出來。對方似乎聽出了他在翻找名片，語氣慢慢變得冷淡起來，跟劉志剛客套了幾句，就把電話掛了。就在這時，劉志剛才發現，對方的名片就在桌子角上，一筆大生意就這樣泡湯了。

由此可見，名片雖小，在與客戶溝通過程中的作用卻不容忽視。如果不注意名片禮儀，不僅不能使名片達到「自我延伸」的作用，反會妨礙自己與對方的交流。

有人說，名片像一個人的履歷表，是最重要的書面介紹資料。它直接代表著個人資訊，擔負著保持聯繫的重任。在生意場上，如果你要使名片發揮的作用更充分，就必須掌握相關的禮儀。

名片是一個人身分的象徵，當前已成為人們社交活動的重要工具。如何交換名片不但是其個人修養的一種反映，還是對交往對象尊重與否的直接展現。因此，如果你想要正確使用名片，就要對名片的準備、存放、和交換等方式予以充分的了解，遵守相對的規範和慣例。

1. 名片的遞交

在人際社交的過程中，需要主動的把本人的名片遞給他人時，首先應當選擇適宜的時機。唯有在確有必要時遞上名片，才會令其發揮功效。交際對象產生了了解自己的欲望，方為遞上名片的最佳時機。遞上名片，不宜過早或過遲。不要濫發名片，尤其是盡量不要在大庭廣眾之下同時向多位陌生人

遞上名片。

雙方交換名片時，正規的做法應為位低者首先向位高者遞上名片，再由後者回覆前者。不過對這一規定也不宜過於拘泥。需要向多人遞上名片時，切勿跳躍式進行，或者遺漏其中的某些人。得體的方法，應當是由尊而卑或者由近而遠的依次進行。

遞上名片時，應當先向接受名片者打上一個招呼，令對方有所準備。既可以先做一下自我介紹，也可以說：「請多多指教」、「希望今後保持聯繫」、「可否交換一下名片」。

遞上名片時，應表現得鄭重其事。不僅應當起身站立，主動走向對方，臉含笑意，而且還應當以雙方或右手持握名片，並且將名片正面面對對方。不要以左手遞上名片，也不要在遞上名片時將其反面對著對方。

2. 名片的接受

接受他人的名片，接受他人的名片時，不論自己多忙，均應暫停手中所做的一切事情，並且起身站立，面含微笑的迎向對方。盡量使用雙手接過名片，至少也要使用右手，而不能僅用左手。

但凡有可能，接過他人名片後，即應用一分鐘左右的時間，將其從頭至尾默讀一遍。若有疑問之處，還可當場向對方進行請教。

收到他人的名片後，切勿對其隨意把玩，或者將其亂丟亂放。一般應將他人的名片放入自己的名片夾、公事包、辦公桌或上衣口袋之內，把它扔在桌子上，壓在玻璃板之下或者放在褲袋裡是不禮貌的。

接受他人名片之後，一般均應當即回上對方一枚自己的名片。沒有名片，名片用完了，或者忘了帶名片的話，亦應以適當的方式向對方略加解

釋。切勿既不回上自己的名片，也不做出合情合理的解釋。

3. 名片的索取

依照慣例，通常盡量不要向他人直接開口索要名片。萬一確有必要那樣作時，則可相機採取下列方法：

一是互換法。所謂互換法，即以自己的名片為媒介與交往對象互換名片的做法。其具體方法有二：可以首先遞上自己的名片，等候對方有來有往的回覆自己；也可以在遞上自己的名片之時明言此意：「能否有幸與您交換一下名片？」

二是暗示法。所謂暗示法，是指在索取他人的名片時採用婉言暗示的做法。通常，向尊長暗示自己索取名片之意時，可以說：「請問以後如何向您請教？」而向平輩或晚輩表達此意時，則可以詢問對方：「請問今後怎樣與您聯絡？」

應當指出的是，在自己沒有名片時，可以婉言「對不起，我的名片剛用完」或「抱歉，今天沒有帶名片」等等。

4. 名片的置放

在參加商務活動時，要隨時準備名片。名片要經過精心的設計，能夠藝術要表現自己的身分、品味和公司形象。隨身所帶的名片，最好放在專用的名片包、名片夾裡。公事包以及辦公桌抽屜裡，也應經常備有名片，以便隨時使用。另外，接過他人的名片看過之後，應將其精心存放在自己的名片包、名片夾或上衣口袋內。

非凡的談吐讓人另眼相看

在人際社交中，我們都要透過交談來打動別人，很多人之所以深受人喜愛，在很大程度上歸功於善於辭令。第一印象最重要，口才好的人最容易給人留下深刻的第一印象。優雅的談吐可以使自己廣受歡迎，更有助於事業的成功。許多人能成為議員或其他高級官員，就是因為善於辭令。

美國南北戰爭結束後，有一個叫約翰‧愛倫的普通人和一個在南北戰爭中的著名英雄陶克將軍競選國會議員。陶克功勳卓著，曾任過兩三次國會議員，口才也很好。他在競選演講即將結束時，說了幾句很帶感情色彩的話：「諸位同胞們，記得十七年前（南北戰爭時）的今天，我曾帶兵在一座山上與敵人激戰，經過激烈的血戰後，我在山上的樹叢裡睡了一個晚上。如果大家沒有忘記那次艱苦卓絕的戰鬥，請在選舉中，也不要忘記那吃盡苦頭、餐風宿露造就偉大戰功的人。」

這話應該說是很精彩的，許多聽眾都認為愛倫必輸無疑了。然而，愛倫不慌不忙，說了幾句很輕鬆的話，便扳回了局面。他是這樣說的：「同胞們，陶克將軍說得不錯，他確實在那次戰爭中立了奇功。我當時是他手下的一個無名小卒，替他出生入死，衝鋒陷陣。這還不算，當他在樹叢中安睡時，我還攜帶了武器，站在荒野上，飽嘗寒風冷露的滋味來保護他。」

這話比陶克說得更高明了。因為聽眾中許多人是南北戰爭時的普通士兵，所以，愛倫的話更容易激起這些人的共鳴。果然，愛倫擊敗了陶克，勝利的跨進了國會大廳。

不凡的言談舉止，總能夠吸引聽眾、打動別人，還會有助於你事業的成功。如果你善於辭令，再加上周到的禮節、優雅的舉止，在任何場合，你都

會暢通無阻、備受歡迎。

現代社會高度重視社交，良好的談吐則是社交中最重要的制勝因素。擁有了良好的談吐，你就能在現代社交活動中，跟他人進行充分的交流和有效的溝通，以增進了解、溝通感情，最終達到互助合作的目的。那麼，如何才能做到使自己的談吐更動人呢？

1. 釋放你的真誠

在人際社交中，真誠就是魅力！真實、真情和真誠的態度是說話者的法寶。因為說話時的態度是決定談話成功與否的重要因素。談話時交談雙方都互相觀察注意著對方的表情、神態，反應極為敏感，稍有不慎就會使談話不歡而散或陷入僵局。當別人遇到不幸時你去看望安慰，你的表情一定要同情、專注；別人有了成績你去祝賀，你的表情就要真誠、熱情，愉快。如果你三心二意、心不在焉就是失禮，會引起別人的反感。所以，只有在言談話語之間釋放出你的真誠，才能打動人、感染人，才能獲得他人的信任，才能獲得真誠的朋友，才能取得事業的成功。

2. 優雅的舉止

常言道：「小節之處見精神，言談舉止見文化。」一個人優雅的談吐、自然的舉止，不是為了某種場合硬裝出來的，而應是日常生活中形成的習慣，是一種長久薰陶、順乎自然的結果。要成為一個舉止優雅的人，就要在日常而成為交際場合中的強者生活中有意識的調整、訓練自己的言談舉止，不斷提高自己的文化素養，從而成為交際場合中的強者。

3. 不要以個人為中心

交談時應多講大家共同關心的熱點話題，盡量少講「我怎麼樣」、「我如何」等話題，否則，會引起對方的反感，給人以自吹自擂、驕傲自滿的感覺。談話時要尊重對方，除表現在自己講話時要親切、熱情、真誠，要雙目注視對方，專心聽講外，還表現在要讓對方充分發表觀點，尊重別人的意見和建議等方面。交談時，不可以我為中心突然打斷或公然反駁、否定甚至諷刺、嘲笑對方的談話，而應用商討、疑問的語氣提出問題或看法。

4. 語音、語調平穩柔和

一般而言，語音語調以柔言談吐為宜。我們知道語言美是心靈美的語言表現。有善心才有善言。因此要掌握柔言談吐，首先應加強個人的思想修養和性格鍛鍊，同時還要注意在遣詞用句、語氣語調上的一些特殊要求。比如應注意使用謙辭和敬語，忌用粗魯汙穢的詞語；在句式上，應少用「否定句」，多用「肯定句」；在用詞上，要注意感情色彩，多用褒義詞、中性詞，少用貶義詞；在語氣語調上，要親切柔和，誠懇友善，不要以教訓人的口吻談話或擺出盛氣凌人的架勢。在交談中，要眼神交匯，帶著真誠的微笑，微笑將增加感染力。

5. 談話要看準對象

交談不是一個人思想與情感的自我發展，而是多人合作互動的過程，因此，在交談過程中，所談的話要符合對象的身分要求，從稱謂到措辭、從話題到語氣都要盡量合乎對象的特點，做到恰如其分。

6. 談話要掌握分寸

　　在人際社交中，哪些話該說，哪些話不該說，哪些話應怎樣去說才更符合人際社交的目的，這是交談禮儀應注意的問題。一般說，善意的、誠懇的、讚許的、禮貌的、謙讓的話應該說，且應該多說。惡意的、虛偽的、貶斥的、無禮的、強迫的話語不應該說，因為這樣的話語只會造成衝突，破壞關係，傷及感情。有些話雖然出自好意，但措辭用語不當，方式方法不妥，好話也可能引出壞的效果。所以語言交際必須對說的話進行有效的控制，掌握說話的分寸，才能獲得好的效果。

第四章

做生意先做人，魅力贏得人心

　　商道，實質上就是人道，做生意就是做人。做人是做生意的前提和關鍵，也是決定生意成敗的關鍵因素。一般來說，做人做得好的，生意也會做得很好；而做人失敗的，大多生意場上也不怎麼樣。真正將生意做好做大的人，還是那些堂堂正正的人。所以，如果你想要做一個成功的生意人，首先就要學會做人，只有發揮人格的力量、品德的魅力，才會使經商之路更為通暢。

為自己賺足好人品

世間技巧無窮，唯有德者可用其力；世間變幻莫測，唯有人品可立一生。

人品即商品，人格即財富。一個道德敗壞的人，不管是做人、做事、還是做生意，都很難有所發展，更談不上功成業就。

有一對夫妻，離職後開了家燒酒店，自己燒酒自己賣也算有條活路。

丈夫是個老實人，為人真誠、熱情，燒製的酒也好。有道是「酒香不怕巷子深」，一傳十，十傳百，酒店生意興隆，常常是供不應求。

看到生意如此之好，夫妻倆便決定把賺來的錢投進去，再添置一臺燒酒設備，擴大生產規模，增加酒的產量。這樣，一可滿足顧客需求，二可增加收入，早日致富。

這天，丈夫外出購買設備，臨行之前，把酒店的事都交給了妻子，叮囑妻子一定要善待每一位顧客，誠實經營，不要與顧客發生爭吵……

一個月以後，丈夫外出歸來。妻子一見丈夫，便按捺不住內心的激動，神祕兮兮的說：「這幾天，我可知道了做生意的祕訣，像你那樣永遠也發不了財。」丈夫一臉愕然，不解的說：「做生意靠的是信譽，我們家燒的酒好，賣的量足，價錢合理，所以大夥才願意買我們家的酒，除此還能有什麼祕訣。」

妻子聽後，用手指著丈夫的頭，自作聰明的說：「你這木頭腦袋，現在誰還像你這樣做生意，你知道嗎？這幾天我賺的錢比過去一個月賺的還多。祕訣就是，我給酒裡加了水。」

丈夫一聽都要氣炸了，他沒想到，妻子竟然會往酒裡加水，他衝著妻子就是一頓罵。他知道妻子這種坑害顧客的行為，會將他們苦心經營的酒店的

牌子給砸了，他也知道這將意味著什麼。

由此可見，生意人應當愛惜自己的人品，雖然人品不能當飯吃，但人品是立身之本，對事業的成敗影響頗大。

經商在本質上就是做人，因而人品最為重要。很多商業實踐都已證明：商業的成功與高尚的品德密不可分，生意人只有具備高尚的品德，才能獲得真正意義上的成功。

可見，人品就是品牌。具有良好品德的人不僅能贏得對方的心，而且還能贏得周圍人的心，凡是知道他具有良好品德的人都願意與他交往，更能為其創造無限的商機。

端正的人品是生意人獲得成長、實現個人價值的基礎；只有先學會做人才能做好事，只有具備端正人品的人，才能取信於企業和他人，通向事業的成功。

周永江是一家實木出口公司董事長。「要成功創業，必先講究做人！首先要錘煉自己的人品，絕不能貪圖一時一事之利而不講操守，不講信用！」這是周永江一直以來堅持的信念，也是他走向成功的祕訣。

40 年前的一個冬天，雖然當時他年紀還小，但這個冬天深深的刻在周永江的記憶深處，是他一生中最難以忘懷的。

當時，父親的去世對他是一個沉重的打擊。即使是這樣，周永江還是咬緊牙關、鼓足勇氣，他希望自己能夠帶領全家平安的度過這個肅殺淒涼的冬天。

為了安葬父親，周永江含著眼淚去買墳地。按照當時的交易規矩，買地人必須付錢給賣地人之後才可以跟隨賣地人去看地。

賣地給周永江的，是兩個客家人。周永江將買地錢交給他們之後，便半

步都不肯離開，堅持要看地。山路出奇的泥濘，不時夾帶著雨點，寒意逼人的北風迎面而來……這兩個賣地人走得很快，周永江一步接著一步地緊跟不捨。然而，不幸的是賣地人見周永江是一個小孩子，以為好欺騙，就將一塊埋有他人屍骨的墳地賣給他，並且用客家話商量著如何掘開這塊墳地，將他人屍骨弄走……

可是，他們並不知道，周永江聽得懂客家話。周永江地震驚的想，世界上居然有人如此黑心、如此賺錢的人，甚至連死去的人都不肯放過；周永江深知這兩個人絕不會退錢給他，就告訴他們不要掘地了，他另找賣主。

這次買地葬父的幾番周折，深深的留存在周永江的記憶深處，使他不僅學到了一課關於人生、關於社會真實面目的教育，而且對於即將走上社會、獨自創業的周永江來說，這是第一次付出沉重的代價所吸取的相當痛苦的教訓，也是周永江所面臨在道義和金錢面前如何抉擇的第一道難題。這促使周永江暗下決心：不管將來創業的道路如何險惡，不管將來生活的情形如何艱難，一定要做到生意上不能坑害人，在生活上樂於幫助人。

今天，周永江是企業家了，但他對於人和人生的理解卻並沒有因為財富的增加而變得膚淺，相反，倒使他對做人的理解更加成熟和深刻了。他說：「不管新老客戶，給他們的承諾必須兌現。情願自己吃虧，也不能讓客戶不滿意。」正是這樣的經營宗旨，讓公司在每年進行的客戶滿意度調查中客戶滿意率達到 99%。

周永江幾十年如一日堅持對自身人品的錘煉，堅守誠信經營的理念，從一家小公司開始，逐步發展成為集生產、加工於一體的出口貿易公司，並透過創立企業品牌，贏得了市場。

人最值得尊重的，正是在追求和奮鬥過程中表現出的優秀的品格。如果

把周永江的成功歸於是幸運的，那麼真正的幸運是屬於擁有優秀品格的人。

人品決定著人心向背，決定著一個人的社會價值。不管在哪一領域，不管處於何種生存狀態，那些具有優秀品格的人，那些具有強烈的責任心的人，那些有著良好信譽的人，才能贏得人們由衷的崇敬和信任，事業的成功才會有堅實的根基。

講誠信的人才能把生意做大

自古以來，做生意就信奉「店譽貴似金」、「人無信不立，店無譽不興」、「千金易獲，信譽難得」、「笨拙的店家只知賺錢，聰明的店家最重信譽」、「店門八字開，信譽引財來」、「商店信譽勝萬金，一舉一動要留心」、「信譽就是財富」。在現代市場經濟條件下，誠信同樣是生意人價值連城的無形資產。良好的商業信譽，是一個立足長遠的生意人所應當具備的最基本的品行和能力。成功的生意人之所以能縱橫商海，業績輝煌，就是因為他們能夠堅持「誠信無欺，信譽第一」的商業道德。

從前，有一個年輕人叫張三，在財主家當了幾年苦力，存了一些錢，在集市上開了一家小酒館，取名叫「實惠酒家」。

開始的時候，小酒館的東西賣得確實很實惠，大大的碗，又香又醇的米酒，而且價錢很便宜。無論是過路的生意人，還是來趕集的老百姓都願意到酒館裡坐一坐，喝一碗米酒，解解渴，歇一歇。每天從早晨一開張到晚上關門，客人總是爆滿，夥計們忙得團團轉。有時候，不到天黑，酒就賣完了。

張三看在眼裡，樂在心裡。可是手工作坊，每天就只能釀那麼多酒，沒辦法擴大規模。於是他就動了心眼。

第二天，大碗變成小碗，價錢還是大碗的價錢。

張三說：「客官，這是新配方，酒裡加了名貴的中草藥，喝了可以治病的。」

客人們都是老客戶，不但相信張三的說的話，而且還大加宣傳。客人不但少，反而比以前更多了。一連幾天酒都不夠賣，張三又多賺了不少錢。

張三嘗到了甜頭，就又想出一個主意，往酒裡加水，開始的時候加得少，客人覺察不出。於是張三膽子越來越大，水越加越多。

幾天過後，客人越來越少。再後來，夥計們乾脆閒起來沒事做。

一天，張三正坐在空空匠酒館裡發呆。這時走進一個白鬍子老大爺，張三趕緊跑上前去招呼客人。老頭一邊喝酒，一邊問：「年輕人，這店裡怎麼這麼冷清啊？」

張三很無奈的搖了搖頭。

老頭兒接著說：「其實開店是有祕方的。」

張三趕緊把頭湊過去問：「什麼祕方，請您告訴我，要多少錢都行。」

老人仍不慌不忙的講：「有一個誠實的人，本來很窮，在別人的幫助下開了個小餐館，不久就家財萬貫。別人問他有什麼祕方嗎？他說：『有，就是一份菜中賺只一文錢。』」

張三聽了，慚愧的低下了頭。

老頭兒又說：「拿紙筆過來，我給你開個治療『酒館冷清病』的藥方。」

張三乖乖的拿紙筆過來，老頭兒提筆寫了兩個字，寫完就走了。張三拿起來一看，是『誠信』二字。

張三猛然醒悟，於是把酒館的名字改成：「只賺一文錢」，從此誠實經營，堅持一碗酒只賺一文錢。

沒過多久，他的生意又興隆起來。

做生意的第一要訣就是講誠信，只有真誠待人，才能做成大生意；而弄虛作假，只能是做一次生意，終究是會弄巧成拙、慘遭失敗的。俗話說：「百金買名，千金買譽」，這就說明信譽的重要性，它比「名」還可貴，同時也說明信譽是要花大力、下大本錢才能形成的。

1835 年，摩根先生聽一位朋友講，一家名叫伊特納的火災保險公司為了擴大自己的實力，宣布凡是加入公司的新股東，不需馬上注入獎金，只要在股東名冊上簽下自己的名字，就可以成為該公司的股東，而且很快就會有良好的收益。摩根先生毫不猶豫的就在那本股東名冊上簽下了他的名字，成為伊特納火災公司的一名股東。

天有不測風雲。也就在那一年的冬天，紐約突發了一場特大火災。伊特納火災保險公司的股東們一個個傻了眼，紛紛退股來挽回自己的損失。珍惜自己信譽的摩根先生再三斟酌，決定捨財保信譽。他賣掉了自己苦心經營多年的旅館和酒店，低價收購了大家的股份。他又透過其他融資管道，以最快的速度將 15 萬美元的保險賠償返還了投保人。一時間伊特納火災保險公司的聲譽傳遍了整個紐約城。

為了償還賠償金，摩根先生已經瀕臨破產，只剩下一個空殼般的保險公司，當然，摩根先生也成為這家公司最大的股東。他從朋友那裡借錢，然後刊登廣告：本公司為償還保險金已經竭盡所能，從現在開始，再入本公司的投保人，保險金一律增加一倍。

第二天早晨，身上只有 5 美元的摩根先生拎著公事包上班。當走到公司所在的那條大街，只見那條大街被擠得水洩不通，許多前來投保的人擠在伊特納火災公司的大門口。大家可以想見，不久摩根先生就買回了原來的旅館

和酒店，還淨賺了 30 萬美元。

這位摩根先生就是主宰華爾街帝國的摩根先生的祖父，是美國億萬富翁摩根家族的創始人。一場突發的火災曾使摩根先生瀕臨破產，同樣也是這場火災成就了一個家族的事業。摩根先生成功的祕訣就是講誠信、重信譽。

經商不是一項孤立的事業，同時，經商還是一項長期的事業。對於一個生意人來說，要想讓事業不斷發展壯大，離不開「誠信」二字。如果你想將生意做大、做強，從某種程度來說，誠信往往起著決定性的作用。特別是生意越做越大時，誠信的作用便會隨之顯得越來越重要。

紅頂商人胡雪巖，是清末政商界的一個傳奇。他以貧賤的錢莊學徒出身，在短時間中事業崛起、形成近代金融事業中的一個異數，是什麼原因讓他能有此成就呢？無外乎「誠信」二字。

當年，胡雪巖的錢莊開業不久，駐杭州綠營兵的「千總」羅尚德就存入 1.2 萬兩銀子，卻既不要利息，又不要存摺。在老家四川的胡尚德是一名賭徒，定下婚約卻不成親。因為好賭，他前後用去岳父家 1.5 萬兩銀子。為此，岳父提出「為了退婚寧可不要這萬兩銀子」的請求。這深深的刺激了羅尚德的自尊心，他發誓做牛做馬也要還清銀子。後來，羅尚德投身軍營，經過 13 年的辛苦煎熬，省吃儉用終於積蓄了 1.2 萬兩銀子，這時他接到了與太平軍打仗的命令，因無親眷相託，只好拿到胡雪巖的錢莊來儲蓄。

他將銀子存入胡雪巖的錢莊，既不要利息，又不要存摺。一是因為他相信錢莊的信譽，同鄉劉二經常在他面前提起胡雪巖，而且一提起就讚不絕口。二是因為自己就要上戰場，生死未卜，存摺不帶在身上比較好。得知這一情況後，胡雪巖當即決定：照規矩以 3 年定期存款的利息算，3 年之後來取，付給本息 1.5 萬兩銀子，並辦理了一個存摺，交由錢莊負責人代管。

後來，羅尚德陣亡戰場，他在生前委託兩位同鄉將自己在錢莊的存款提出來，轉至老家還債。這兩位同鄉手頭沒有任何憑證，他們原以為會遇到錢莊的刁難，甚至怕這筆存款就此被賴掉，沒想到錢莊在證實他們確實是羅尚德的同鄉後，馬上就為他們辦理了手續，這筆存款不僅如數照付，而且還照算了利息。

令人意想不到的是，錢莊在照付了羅尚德的存款後，引來了大批的人來此存款。原來，回到軍營後，羅尚德的兩位同鄉講述了取兌銀子的感人經歷，錢莊的聲譽一下子在軍營中飛快的傳開了。為此，許多官兵都心甘情願的把自己的積蓄長期的存入胡雪巖的錢莊。

這個故事告訴我們：誠信為經商之本。誠可取信，信是獲利之源，誠信就是競爭的利器，誠信就是財富。

正所謂：金錢有價，誠信無價。現代社會需要誠信。就個人而言，誠信是高尚的人格力量，是立身之本；就企業而言，誠信是寶貴的無形資產，是立業之本。大凡一個成功的企業，在創業之初，都要經受誠信的考驗。企業能夠由小到大，由弱變強，無一不需要誠信的支援。依靠誠信的企業形象，可以開拓出無限的商機，甚至吸引更多的客戶上門尋求合作。特別是隨著信用經濟的發展，企業的資產並不僅僅表現為有形資產，而是由有形資產和無形資產共同融合而成。在無形資產中，處於核心地位的便是商業信譽，信譽好則生意興隆。

尊重別人與自我尊重一樣重要

交往藝術的核心在於對別人表示尊重。古人云：「尊人者，人尊之」，只有尊重自己的交往對象，交往對象也才會尊重你自己。在互相尊重的氛圍

下，交往才能順利進行。所以，人與人之間的交往，都應建立在真誠與尊重的基礎上。

　　一個頗有名望的美國富商在路邊散步時，遇到一個衣衫襤褸、形同瘦骨的擺地攤賣舊書的年輕人，在寒風中啃著發黴的麵包。有著同樣苦難經歷的富商頓生一股憐憫之情，便不假思索的將 8 美元塞到年輕人的手中，然後頭也不回的走開了。沒走多遠，富商忽然覺得這樣做不妥，於是連忙返回來，從地攤上撿了兩本舊書，並抱歉的解釋說自己忘了取書，希望年輕人不要介意。最後，富商鄭重其事的告訴年輕人說：「其實，您和我一樣也是商人。」

　　兩年之後，富商應邀參加一個商賈雲集的慈善募捐會議時，一位西裝革履的年輕書商迎了上來，緊握著他的手不無感激的說：「先生，您可能早忘記我了，但我永遠也不會忘記你。我一直認為，我這一生只有擺攤乞討的命運，直到你親口對我說，我和你一樣都是商人，這才使我樹立了自尊和自信，從而創造了今天的業績……」

　　富商萬萬也沒有想到，兩年前一句普通的話竟能使一個自卑的人樹立了自尊心，一個窮困潦倒的人找回了自信心，一個自以為一無是處的人看到了自己的優勢和價值，終於透過自強不息的努力獲得了成功。

　　不難想像，這位富商當初即使給年輕人很多錢，沒有那一句尊重鼓勵的話，年輕人也斷不會出現人生的劇變，這就是尊重的力量。

　　哲學家威廉·詹姆士說過：「潛藏在人們內心深處的最深層次的動力，是想被人承認、想受人尊重的欲望。」渴望受人喜愛、受人尊敬、受人崇拜，這是人類天生的本性。但是，有取必有予，我們希望獲得些什麼，也就必須首先付出些什麼。我們希望獲得別人的尊重，這就要求我們每一個人都要先學會尊重他人，這樣我們才能獲得別人的尊重。

有一個非常有錢的富翁，但卻受不到旁人的尊重，他為此苦惱不已。某日上街，見衣衫襤褸的一乞丐，便擲一枚金幣於其破碗內。殊知乞丐竟忙於捉蝨子毫不理會。富翁不由生氣：你眼睛瞎了？沒看見我給你的是金幣嗎？乞丐仍不抬頭，答道：「給不給是你的事，不高興可以拿回去。」富翁大怒，意氣用事，遂又丟了十枚金幣於碗中，卻不料乞丐不理不睬……

富翁暴跳起來，說：「我將所有財產都給你，你可願意尊重我？」乞丐大笑：「你將財產給了我，你就成了乞丐而我成了富翁。我憑什麼尊重你？」

尊重是人際社交的橋梁。沒有尊重的交往是不可能持續下去的。只有相互尊重，才能相互認可，體驗對方的心情，讓對方樂於接受。

每個人都有讓人尊重之處，善於發現別人的長處，就會尊重別人。「人不如己，尊重別人；己不如人，尊重自己。」無論身處何位，尊重別人與自我尊重一樣重要。一個人只有懂得尊重別人，才能贏得別人真正的尊重。

這是發生在美國紐約曼哈頓的真實故事。

一天，一位 40 多歲的中年婦人帶著一個小男孩走進美國著名企業「巨象集團」總部大廈樓下的花園，在一張長椅上坐下來。她不停的在跟男孩說著什麼，似乎很生氣的樣子。不遠處有一位頭髮花白的老人正在修剪灌木。

忽然，中年婦人從隨身提包裡拉出一團白花花的衛生紙，一甩手將它拋到老人剛修剪過的灌木上面。老人詫異的轉過頭朝中年婦人看了一眼，中年婦人滿不在乎的看著他。老人什麼話也沒有說，走過去拿起那團衛生紙，把它扔進了一旁垃圾桶裡。

過了一會兒，中年婦人又拉出一團衛生紙扔了過來。老人再次走過去把那團衛生紙拾起來扔到垃圾桶裡，然後回到原處繼續工作。可是，老人剛拿起剪刀，第三團衛生紙又落在了他眼前的灌木上……就這樣，老人一連撿了

那中年婦人扔過來的六七團紙，但他始終沒有因此露出不滿和厭煩的神色。

「你看見了吧！」中年婦人指了指修剪灌木的老人對男孩大聲說道：「我希望你明白，你如果現在不好好上學，將來就跟他一樣沒出息，只能做這些卑微低賤的工作！」

老人聽見後放下剪刀走過來，和顏悅色的對中年婦人說：「夫人，這裡是集團的私家花園，按規定只有集團員工才能進來。」

「那當然，我是『巨象集團』所屬的旗下公司的部門經理，就在這座大廈裡工作！」中年婦人高傲的說道，同時掏出一張證件朝老人晃了晃。

「我能借你的手機用一下嗎？」老人沉默了一會兒說。

中年婦人極不情願的把手機遞給老人，同時又把握時機的開導兒子：「你看這些窮人，這麼大年紀了連手機也買不起。你今後一定要努力啊！」

老人打完電話後把手機還給了婦人。很快一名男子匆匆走過來，恭恭敬敬的站在老人面前。老人對來人說：「我現在提議免去這位女士在『巨象集團』的職務！」「是，我立刻按您的指示去辦！」那人連聲應道。

老人吩咐完後徑直朝小男孩走去，他伸手撫摸了一下男孩的頭，意味深長的說：「我希望你明白，在這世界上最重要的是要學會尊重每一個人……」說完，老人撇下三人緩緩而去。中年婦人被眼前驟然發生的事情驚呆了。她認識那個男子，他是「巨象集團」主管任免各級員工的一個高階主管。「你……你怎麼會對這個老園丁那麼尊敬呢？」她大惑不解的問。

「你說什麼？老園丁？他是集團總裁詹姆斯先生！」中年婦人一下子癱坐在長椅上。

這個故事進一步說明只有真正學會尊重他人、尊重身邊的每一個人，才能得到他人的尊重，最終才不會使自己受到損失。

現實生活中，我們要學會尊重每一個人，無論一個人的身分和工作多麼卑微，穿著或長相有多麼寒酸，我們都應尊重他，這是我們應該具備的良好品格。要知道，尊重沒有高低貴賤之分，而且尊重別人就是在尊重自己。

任何人都有自尊和被人尊重的需要。如果你不能滿足他人的這種最基本、最簡單的需要，那麼他人肯定不願意與你相處。一句古語說得好：「君子敬而無失，與人恭而有禮。」只有尊敬別人才能換來別人對你的尊敬，只有互相尊敬才能互相受益。

邁克就曾因不尊重他人，而付出了沉重的代價。邁克是一家小服裝公司的老闆，其公司產品大都透過一家外貿公司銷往國外。邁克的公司與這家外貿公司長期合作，保持著很好的業務往來。外貿公司的胖子經理就如同邁克的財神爺一樣受到邁克的歡迎。

在一次談判中，邁克極力勸說外貿公司和他們擴大貿易範圍，但胖子經理就是不答應。邁克費盡了口舌，依然一無所獲。此時，邁克惱羞成怒，胖子經理剛走，他就對手下人說：「你看那胖子，往公司大門口一站，蚊子就只有側著身子才能飛過來。」恰巧這時胖子經理回來取忘了拿的手機，正好聽到了邁克的嘲諷。

胖子經理望了望邁克，拿起東西就走了，邁克甚是尷尬。之後他多次想盡辦法賠禮道歉，但胖子經理始終未置可否。這樣，他們兩家公司也就逐漸減少了合作，直至分道揚鑣，邁克為此損失甚多。

有時，我們都希望贏得別人的尊重，卻往往忽視了尊重別人。「己所不欲，勿施於人」，是尊重他人的基本原則。心理學研究表明，人都有友愛和受尊敬的欲望，並且交友和受尊重的希望都非常強烈。人們渴望自立，成為家庭和社會中真正的一員，平等的同他人進行溝通。如果你能以平等的姿態與

人溝通，對方會覺得受到尊重，而對你產生好感；相反的，如果你自覺高人一等、居高臨下、盛氣凌人的與人溝通，對方會感到自尊受到了傷害而拒絕與你交往。

我們活在這世上，人人都需要別人的尊重與認可，當你主動尊重別人，給人以真誠、溫暖與鼓勵的時候，他們也將用同樣的方式對待你。

生意人保持低調是明智之舉

傳說，因為生存競爭大激烈，南亞地區的一個大象部落被迫向北遷移，最後進定了東亞的一片叢林為落腳點。

這片叢林裡，一直都只生活著一些小動物，諸如狐狸、松鼠等，身型龐大的大家來到這個動物的世界裡，就更顯得龐大了。

在叢林駐紮下來的第二天，大象首領就頒布了三項規定：

第一，所有大象，不得對其他動物說大象是陸地上最大的動物。

第二，所有大象，都不能因為自己身形高大而趾高氣揚，更不可欺侮其他小動物。

第三，所有大象外出時，都必須用樹枝掩蓋全身，只露出頭部，以使自己顯得盡可能小。

規定一出，大象部落裡一片譁然，大家都覺得不可思議，難以接受。

「我們就是最強大的，有什麼值得顧忌的？」

「我們本來就是陸地上最大的動物，我們為什麼不可以光明正大的說出來？」

「執行這樣的規定，有失我們大象的面子有損我們大象的尊嚴！」

這時，大象首領說話了：「這片叢林裡，一直都只生活著小動物，我們的出現，無疑會讓這裡所有的小動物都感到不安全，他們本能的防備我們。如果讓他們感覺我們過於龐大，他們會將我們視為敵人，那樣，我們就一個朋友也交不到，也無法得到外界的幫助。如果他們集中力量來攻擊我們，那麼，我們的處境將十分糟糕。」

動物尚且知道以一個低調的姿態，來掩飾自身的強大，從而避免讓自己成為森林小動物們的眾矢之的，人更應該如此。

俗話說：地低成海，人低成王。低調做人，是一個人安身立命的準則。我們做人、做事、做生意也應該盡顯低調，在低調中修練自己。

一家電腦公司承擔了一個專案，他們要為一家私人企業安裝電器設備。負責調試的工作人員趕到廠商時已經是下午 5 點左右，到了下班的時間。在公司門口，工作人員看到一位 50 歲左右的男子，穿著很隨便，一件普通的襯衫外面是一件舊夾克，褲腳已經是毛邊了。就從這身打扮，工作人員斷定，他是這個廠的值班人員。可是等到大家開會討論安裝方案的時候，讓工作人員大吃一驚的是，這個看起來像值班人員的人竟然是擁有千萬資產的企業董事長。

由此看來，大凡成功的生意人，從來不習慣炫耀自己，他們總是不張揚，處世樸實。與一些喜歡拋頭露面、誇大其詞的生意人比較起來，其不愛出風頭的個性，顯得十分突出。

現如今，很多企業經營者熱衷於聲望的提高，喜歡參加「大企業家」、「企業名流」、「傑出才俊」等的評選。幾經周折，終於當選，頒獎大會風光熱鬧，報刊雜誌喧騰一時，親朋好友慶賀一陣，事實上對企業家個人的領導經營能力、公司運行的好壞，並沒有實際的幫助，也無法增加個人財富。所以，企

業的經營者不可過度在意自己的名望，更不可相信名望能為你帶來什麼實際利益，「虛名」只會累人而不會助人。

在生意場上，真正有大作為的人懂得「低調哲學」的人，他們為人低調，不張揚、不顯富，做事比較理性務實，對自己事業的成功不愛炫耀，對自己擁有的財富不作宣揚，他們把大量的時間和精力花在如何賺錢上。這是一個成功的生意人應該有的性格和品格。

謙虛總會贏得別人的好感

謙虛不僅是一種美德，更是一種人生的智慧。你可能也會有這樣一種體會：越是謙遜的人，你越是喜歡找出他的優點；越是把自己看得了不起，孤傲自大的人，你越會瞧不起他，喜歡找出他的缺點。這就是謙遜的好處。所以，平時你要謙遜的對待別人，這樣才能博得人家的支持，為你的事業奠定基礎。

孔子是春秋末年偉大的思想家、教育家、政治家，儒家學派的開山鼻祖，被人們尊為「至聖」，他有弟子二千，大家都向他請教學問。他的《論語》是千百年來的傳世之作。孔子學問淵博，可是仍然保持謙虛的態度，虛心向別人求教。

孔子苦苦鑽研「禮」的學問，可終沒有得出結果，為此，他感到十分苦惱。當他聽說老子經過多年苦心探索鑽研，知識淵博，已經求得天道的消息後，就決定去洛陽拜訪老子。

老子見了孔子，便熱情的接待了他，並對他說：「陰陽之道是不可以用感官感知的，也是不能用語言來表達的，道也是不能送人的。尋求道，關鍵在於內心的感悟。心中沒有感悟就不能保留住道；心中自悟到道，還需和外界

的環境相印證。因此，可以說，得道之人是無為的，是簡樸而滿足的，是不以施捨者自居，也無所耗費的。自己正的人才能正人，如果自己內心不能正確領悟大道，心靈活動便不通暢。」

一席話使孔子心竅大開，在和老子分別後，他對自己的學生說：「我今天看見了老子，就像見到了龍一樣啊！」老子的一席話，使孔子對他的高深見解十分讚賞，可見這次拜訪使孔子有了很大的收穫。

謙虛使人進步，驕傲使人落後。這是千年不變的恆言。看看古今那些先哲偉人，即使取得了令人矚目的成績，也絕少有人因為自己具有足夠資本而狂傲的，相反，他們倒是非常自知而又非常謙虛的。

謙虛謹慎是成功人士必備的品格，具有這種品格的人，在待人接物時能溫和有禮、平易近人、尊重他人，善於傾聽他們的意見和建議，能虛心求教，取長補短。對待自己有自知之明，在成績面前不居功自傲；在缺點和錯誤面前不文過飾非，能主動採取措施進行改正。對生意人來說也是如此。在商界交往中，懂得謙虛的人往往能得到別人的友善和關照，從而為將來事業的成功打下良好基礎。

法國資產階級啟蒙思想家孟德斯鳩說過：「謙虛是不可缺少的品德。」謙虛謹慎的品格，能使一個人面對成功、榮譽時不驕傲，把它視為一種激勵自己繼續前進的力量，而不會陷在榮譽和成功的喜悅中不能自拔，把榮譽當成包袱背起來，沾沾自喜於一得之功，不再進取。

愛因斯坦是 20 世紀世界上最偉大的科學家之一，他的相對論以及他在物理學界其他方面的研究成果，留給我們的是一筆取之不盡、用之不竭的財富。然而，就是他這樣一個人，還是在有生之年中不斷的學習、研究，活到老，學到老。

　　有人去問愛因斯坦，說：「您老可謂是物理學界的空前絕後了，何必還要孜孜不倦的學習呢？何不舒舒服服的休息呢？」愛因斯坦並沒有立即回答他這個問題，而是找來一枝筆、一張紙，在紙上畫上一個大圓和一個小圓，對那位年輕人說：「在目前情況下，在物理學這個領域裡可能是我比你懂得略多一些。正如你所知的是這個小圓，我所知的是這個大圓，然而整個物理學知識是無邊無際的。對於小圓，它的周長小，即與未知領域的接觸面小，他感受到自己未知的少；而大圓與外界接觸的這一周長，所以更感到自己未知的東西多，會更加努力的去探索。」

　　1929 年 3 月 14 日是愛因斯坦 50 歲生日。全世界的報紙都發表了關於愛因斯坦的文章。在柏林的愛因斯坦住所中，裝滿了好幾箱從全世界寄來的祝壽信件。

　　然而，此時的愛因斯坦卻不在自己的住所裡，他在幾天前就到郊外的一個花匠的農舍裡躲了起來。

　　愛因斯坦 9 歲的兒子問他：「爸爸，您為什麼那樣有名呢？」

　　愛因斯坦聽了哈哈大笑，他對兒子說：「你看，瞎眼的甲蟲在球面上爬行的時候，牠並不知道牠走的路是彎曲的。我呢，正相反，有幸覺察到了這一點。」

　　愛因斯坦就是這樣一個謙虛的人，名聲越大，他就越謙虛。

　　謙虛是通往成功和贏得人們尊重的最重要的品格之一。生活中，那些才識、學問越高的人，在態度上反而越謙卑，希望自己能精益求精，更上一層樓。相反，那些妄自尊大，過度自負的人總是喜歡炫耀自己的才能，引起別人的反感，最終在交際中使自己走到孤立無援的地步，別人都敬而遠之，甚至厭而遠之。

同樣的道理，生意人也要懂得謙虛謹慎的道理。一個生意人無論在何種情況下，也無論有多大財產，都應始終如一的守住謙謹的修養。在商界交往中，只有保持謙恭而不自大的態度，才能顯示出對他人的尊敬，也只有這樣才能積極主動的去學習、去尋求上進，從而才能為自己以及企業的發展鋪平道路。

寬容可以贏得更多的朋友

有這樣一個故事：

有一個家族的族長，負責整個家族的興亡。家族也在他的管理下欣欣向榮。在他想要卸任時，有三個家族的年輕人被推薦到他面前。於是，他讓三人出外遊歷一年，然後再回來報告自己在這一年中做的最滿意的事情。

一年過去了，回來的三個年輕人都彙報了自己經歷。有一個幫助百姓除去惡霸，有一個一路上不斷在用錢財資助弱小的人。還有一個說他沒什麼精彩的經歷，只是某一天看到一個總想傷害他的人睡在一棵快要倒下的大樹旁，他過去推醒這個人，然後繼續上路。

最後結果就是第三個年輕人得到族長的位置。老族長是這樣分析的，幫助別人，很多人都會去做，但是呢，原諒敵人的事情，很少有人能做到。作為管理一個家族興亡的領導者，恰恰需要這種品格。

法國大文豪雨果曾經說過：「世界上最寬廣的是海洋，比海洋更寬廣的是天空，比天空更寬廣的是人的胸懷。」一個胸懷寬闊的人懂得包容和大度，容易理解人，一定是一個心懷豁達的人。

在人與人的交往過程中，一個人是否具有寬廣的胸懷，是判斷這個人人品的重要標誌之一。如果具備寬廣的胸懷，這個人無論何時何地都會受到大

家的歡迎，如果這個人心胸狹窄、小肚雞腸，那麼這個人則很難受到他人的歡迎。胸懷是做人的度量，也是一種境界。

清代的紅頂商人胡雪巖曾是一家錢莊的夥計，用現在的話說就是銀行的信貸員。按理說，作為平頭百姓，那年頭能有這麼一份差事也已經算是不錯了，可是，因為資助朋友，胡雪巖被老闆炒了魷魚。

胡雪巖的成功離不開兩個人，其中一個就是叫王有齡。王有齡落魄的時候，正是有了胡雪巖的資助才能步上官途。但是胡雪巖的錢從哪來的呢？

這筆錢是胡雪巖從別處收來的 500 兩銀子，屬於錢莊的財產，悉數借給王有齡，叫他趕快北上進京去打點，好補上空缺。私自挪用公款只為幫助朋友，王有齡當然是感激不盡，帶了銀子立即北上，並在朋友的幫助下，順順利利的當上了鹽運使。

然而就在王有齡意得志滿之時，胡雪巖卻因私自拿錢莊的錢資助王有齡，被老闆炒了魷魚。告密者就是自己的同事 —— 錢莊的大夥計張胖子。

喝水不忘掘井人。王有齡回來之後，聽說胡雪巖為了他的前途，將錢莊的「夥計」職務都丟了，便決意為恩兄好好的出一口氣。

但胡雪巖阻止了他，這令王有齡很吃驚。原來胡雪巖心中另有打算，他思忖，如果自己因為這件事情，尋惡於錢莊的同僚們，這雖然出了心中的惡氣，然而卻於事無益。俗話說，冤家宜解不易結，更何況和氣才能生財。只有與商界保持良好的關係才會有發財的機會。隨時隨地隨時隨地的冷靜分析形勢，並做出正確的選擇，實際上這就是胡雪巖的過人之處。損人不利己的事不值得去做。當然，對於胡雪巖的見解，王有齡只有擊節稱讚，深深佩服。

不久，碰巧遇上了錢莊的「大夥計」張胖子過生日，祝壽之人絡繹不絕。

這天胡雪巖準備了一個純金的「壽」字給他拜壽，並將王有齡引薦給他。張胖子感激得涕淚雙流。是啊，在一群商客和夥計中，能有官府人士給其祝壽，實在是大大給他的面子。張胖子拉著胡雪巖的手直拍自己的胸脯保證「以後有事，必當兩肋插刀」。

我們不能不佩服胡雪巖的大度，須知，這個錢莊「大夥計」正是昔日將胡雪巖掃地出門之人，用一般人的看法是真正的仇人。但胡雪巖卻做到了過怨兩忘，因為他相信多個朋友多條路，少個冤家少堵牆。事實也正是這樣，日後正是這個「大夥計」張胖子幫了他很大的忙，使他的事業有了一個良好的開端。

與人交往時，應當寬宏大量，不計個人恩怨。如果你能做到寬容曾經傷害過自己的人，不但能顯示出你的博大胸懷，而且還有助於「化敵為友」，為自己營造一個更為寬鬆的人際環境。

古人云：「以責人之心責己，以恕己之心恕人。」這是傳統文化累積多年的精華。在生意場上，如果你能以誠摯、寬容的胸襟，盡量原諒別人的過錯，你就可能會由此得到終身的信任和感激；反之，如果你將別人的過錯記恨在心，只會使自己陷入關係緊張、破裂的惡性循環，最後還可能付出更大的代價。

一位名叫卡爾的賣磚商人，由於另一位對手的競爭而陷入困難之中。對方在他的經銷區域內定期造訪建築師與承包商，告訴他們：卡爾的公司不可靠，他的磚塊不好，生意也面臨即將歇業的危險。卡爾對別人解釋說他並不認為對手會嚴重傷害到他的生意。但是這件麻煩事使他心中生出無名之火，真想「用一塊磚來敲碎那人肥胖的腦袋作為發洩」。

「有一個星期天早晨，」卡爾說，「牧師講道時的主題是要施恩給那些故

意為難你的人。我就把在上個星期五，我的競爭者使我們失去了一份 25 萬的訂單的事跟牧師說了。但是，牧師卻教我們要以德報怨，化敵為友，而且他舉了很多例子來證明他的理論。當天下午，我在安排下週日程表時，發現住在維吉尼亞州的我的一位顧客，正因為蓋一間辦公大樓需要一批磚，對方所指定的磚型號並不是我們公司製造供應的，而與我競爭對手出售的產品很類似。同時，我也確定那位滿嘴胡言的競爭者完全不知道有這筆生意機會。」

　　這使卡爾感到為難，是遵從牧師的忠告，告訴給對手這項生意的機會，還是按自己的意思去做，讓對方永遠也得不到這筆生意？那麼到底該怎樣呢？卡爾的內心鬥爭了一段時間，牧師的忠告一直縈繞在他心田。最後，也許是因為很想證實牧師是錯的，他拿起電話撥到競爭對手家裡。

　　接電話的人正是那個對手本人，當時他拿著電話，難堪得一句話也說不出來。卡爾還是禮貌的直接告訴他有關弗吉尼亞州的那筆生意。結果，那個對手很是感激卡爾。卡爾說：「我得到了驚人的結果，他不但停止散布有關我的謠言，而且甚至還把他無法處理的一些生意轉給我做。」卡爾的心裡也比以前感到好多了，他與對手之間的誤解也獲得了澄清。

　　人非聖賢，孰能無過。與人相處就要相互諒解，經常以「難得糊塗」自勉，求大同存小異，有度量，能容人，你就會有許多朋友，且左右逢源，諸事遂願；相反，斤斤計較固執不通、過度挑剔、容不得人，人家就會躲你遠遠的。最後，你只能關起門來「稱孤道寡」，成為使人避之唯恐不及的異己之徒。

　　總之，胸懷寬廣是一種涵養的展現，也是成就大事的前提。一個人如果擁有寬容之心，就會讓他周圍的人產生安全感與感激之情，進而靠近他、擁護他。所以，做人處世要有容人之量，這樣你才會贏得更多的朋友。

守時是生意人必備的素養

守時，對生意人來說是一種好習慣。在與他人的交往中，守時是一種禮貌和信用，它展現了一個人的教養和基本素養，不可小視。

一位朋友向王總推薦了一位印刷公司老闆。這位老闆知道王總的公司在印刷方面花不少錢，想爭取王總的生意。他帶來了精美的樣本、仔細考慮的價錢建議和熱情的許諾。王總有禮貌的坐著，儘管他未到會前就決定不把生意交給他，因為他遲了 20 分鐘才來。準時對王總公司的印刷品是十分關鍵的。王總公司產品的印刷零件星期三送到，星期四裝訂，星期五發送到王總下星期出席的座談會地點，慢一天就跟遲一年那麼糟糕。王總的公司可能要十多位工人在既定的一天來將推銷信、小冊子、訂貨單疊好塞進信封，如果印刷品沒運到，什麼事都做不成。所以，當那位印刷公司老闆第一次見面就不能準時，王總就推斷出這位老闆沒有禮貌，也不能指望他能把他的工作做好。

守時是最基本的禮貌，也是獲得別人信任的手段。不守時，就無從樹立自己的信譽。沒人願意信任一個連時間都保證不了的人，也不會有人願意和拖拖拉拉、效率低下的合作夥伴做生意。所以，要建立自己的信譽，就首先要遵守時間。

守時是使人信任的前提，會給人帶來美好的名聲。遵守時間的人一般都不會失言或違約，都是可靠和值得信賴的。一個守時的人，必將獲得別人的尊重，也必將贏得自己的成功。

一個初夏的午後，心血來潮的康德突然想要去珀芬小鎮拜訪他的老朋友威廉先生，於是，他馬上寫信給威廉先生，說自己將會在 3 月 5 日上午的 11

點鐘之前到達那裡。很快，僕人就拿來了威廉先生的回信，信上說非常歡迎他的到來。

3 月 4 日，康德就到達了珀芬小鎮，因為天色已晚，而且到達威廉的家還有一段路程，他就先在小鎮的旅館裡住了一晚。第二天一大早，他就租用了一輛馬車趕往威廉先生的家。

威廉先生的家在距離小鎮幾十公里的農場裡，而且到達那裡還要穿過一條河。

當康德和馬車夫趕到河邊的時候，不得不停了下來。馬車夫說：「對不起先生，這條河我們現在過不去了，河上的橋壞掉了，而且也沒有其他路可走。」

康德只好從馬車上下來，看著已經斷為兩截的橋，他知道確實不能從橋上過去了。他焦急的問馬車夫：「這附近還有其他橋嗎？」

馬車夫搖搖頭說：「沒有了，先生！這附近就這一座橋！」

康德看看手錶已經 10 點鐘了，如果再不想辦法過去，恐怕與朋友約定的時間就會超過了。雖然面前的河並不怎麼寬，可是因為最近雨水很多，河水還是非常深的。

康德四處瞅了一下，發現不遠處有一戶農舍，於是快步走到那裡，指著面前破舊的農舍對主人說：「請問，你願意出售這間房子嗎？」

農舍的主人是一位老婦人，她非常吃驚的說：「我這個房子又破又舊，而且在這麼偏僻的地方，您買它做什麼？」

「您不用管我做什麼用，你願意出售嗎？」

「當然，我非常願意，200 法郎就夠了。」

康德想也沒想就立即掏出 200 法郎遞給老婦人說：「如果現在你能夠從

房子上拆一些木頭，並把那座橋修好，那麼這個房子我馬上還給你。」

「先生，你不是在開玩笑吧！」老婦人再次睜大了雙眼。

「這當然不是玩笑，我的時間很緊急，請快一點……」沒等康德說完，老婦人就吩咐自己的兒子去修那座橋。

很快，橋修好了，馬車安全的過了橋，並在 10 點 50 分的時候把康德準時送到威廉先生的家門前。

早已等候在門外的威廉先生一看到康德先生，就熱情的迎上去說：「親愛的老朋友，你還是像以往一樣準時啊！」

康德和老朋友威廉度過了一段美好的時光，而對於自己買房修橋的事情，他卻沒有提起。

後來，得知這件事情的威廉先生特意寫信給康德說：「我們是非常要好的朋友，大可不必為準時赴約而煞費苦心，晚一些也沒什麼，更何況是在遇到意外的情況下。」

但康德在回信中說：「不管是對待老朋友還是陌生人，守時都是必須的，因為時間對我們每個人都是很珍貴的。」

守時是一種對別人的尊重，是自己的一片信譽，是一種於細節處相見的美德。它不僅展現出一個人對人、對事的態度，更展現出一個人的道德修養。

德國民間就流傳著這麼一句話，「準時是帝王的禮貌。」守時就是遵守承諾，按時到達要去的地方，沒有例外，沒有藉口，沒有理由，任何時候都得做到。即便你因為特殊原因不得不失約，也應該提前打電話通知對方，向對方表示你的歉意。這不是一件小事，它代表了你的素養和做人的態度。如果你對別人的時間不表示尊重，你也不能期望別人會尊重你的時間。一旦你不

守時，你就會失去影響力或者道德的力量。

有一次，暢銷書作家梁鳳儀應邀到大學作報告，時間是下午 3 點。當天的上午她應邀參觀了電視臺的一個拍攝基地後，她覺得時間還很充足，就和基地的主管一起共進了午餐。誰知乘車去大學的路上塞車了，結果遲到了一小時。

會議開始後，主持人一再強調：「梁老師遲到是因為塞車。」但是，走上講臺的梁鳳儀覺得自己是不可原諒的，她說：「各位同學，我在此向大家誠懇道歉！塞車是常事，但我不應該為自己找藉口，我應該把塞車的時間計算在內，做好充分的準備。如果在座的有一千位同學，我遲到的這一小時，對大家來說，就是浪費了一千個小時的生產力量，影響一千個人的心情啊！我只能盼望你們的原諒！」她的話，不僅贏得了同學們熱烈的掌聲，更贏得了大家發自內心的愛戴。

守時是一種美德、一種素養、一種涵養，是待人有禮貌的表現。尊重別人的時間是對別人的一種禮貌和友好，因為有的時候即使是一分鐘對別人也是彌足珍貴的。

對於不守時的人來說，浪費的不僅僅是自己的時間和生命，同時也在消耗別人的時間和生命。守時是尊重別人的時間和尊重自己的時間。尊重別人的時間相當於尊重別人的人格、權利，尊重自己的時間則無疑是珍惜自己的生命。因此，守時的孩子更容易獲得他人的尊重。每次的守時，都會給對方留下良好的印象，從而為自己贏得更多的朋友。不遵守時間的人，在浪費自己和別人寶貴時間的同時，也會失去朋友，有誰願意和一個不懂得珍惜時間、不懂得尊重他人的人做朋友呢？不守時只是一個表象，深層次的原因源於對時間的輕視和對別人的漠視，所以說，守時不單單是禮貌問題，更是人

格問題。

守時，是生意人所必備素養之一。現代商業社會，更呼喚著人們的時間意識。所以，請記住德國哲學家康德的名言：「守時就是最大的禮貌。」

心態平和，放低姿態

在日常的人際社交中，放低姿態往往是一個強者、智者行走社會的座右銘。他知道如何使自己與周圍的人和諧相處，如何輕鬆化解那些突發的意外，擁有獨特的交際魅力。古今的許多名人、偉人，都是低姿態做人、處世的典範。

喬治·華盛頓是美利堅合眾國的第一任總統。他正是靠著他那平易近人的領導風格來贏得千萬美國人的尊重和擁戴的。華盛頓雖然是個偉人，但他若在你面前，你會覺得他普通得就和你一樣，一樣的誠實、一樣的熱情、一樣的與人為善。

有一天，他穿著一件過膝的普通大衣獨自一人走出軍營。他的低調讓遇到的每一個士兵都沒有認出他。當來到一條街道旁邊時，他看到一個下士正帶著手下的士兵建築堡壘。那位下士雙手插在褲袋裡，站在旁邊，對抬著巨大水泥塊的士兵們喊道：「一、二、加把勁！」但是，儘管下士喊破了喉嚨，士兵們也經過了多次努力，但還是不能把石頭放到預定的位置上。他們的力氣幾乎用盡，石塊眼看著就要滾下來。這時，華盛頓疾步跑到跟前，用強勁的臂膀，頂住石塊。這一援助很及時，石塊終於放到了位置上。士兵們轉過身，擁抱華盛頓，表示感謝。

華盛頓轉身向那個下士問道：「你為什麼光喊加把勁卻不幫一幫大家呢？」「你問我？難道你看不出我是這裡的下士嗎？」那下士背著雙手，霸氣

十足的回答道。

華盛頓笑了笑，然後不慌不忙的解開大衣鈕扣，露出他的軍裝：「按衣服看，我就是上將。下次在抬重東西的時候，你也可以叫上我。」那個下士這時候才明白自己遇見的是誰，頓時羞愧難當。

由此可見，越是功成名就的大人物越懂得放低姿態並以平凡的姿態示人。正如小溪、江河抑或是大海一樣，總是以自己最為天然的姿態出現在藍天澄宇之下。那些深知做人之道的人，大都是能夠放對自己位置的人，而把自己看成高人一等的人，一定是世界上最愚蠢的人。

有這樣一個真實的故事：

在一個既髒又亂的候車室裡，靠門的座位上坐著一個滿臉疲憊的老人，身上的塵土及鞋上的汙泥表明他走了很多的路。列車進站，開始驗票了，老人不急不忙地站起來，準備往驗票口走。忽然，候車室外走來了一個胖太太，她提著一個很大的箱子，顯然也要趕這班列車。可是箱子太重，累得她氣喘吁吁。胖太太看到了那個老人，衝他大喊：「喂！老頭，你給我提一下箱子，我一會兒給你小費。」那個老人想都沒想，拎過箱子就和胖太太朝驗票口走去。

他們剛剛驗票上車，火車就開動了。胖太太抹了一把汗，慶幸的說：「還真多虧你，不然我非誤車不可。」說著，她掏出一美元遞給那個老人，老人微笑的接過。這時，列車長走了過來對老人說：「洛克菲勒先生，你好，歡迎您乘坐本次列車。請問我能為你做點什麼嗎？」

「謝謝，不用了，親愛的列車長。我只是剛剛結束為期三天的徒步旅行，現在我要回紐約總部。」老人客氣的回答。

「什麼？洛克菲勒！」胖太太驚叫起來，「上帝，我竟讓著名的石油大

王洛克菲勒先生給我提箱子，居然還給了他一美元小費！我這是做了些什麼！」她忙向洛克菲勒道歉，並誠惶誠恐的請洛克菲勒把那一美元小費退給她。

「太太，你不必道歉，你根本沒有做錯什麼。」洛克菲勒微笑著說道，「這一美元，是我賺的，所以我收下了。」說著，洛克菲勒把那一美元鄭重的放進了口袋。

一個人在巨富之後仍能低姿態做人，這是難能可貴的。做人之難，難於從躁動的情緒和欲望中穩定心態；成事之難，難於從紛亂的矛盾和利益的交織中理出頭緒。作為一個生意人，最能促進自己、發展自己和成就自己的人生之道便是：低調做人，低調行事。

在商界中，那些真正有所成就的人，總是為人低調，毫不張揚，即使自己已經富甲一方，也以平凡的姿態示人。

有一位現已年逾七旬的「平凡人」。他自己開車，衣服總是穿破為止；最喜歡的運動不是高爾夫，而是橋牌；最喜歡吃的不是魚子醬，而是爆米花。香港人常愛談論豪宅，他住的卻上在 1957 年用萬美元買下的內布拉斯加州普通住房。50 多年來，他一直住在奧馬哈的這一幢房子裡。灰色粉刷的外牆無形中也反映出他的平凡示人的態度。有趣的是，他所居住的地區還被當地政府列為「有損市容」的地方。在香港出差的時候，他還用賓館贈的優惠券去買打折的麵包。

當他已是億萬富翁的時候，誰也不會相信，他那剛剛當上了媽媽的寶貝女兒臥床在家，只能看自己的小黑白電視機。他答應出資為兒子買個農場，但同時聲明，必須每年按合約規定繳費，否則立刻收回。

如今在大多數時間裡，他深居簡出，躲在奧馬哈的家中，除了家人，連

個助手都沒有。他的傭人，兩周才來一次。他創辦的波克夏海瑟威公司，儘管它富得流油，但全體人員僅有 11 人，沒有諸如警衛、司機、顧問、律師之類的職位。他不愛拋頭露面，不喜歡張揚個性，生活方式保持低調。他把自己的生活準則描述為：「簡單、傳統和節儉。」而這六個字正恰如其分的反映了他低調做人的思維。

他認為，財富來自於社會，早晚它還應當回報於社會。他告誡兒女不要期望在他身後獲得巨額遺贈，因為他不想讓他們坐享其成，更不想讓他們毀於財富。2006 年，他將自己財富的一半以上，約 300 億美元捐給了比爾蓋茲及其妻子建立的「比爾與梅琳達‧蓋茲基金會」。

就是這樣一個人，由於自己的低調和慷慨，深受全世界人民的推崇和喜愛。他的朋友包括美國前總統布希、前 GE 公司 CEO 傑克‧威爾許、眾多商界菁英和影視明星等等。在投資決策方面，這些好友不斷給他提供有用的資訊，他的公司是美國最賺錢的公司之一。他就是華倫‧巴菲特。

由此我們可以看出，巴菲特縱然是腰纏萬貫，社會地位顯赫，仍然嚴格要求自己，謹言慎行，對人態度平和，從而得到了別人的信任擁護，甚至愛戴。所以說，平和的心態對於一個商人來說是必不可少的。如果一個商人沒有平和的心態，那麼即使他有再多的錢，也不會滿足，致使自己成為財富的奴隸，正所謂「欲壑難填」，最終也會被錢所害所累。

對待財富，我們應該像巴菲特一樣，做一個創造者，而不是一個守望者。一個能創造的人絕不會計較得失，也不會留戀與滿足，只會將它作為追逐事業的動力。要知道，在精神意識上保持進取比腰包鼓鼓更能說明一個人的智慧、魄力以及對經濟社會的貢獻。所以，我們沒有必要關心財富榜上的排名，更多的是要為整個社會的發展做出貢獻。因為只有那些真正有海納百

川氣度的生意人才能真正守住財富，為人們所敬仰，胸襟坦蕩，氣度不凡，才會建立自己的長久霸業。

保持誠實的品格，就是保持他人的信賴

誠實，即忠誠老實，是一個人的基本道德素養。這種品質表現是為人誠懇老實。說真話、不掩蓋、不扭曲事實真相作為自己的準則。具有這種品格的人襟懷坦白，言行一致，表裡如一，是心靈美的一種標誌。

在古代傳頌著一個「閭敞不負重託」的故事，講述了誠實的可貴。

閭敞和第五常是知心朋友，他們經常在一起談古說今，對管仲與鮑叔牙、俞伯牙與鍾子期的友誼尤為欽佩。不久，第五常突然接到皇帝的詔書，要他火速進京。第五常攜帶家眷匆忙上路，臨行時把一大筆錢交給閭敞，請他代為保存。閭敞送第五常至十里長亭，灑淚而別。回家後，便把錢封好，放在安全的地方。

暑往寒來，十多年過去了，也未見第五常來取錢，連個信也沒有，閭敞很思念。一天，忽然來了一位年輕人求見，說是第五常的孫子。閭敞喜出望外，忙請他進來。一見面，閭敞就看出這個年輕人是第五常的後代，模樣長得像極了。閭敞急忙打聽第五常的情況，那位青年放聲大哭。接著，把情況一五一十的說了。原來，第五常一家人進京後，染上了瘟疫，一家人陸續死去，只剩下了第五常和一個九歲的孫子。第五常臨終前把孫子叫來，告訴他：「我有一好友叫閭敞，你可以去投奔他。我還有三十萬貫錢在他那裡」。第五常的孫子當時年齡尚小，又要在京城讀書，所以沒有來。現在，學業已成，年齡大了，便來認世交並想把錢領走。聽說老朋友病故，閭敞十分悲痛，幸喜第五常後繼有人，便留五常的孫子盤桓幾日。五常的孫子臨走

137

時，閻敞把存放的錢拿出來，一封一封，還是原樣。一數，有一百三十萬貫之多。五常的孫子忙問：「我祖父臨終時說只有三十萬貫，怎麼多出一百萬貫？」閻敞說：「這錢的確是你祖父當年交給老朽收藏的原物。至於他說的數目不對，或許是病中神志恍惚，也未可知。你就不必懷疑了。」五常的孫子見閻敞如此誠實，又是佩服，又是感動，一時連話也說不出來了。

誠實是一種可貴的品格，它的魅力在於不說假話、大話，以誠待人，以心感人。誠實不需要華麗的詞藻來修飾，不需要甜言蜜語來遮掩，它是生命的原汁原味，它是天地之間的一種本真和自然。

只有誠實有德的人，才會贏得別人永久的信任！當他人認為你是個可靠的人，他才可能靠近你！所以，要讓他人肯定你、接納你，你需要保持誠實的品格。誠實，會昇華你的人品，讓更多的人支持你，讓你去取得更大的成功！

美國新墨西哥州高原地區的一處蘋果園遭到了一場特大冰雹的襲擊，把掛滿枝頭的蘋果全都打得遍體鱗傷。蘋果園主心急如焚。後來，他在每一盒蘋果裡放了一封信，信中說：「親愛的顧客：您好。這批貨物個個傷痕累累，但請您看清楚，這都是冰雹的『傑作』，是冰雹留下的疤痕，這正是高原地區出產的特有標記和『品牌』。這種蘋果的果肉緊實，具有妙不可言的『冰』糖味道。」蘋果園主用自己的誠實和智慧，贏得了客戶的信任。在很短的時間裡，所有被冰雹砸傷的蘋果竟然銷售一空，比往年的好蘋果銷售得還快，蘋果園依然充滿生機和活力。

無獨有偶。日本「繩索大王」島村，也是以誠實感動顧客而聞名。他在麻的產地按 5 角錢一條買進麻繩，再照原價 5 角錢賣給紙袋工廠。因此，每天的訂貨單似雪片般飛來。有一次，他拿著購物收據對訂貨客戶說：「到現在

為止，我是 1 分錢也沒賺你們的，但如若長此下去，我只有破產一條路了。」他的誠實打動了客戶，於是客戶心甘情願的把貨價提高到了 5 角 5 分錢。同時，他又與供應商說：「您賣給我麻繩，我是照原價賣出的。」產地供應商看到他給客戶開的收據後，亦感動不已，一口答應以後每條繩子以 4 角 5 分供應。幾年後，島村從一個誠實的窮光蛋，變成了日本的「繩索大王」。

做生意的第一要訣就是誠實，只有真誠待人，才能做成大生意。一個人只有誠實可信，才能夠建立起良好的信譽，才能獲得別人的真誠對待。弄虛作假，只能是做一次生意，終究是會弄巧成拙、慘遭失敗的。俗話說：「百金買名，千金買譽」，這就說明信譽的重要性，它比「名」還可貴，同時也說明信譽是要花大力、下大本錢才能形成的。

在創業之初李嘉誠就視「誠」為成功祕訣，他說：「我絕不同意為了成功而不擇手段，如果這樣，即使僥倖略有所得，也必不能長久。」他還經常對下屬說：「做生意要以誠待人，不要投機取巧。對顧客許諾的事，無論遇到什麼困難，也要千方百計的履行承諾。贏得雇主的信賴，比什麼都重要。」

李嘉誠的第一筆生意就歸功於他的「誠」字。

李嘉誠創業之初是生產塑膠花的。當初，有一位外商希望大量訂貨，但是為確保李嘉誠有供貨能力，外商提出須有財力的廠商作擔保。李嘉誠白手起家，沒有背景，為找擔保人，他跑了幾天，磨破了嘴皮子，可改變不了現實，根本不會有人願意為他作擔保，無奈之下，李嘉誠只得如實告訴外商。

李嘉誠的誠實感動了對方，外商對他說：「從你坦白之言中可以看出，你是一位誠實君子。誠信乃做人之道，亦是經營之本，不必用其他廠商作保了，現在我們就簽合約吧。」但是，意料之外的是，李嘉誠竟拒絕了對方的好意，他這樣對外商說：「先生，能受到如此信任，我不勝榮幸之至！可是，

因為資金有限得很，一時無法完成您這麼多的訂貨。所以，我還是很遺憾的不能與你簽約。」

正是因為李嘉誠這番如實相告，使得外商大為震動，他沒想到，在人們廣泛接受「無商不奸，無奸不商」的說法的社會裡，竟然還有這樣一位「出淤泥而不染」的誠實商人。於是，外商決定，即使冒再大的風險，也要與這位具有誠實品德的人合作，因為李嘉誠值得他破一次例。他對李嘉誠說：「你是一位令人尊敬的可信賴之人。為此，我預付貨款，以便為你擴大生產提供資金。」

由於得到了外商的大力支持，李嘉誠既擴大了生產規模，又拓寬了銷路，由此李嘉誠發展成為「塑膠花大王」。

賺錢的前提是要誠實守信。誠信是市場經濟的靈魂，店家和消費者雙方合作的基本原則。「誠實守信」不是一句口號，也不是為消費者單方面的利益，而是生產者和消費者利益互動的保證，也是店家搶占市場，擴大市占率，爭取長期穩定消費群的一大「法寶」。它是一種遊戲規則，更是一種商業理念。誠信經營創造的價值不可估量，是一個店家經營取勝的永恆的向心力，也是一個企業追求的最高境界，即「品牌」的形成。

做正直的人，做正確的事

做人最基本的一條準則就是正直，它是做人的一種美德。偉大的法蘭克‧勞埃德‧賴特曾經對美國建築學的師生們發表講話，他說：「什麼是一塊磚頭的名譽呢？那就是一塊實實在在的磚頭；什麼是一塊板材的名譽呢？那就是一塊道道地地的、名副其實的板材；什麼是人的名譽呢？這就是要做一個正直的人。」

　　某地一位女學生以優異成績被某國立大學錄取。可是她卻為學費而憂慮，一家生產健腦口服液的企業獲得這一資訊後表示願意出萬元資助，條件是要她做一則電視廣告，說是喝了這家企業生產的健腦口服液頭腦敏捷，才一舉奪魁的。

　　一則幾秒鐘的廣告可取得如此豐厚的報酬，以解燃眉之急，何樂而不為呢？可是她卻沒有答應，她說：「我家境清貧，上高中的學雜費都是父母東拼西湊的，我從來沒喝過口服液，也根本喝不起，是老師的辛勤教誨和自己的刻苦攻讀，才取得這樣好的成績。如果我違心的做了這個廣告，今後在社會上還怎麼做人？」多實在的話！它反映出一個正直學生美好心靈的閃光。

　　萬元資助，對一個家境貧寒而又急需錢用的學生來說是一筆誘人的數目，可是她卻毫不動心，斷然謝絕。這一舉動，展示著當代青年的嶄新精神風貌和崇高的人生價值。

　　女大學生以自己正直的做人行為，給社會帶來了巨大的精神財富。最終，她交了一份水準很高的人生答案卷，考大學及做人兩個都滿分。

　　正直是人的一種生存態勢。就像是一塊純淨而又有稜角的玻璃，不管放在哪裡都是潔淨、透明的。正直的品格並不是與每個人的生命息息相關，但它卻成為一個人品格的最重要方面。

　　在一所大醫院的手術室裡，一位年輕護士第一次擔任責任護士。「大夫，你取出了十一塊紗布，」她對外科大夫說，「我們用的是十二塊。」

　　「我已經都取出來了，」醫生斷言道，「我們現在就開始縫合傷口。」

　　「不行。」護士抗議說，「我們用了十二塊。」

　　「由我負責好了！」外科大夫嚴厲的說，「縫合。」

　　「你不能這樣做！」護士激動的喊道，「你要為病人負責！」

大夫微微一笑，舉起他的手讓護士看了看這第十二塊紗布：

「你是一位合格的護士。」他說道。

原來，大夫在考驗她是否正直──而她具備了這一點。

正直意味著自己具有很強烈的道德感，並且高標準的要求自己，隨時準備服從自己的良知，勇於堅持自己的信念，在需要的時候義無反顧，不計較自己的利益得失，站出來表達自己的意見。

麥克拉斯博士是美國極負盛名的心臟移植專家。有一次，他所在的醫院同時接受了兩名需要換心臟的病人。一個名叫弗尼斯，是總統的高級顧問；另一個叫坎培爾，是一個花匠。如果沒有合適的心臟替換，兩個人將必死無疑。

是否有資格接受心臟移植手術，要對病人進行一系列的常規檢查。對兩名病人做了相對的檢查後，麥克拉斯發現，弗尼斯身體由於受心臟的影響，腎臟和肝臟的受損程度已超過了標準，而坎貝爾的受損程度沒有超過標準。腎臟和肝臟的受損程度如果超過一定的標準，就不能進行心臟移植手術。他決定首先透過積極治療，恢復弗尼斯腎臟和肝臟的功能，以達到心臟移植所規定的要求。

一晃三個月過去了，弗尼斯和坎貝爾離死神越來越近，但還是沒有適合他倆的心臟。而最讓麥克拉斯感到擔憂的是，雖然經過三個月的治療，弗尼斯腎臟和肝臟功能的損害並沒得到多大的恢復。

正當弗尼斯和坎貝爾的生命之火漸漸熄滅的時候，從美國心臟服務中心傳來消息，在八百英里之外洛基山旁的一個小村莊，有一個年輕人因車禍意外死亡。據送來的資料表明，這個年輕人的身材和弗尼斯與坎貝爾相仿，而且血型也是 O 型。

聽到這個消息後，麥克拉斯坐在桌前陷入沉思，他反覆翻閱放在他面前的兩份病歷，誰先做？弗尼斯還是坎貝爾，坎貝爾還是弗尼斯，選擇一個就可能給另外一個判了死刑，這太殘酷了。他知道如果救活弗尼斯，那會給他們這個醫院、他本人帶來巨大的好處，畢竟弗尼斯是一個有影響的人物。而坎貝爾是一個花匠，一個無足輕重的人物，即使不治而死，對醫院和他本人也沒多大影響。但弗尼斯並不符合心臟移植手術的要求，如果給他移植，最多也只能活一年半載的，而另一個可以靠這顆心臟多活十年、二十年的年輕人就必須死去。想到這裡，麥克拉斯用力的搖了搖頭，不，不！這是他——一名醫生的良心所不容的。怎麼辦？作為一個心臟移植專家，麥克拉斯素以雷厲風行、大膽果斷著稱。而這在外人看來非常簡單的決定，卻難住了麥克拉斯，他正面臨嚴峻的挑戰。選擇良心，他將失去一切；放棄良心，他將擁有一切。

晚上八點三十分，再有三個半小時，負責運送心臟的醫療小組就要回來了。時間緊迫，麥克拉斯做出了自己的決定，當他把決定告訴院長後，院長高聲叫道：「你知道你這個決定對這家醫院、對國家、甚至對你個人的前途會產生什麼樣的後果嗎？」

「我知道，我們已對弗尼斯進行了最好的治療，可惜他的身體狀況並沒達到手術的要求。我是一名醫生，不是一名政治家，對任何病人我一視同仁，不管他的身分的高低。現在，我的職責就是讓極其寶貴的心臟能在病人體內最好的發揮作用，讓他們活得更長，所以我選擇了坎貝爾。」麥克拉斯直視著院長回答著，字字句句斬釘截鐵，擲地有聲。「你不能這麼做，你簡直瘋了，你犯了一個大錯誤。我已經答應白宮了，你叫我怎麼向他們解釋？」布里奇聲嘶力竭的喊起來。

「我會向他們解釋一切並承擔一切後果，」他拿起話筒，「通知坎貝爾，他明天凌晨一點開始進行手術。」生命之光將在坎貝爾身上重現。

一個月後，弗尼斯那顆疲憊不堪的心臟終於停止了跳動。弗尼斯的死成了一條轟動的新聞，醫院董事會迅速做出了解僱麥克拉斯的決定。麥克拉斯早就料到會有這樣的結局，但他對自己的決定並不後悔。儘管失去了一切，但他卻在巨大的壓力下，始終堅持住了自己生活和行醫的準則：公正和良心。

麥克拉斯用「正直」造就了自己的人生。朱熹日：「守正直而佩仁義。」正直做人，才能無愧於良心，無愧於他人。只有心正，才能人正。

正直是一種崇高的境界，是一個做人的基本準則，可以讓人在生活中變得正直與出色。正直意味著高標準要求自己。一個人有了正直的品德，對自己要求嚴格，不謀私，不貪利，不文過飾非，不隱瞞自己的觀點，不投機投機取巧；對他人不阿諛奉承，不拍馬屁，不陽奉陰違，不包庇壞人壞事；處理事情，敢於主持公道，伸張正義，抨擊邪惡，不怕打擊報復……總之，能堂堂正正光明磊落的做人。保持正直的品格對於做人來說是相當重要的。一個正直的人，會受到別人的歡迎和尊敬。

第五章

留下人情債，生意場上的感情投資

　　世上的錢債易還，人情債難還。金錢的債務無論多少都有個數目，而感情的債務卻無法用冰冷的數字來衡量。講究情義是人性的一大弱點所以，無論是交朋友還是做生意，都要學會從情感投資著手，雖然短時間裡不見得有多少回報，但長遠來看，這種投資肯定比股票的投資收益要大。如果你能悟透其中的奧妙，不失時機的付出自己的感情投資，往往會收到良好的效果。

感情投資，建立人情帳戶

在許多人眼裡，商場就是戰場，這裡充滿爾虞我詐，無商不奸。做生意沒有什麼人情存在。其實不然，做生意就是做人情。人是一種有感情的動物。人們互相之間每時每刻都進行著感情交流。要想在激烈的市場競爭中不被淘汰，你必須學會感情投資，建立人情帳戶，天長日久你的生意就會獲得意想不到的成功。

有一位小有名氣的畫畫家，曾透露他在年輕時代過了一段非常困苦的生活，經常三餐不繼。有一次，他把一幅連自己都沒信心的畫拿到畫商那兒，畫商看了半天，付給他一筆當時他認為很多的錢。就畫家來說，畫商並非買了這幅畫，而是給了他前途。此後他終於成功的熬出了頭。

那筆金額是否很高呢？其實不見得，但直到今日，那位畫家對這筆款項還覺得非常龐大。人在困厄消沉中，有人向他伸出援助之手，可以使人產生長久的感恩之情。對畫家來說，畫商的錢的確成就了他的前途，因此，這位現在已成名的畫家若有滿意的作品，一定會交給那位畫商，並且以普通價錢成交。

可見，情感是一種無形的資產，巧妙的運用這種資產，會收到意想不到的回報。你在感情的帳戶上儲蓄，建立人情帳戶，就會贏得對方的信任，那麼當你遇到困難或求人做事，需要對方幫助的時候，就可以得到這種信任換來的鼎力相助。而人情主要來自於你以前的累積，來自於你以前為現在的情感所作的「投資」。

一個小漁村，由於地處偏僻，沿途人少，所以通往外界的公車只有兩輛——101 和 102。開 101 的是一對夫婦，開 102 的也是一對夫婦。

坐車的大多是一些船民，由於他們長期在水上生活，因此，往往是一家老小一起進城。

101 號的女主人為人很精明，她很少讓船民給孩子買票，即使是一對夫婦帶幾個孩子，她也是熟視無睹，只要求船民買兩張成人票。有的船民過意不去，執意要給大點的孩子買票，她就笑著對船民的孩子說：「下次給帶個小河蚌來，好嗎？這次讓你免費坐車。」

而 102 號的女主人恰恰相反，只要有帶孩子的，大一點的要全票，小一點的也得買半票。她總是說，這車是承包的，每月要向客運公司繳多少多少錢，哪個月不繳足，馬上就做不下去了。船民們也理解，幾個人就掏幾張票的錢，因此，每次也都相安無事。

不過，3 個月後，門口的 102 號不見了，聽說停開了。因為搭她車的人少，真應驗了她之前的那句話：馬上就做不下去了。

故事中，101 號的女主人是把人情作為她獲勝的法寶，利用感情投資在這場競爭中笑到最後。

人情像是一個存摺，它是積蓄在人生銀行帳戶中的，人情生意做得越多，人的一生的財富就會越豐厚。人情是一粒種子，你將人情的種子種入別人的心田，就會收穫成功的累累碩果。

俗話說得好，「平時多燒香，急時有人幫」，「晴天留人情，雨天好借傘」。無論做生意還是交朋友都要有長遠的策略眼光，早做準備，未雨綢繆，所以感情投資應該是經常性的，從生意場所到日常交往要處處留心，應該善待每一個夥伴。這樣，在遇到困難時才能得到強有力的支援。

某位企業董事長的交際手腕高人一籌。他長期承包那些大電器公司的工程，對這些公司的重要人物常施於小恩小惠，以求得到他們的支持。但是這

位董事長的交際方式與一般企業家的交際方式的不同之處在於：不僅結交公司要人，對年輕職員也殷勤款待。

其實，這位董事長並非無的放矢。事前，他總是想方設法就電器公司內各員工的學歷，工作能力和業績，作了一次全面的調查和了解，認為這個人大有可為，以後會成為該公司的要員時，不管他有多年輕，都盡心款待。這位董事長之所以如此，是在為日後獲得更多的利益作準備。他明白，十個欠他人情債的人當中有九個會給他帶來意想不到的利益。

所以，當自己認識的某位年輕職員晉升為科長時，他會立即跑去慶祝，贈送禮物。年輕科長自然十分感動，無形中產生了感恩圖報的意識。這樣，當有朝一日這位職員晉升為處長，經理等要職時，仍記著這位董事長的恩惠。因此在生意競爭十分激烈的時期，許多承包商倒閉的倒閉，破產的破產，而這位董事長的公司卻仍舊生意興隆，其原因之一就是他平常注重感情投資多。

人與人之間的感情建立不是一朝一夕就能做到的，必須從一點一滴入手，依靠平日情感的累積。

古人說：「積土成山，風雨興焉；積水成淵，蛟龍生焉。」只有透過不斷的構建和鞏固，人與人之間的感情才能牢固和昇華。情感投資，聚沙成塔。

有很多關於以心換心、以情動情的諺語：「投之以桃，報之以李」「你敬我一尺，我敬你一丈」等等，說明付出了總會有收穫。在生活中，我們應該注意進行感情投資，未雨綢繆，為自己累積起雄厚的人情資本。只有這樣，我們才會永遠立於不敗之地。

投資「潛力股」，冷廟也要常燒香

生活中，有些人做事急功近利，現用現交，有事了才想起去求別人，又是送禮、又是送錢，顯得分外熱情，但這種「平時不燒香，臨時抱佛腳」的效果常常並不理想。因為你平常心中就沒有佛祖，有事再來懇求，佛祖怎會當你的工具呢？那麼，我們應該怎樣才能燒柱好香呢？

如果要燒香，就找些平常沒人去的冷廟，不要只挑香火興旺的熱廟。熱廟因為燒香人太多，顯不出你的誠意，神對你也不會有特別的好感。但冷廟的菩薩就不是這樣，平時冷廟門庭冷落，神對你當然特別在意。同樣的燒一炷香，冷廟的神卻認為這是天大的人情，日後有事去求它，它自然特別照應。即使有天冷廟變熱廟，神也不會把你當成趨炎附勢之輩。

俗話說，三十年河東，三十年河西。人們自然喜歡結交現在看來就很有價值的朋友，但是，誰都不會知道明天的命運會怎樣。我們為人處世，還需要長遠眼光。正所謂：風水輪流轉，總有一天那些曾經落魄的人，也許要不了多久，就會變成人人都巴結的關鍵人物。所以，我們要把目光放長遠，燒香不要只去香火旺盛的寺廟，門可羅雀的冷廟也要燒，等到它的香火也旺了，一定不會忘記你的。

劉董是某縣一個很有名氣的生意人，手下有幾間木材加工廠，資金雄厚，在本地也算是個小富豪了。除此之外，他愛交朋友也是出了名的，上到縣長，下至平頭百姓，小小的縣市裡，可能有一半人都是他的朋友。劉董交朋友也不像別人那樣只顧著往上交，而是不分高下一起交，用他的話說就是「冷廟、熱廟一起燒香」。比如說林務工作站的老李，在林務工作站熬了9年，還是個副站長。看來很難有出頭之日。但劉董卻不嫌「廟」冷，逢年過

節總要去送點禮物，路上見了面大老遠的就開始打招呼，老李找他去喝酒，劉董也從不推辭，一來二去兩人倒成了無話不談的好朋友。第二年初時，老李居然來了個大翻身，被調到局裡當了主任。正在這時，上面批給了該縣1,000立方公尺的採伐指標，這一下老李的「冷廟」變成了炙手可熱的「熱廟」，各路人馬排著隊去求老李。劉董也看上了這個買賣，找到老李一說，老李馬上就答應賣給劉董270立方公尺，而且還允許他先挑，結果劉董又大賺了一筆。

可見，冷廟燒香，投資「潛力股」，是贏得好人緣的一個重要原則。人之可知遇與不知遇，要靠時機，時機的遲早要靠命運。你的素識之中，有沒有懷才不遇的人？如果有，這就是冷廟，這個朋友，是個有靈的菩薩，理應該與熱廟一樣看待他，時常去燒燒香。一旦他日後否極泰來，他第一要還的人情債當然是你的。

有一個剛進一家合資醫藥企業的小夥子，一次拜訪一家三甲醫院的臨床主任，一個認識的醫生在走廊裡攔住他說：「你不要拜訪他了，他下臺了，已經不是主任了。」這位醫生悄悄告訴他說：「這位主任被免職了。現在已經換主任了！」

原來的主任是這家醫院表彰的「傑出專家」，性格狂傲暴躁，有點恃才傲物，據說半年前指著鼻子把院長罵了一頓，要倒楣也是意料之中的事。

這位小夥子不願做落井下石的事，他覺得拜訪新主任是遲早的事，下臺的那個要是現在不去以後見面就尷尬了。所以他了解了新舊兩位主任的辦公室位置之後，站在原地猶豫了一下，還是帶著準備好的禮品先敲響了前任主任的門。

那位前主任正在辦公室閉門思過。這位小夥子的到來很讓他驚訝。他愛

理不理的，直接說以後別找他了，他不是主任了，有事可以去找新主任。這位小夥子把禮品拿出來說：「新主任我以後會去拜訪，不過這並不妨礙我拜訪您啊，您是我們公司的老朋友了，我就是來拜訪公司的老朋友的呀。」這位主任很意外，語氣也客氣了些，給這位小夥子寫了新主任的名字和辦公室門牌號，說以後合作上的事找新主任去吧。小夥子只好識相的告辭，說：「那您先忙吧，我下次再來拜訪您。」主任說：「還忙什麼呀？主任也不當了，沒什麼可忙的了！」這位小夥子還真有點初生之犢不怕虎的態度，聽見這位主任的這句話，轉回身說：「您怎麼有這樣的想法呢？」這位主任顯然滿腹牢騷，一時還不適應，站在辦公桌後茫然四顧說：「不當主任了有什麼可忙的？」這位小夥子一時興起，就脫口而出說道：「不當主任了您還有自己的專業啊，您照樣是傑出專家啊。不當主任，關起門來鑽研學問也好啊。要是都像您這麼想，那我們這些大學畢業了卻不能從事本科專業的人，豈不是都不要活啦？」

　　主任愣了一下，可能還沒人敢這樣對他說話，尤其是一個小小的業務員，竟然敢用這種語氣和自己說話。這位小夥子也覺得自己不禮貌，趕緊說：「像您這樣的性格一定喜歡李白的詩吧？〈將進酒〉中有兩句是『天生我材必有用，千金散盡還復來。』寫得多好！您忘了嗎？」這幾句話說得主任很感動，找出紙筆讓這位小夥子寫下作者和標題來，說他去查原文。臨出門的時候，這位小夥子轉過頭對著主任說：「其實很多時候環境是無法改變的，如果我們無法讓自己完全妥協，至少我們可以決定自己面對逆境時的態度。不論在什麼環境條件下，我們都應該盡自己最大努力去創造發揮自己，這樣才不會後悔。」這位小夥子憑著自己剛畢業時的意氣風發，對這位前主任好好勸導了一下，話雖然說得有點刺耳，但是對於這位原主任來說已經足夠了。

誰也沒有想到，那位主任竟然在三個月之後，又恢復職位了！這位小夥子的業績可想而知了。

多個朋友多條路，故事中的小夥子就因為不嫌棄落難朋友，因而給自己打開了一條「路」。所以，交朋友要有長遠眼光，眼睛不能只盯著炙手可熱的權勢人物，冷廟也得多燒香，這樣辦起事來你的路子才會四通八達。

人的一生不可能一帆風順，挫折、霉運是難免的。一個人落難正是對其周圍的人，特別是對其朋友的考驗。遠離而去的人可能從此成為路人，同情、幫助他度過難關的人，他可能銘記一輩子。所謂莫逆之交、患難朋友，往往就是在困難時期產生的，這時形成的友誼是最有價值、最令人珍視的。

有一個人曾擔任某公司總經理，每年年底，禮物、賀卡就像雪片一般飛來。可是當他退休之後，所收的禮物只有一兩件，賀年卡一張也沒有收到，以往訪客往來不絕，而這年卻寥寥無幾。正在他心情寂寞的時候，以前的一位下屬帶著禮物來看他，他在任職期間並不很重視這位職員，可是現在來拜訪的竟是這個人，不覺使他十分感動。過了二三年後，這個退休經理被原來公司聘為顧問，當然很自然的就重用提拔這位職員。因為這位職員能在沒有利益關係的情況下登門拜訪，在他心中留下了很深刻的印象，讓他產生了「一旦有機會，我一定得好好回報他」的想法。

俗話說得好：「晴天留人情，雨天好借傘。」一個人失勢時，經常會遭到眾人的漠視，原來與他交往密切的人都離他而去，如果此時你伸出援助之手，與之交往，他就會心存感激，銘記一輩子。對失勢的人說一句暖心的話，就像對一個將跌倒的人扶一把，可以讓他得到支持和寬慰。

「人情冷暖，世態炎涼。」趁自己有能力時，多結識一些潦倒英雄，使之能為己而用，這樣的發展才會無窮。

　　人情往來最忌目光短淺，平時不屑「向冷廟上香」，事到臨頭再來「抱佛腳」就來不及了。一般人總以為冷廟的菩薩不靈，所以才成為冷廟。其實英雄落難，壯士潦倒，都是常見的事。只要一朝交泰，風雲際會，仍是會一飛沖天、一鳴驚人的。

　　從現在起，多注意一下你周圍的朋友，若有值得「上香的冷廟」，千萬別錯過了才好。

人情，千萬不可透支

　　人與人相處總是會有情分的，這種情分就是「人情」。很多人喜歡用「人情」做事，但「人情」不是取之不盡、用之不竭的水，可以任自己自由的取用。人情是有限量的，就像在銀行存款一樣，你存得越多，可供領取的才會越多。相反，存得越少，可領取的錢自然就越少。聰明的人都知道，人情是不能濫用的。因為你的人情存款只有那麼多，如果你領取的多了，超過了你存入的數額，那麼你的人情自然就透支了。從此，你們之間的感情便開始走向淡化，甚至你們的情分可能從此就中斷了。

　　幾年前，李大夫為孩子轉學的時候，曾求過一個同學，本來準備了一些錢送給他，但是他說：「不要客氣，人是互相的。以後我有事求你的時候，不要拒絕就是了。」李大夫想想也是，也就沒有強求。

　　誰知在接下來的幾年裡，那位同學便多次帶著親友、朋友到醫院找李大夫幫忙，但是他求的事根本不能辦，像半價醫藥費、自費病房算低價等，讓李大夫非常為難。幫吧，違反規定；不幫吧，怕落個過河拆橋無情無義的名聲。後來，還了人情的李大夫就想辦法漸漸疏遠了這位同學，再後來就索性不再跟他來往了。

可見，人情的利用也要拿捏分寸，透支了反而令人很尷尬。因為你的「人情存款」只有那麼一點點，人家沒有義務和責任總是幫你的忙。

生活中經常有這樣的人，總是一次又一次的要求人家幫忙，認為大家都是朋友，對方幫自己則是理所當然的；如果不幫，就是不夠朋友，就是忘恩負義，卻忘了這樣就等於把累積的那點人情全部透支了。一旦人情透支，朋友間的感情一定會變淡，嚴重的甚至會就此結束，而旁觀的其他朋友也會覺得透支人情的人不值得來往。因此，在用人情時，一定要注意分寸。十分的人情，最好留三分，先弄清你與對方的交情究竟有多少，人情究竟有多重，然後再掂量事情的分量，看看是否適宜找對方幫忙，千萬不要沒個輕重緩急。

張家強是一個私人企業的老闆，身價千萬，人也特別好。李道文和張家強從小學到大學一直是同學，是好朋友。但過了十幾年後，兩人的情況卻相差懸殊，李道文在一個縣城中學當教師。當然這並未妨礙張、李二人繼續是朋友。

一個兩袖清風的教師和一個腰纏萬貫的老闆如何相處呢？

李道文的妻子是個離職女工，兒子9歲，正上小學，花費頗大，只靠李道文一個月兩萬多元的薪資維持生活，日子有些艱難。李道文因此不向張家強開口借錢，一是因為這是一筆小錢，在張家強的眼裡算不得錢，不值得向張家強開口；二是這不是一次能解決的問題，這個月借了，下個月怎麼辦，以後又怎麼辦？難道不斷的借下去嗎？而且，李道文的經濟情況也不是一時就會轉好的，如果借了錢何時才能還呢？可不幸的是，兒子出了車禍，手術的費用得20萬元左右。這時候，李道文沒有選擇，只好向張家強借錢了，一個人能有幾個一下拿得出20萬塊錢而又不對他自己的生活不產生影響的

朋友呢？

這是從李道文的角度來講的。

從張家強的角度來看，假如平時李道文零零星星的從張家強那裡借了些錢，當作生活費用掉了。當然，這筆錢對張家強來說算不了什麼，他不會在乎，可朋友關係卻從此不再平衡。吃人家的嘴短，拿人家的手軟，李道文難以用平等的心態對待張家強，難免會產生不服、嫉妒、自卑的心理，想當年你我差不多，甚至你還不如我，憑什麼你現在就可以大把大把的賺錢，我卻只能靠跟你借錢來維持生活。本來應該有的感激之情也蕩然無存，反而心懷惡意。

平時，零星借來的錢被李道文一家用掉了。本來沒有這筆錢也可以過得去，少吃幾頓好吃的也就罷了。張家強的錢對他們的生活沒有多大影響，但一旦借了些錢，李道文近期又難以償還，這對李道文是一個心理上的負擔，主要是對李道文的自尊心有影響，這種情況長期持續下去，李道文在張家強面前慢慢就會失去自尊，開始自卑，一個沒有自尊的人是什麼事都會做得出來的，張家強借錢是好心幫助他，卻不一定有好的結果。如果李道文因兒子的意外而向張家強借錢，這筆錢對李道文的意義非常重大，自然會因此對張家強心存感激，救急不救窮，不只限於金錢方面，而是指幫朋友時，應該是給朋友一根拐杖，讓他自己站起來，而不是一直扶著他。

人情是一種資源，可以使用卻不宜透支，應該在最需要的時候用。一般情況下，用人情用得越少越好，以免「人到用時方恨少」。如果用盡了，仍不知輕重的去透支，那麼隨著時間的推移，你就會慢慢變成一個不受歡迎的人。

世上最為珍貴的，莫過於能夠使你得到寶貴的情義和朋友。因此要善用

這些情誼，不要透支它。

欲先取之，必先予之

　　欲先取之，必先予之。這是古人就已經知道的道理。《孫子兵法》上說：「故善動敵者，形之，敵必從之；予之，敵必取之。」要想得到別人的東西，就必須先付出。有付出必有回報，要回報必須先付出，二者是辯證統一的，付出是回報的前提，回報是付出的結果。在當今的生意場上，這個道理也是適用的。

　　美國一家生產口香糖的公司，即便品質優良，包裝精美，價格適中，可由於是新產品，一時間根本沒有辦法打開銷路。此時，公司的經理突發奇想，叫員工把紐約市居民的地址抄在信封上，並每個信封裡放上該公司生產的口香糖。不久以後，幾乎紐約市的家家戶戶在同時收到了這份意外的禮物，大街上到處都是嚼著公司贈送的口香糖的孩子。此「街景」就如同一幅活廣告。沒過幾天，公司再寄送出了第二份贈品。經過一段時間之後，這家公司就不再寄口香糖了，可是孩子們早已習慣於這種口香糖的口味，他們成群結隊的到各家商店去購買。後來，這家公司快速的打開了市場。

　　這家口香糖公司為了使顧客能盡快接受新品口香糖，採用了欲取先予的方法，為顧客提供免費品嘗的機會。一條口香糖值不了多少錢，這樣做，不但拉近了買賣雙方的距離，關鍵是還聯絡了感情，一旦顧客對口香糖的口味認可，適合顧客的口感，大多都會掏錢購買。而且當他們接受新品牌後，還會向周圍的親戚、朋友介紹，透過口耳相傳，新品牌口香糖就這樣打開了市場。所以，在生意場上，掌握了欲取先予的方法，留下人情債，你就會先捨後得，獲得更多長期的利益。

無獨有偶。名古屋有一家因製造咖啡用新起司而聞名的名古屋製酪公司。這裡的社長日比孝吉先生十分樂善好施，無論是什麼都免費或超低價供給。

一種無味大蒜是由一個擁有此項開發技術的人推銷到日比先生這兒的。據說日比先生自己試過後感覺很好，於是就買下了這項技術，然後讓從法國巴斯德研究所來的研究人員對其效能進行研究。原來這種特別方法製成的無味大蒜中含有一種叫大蒜烯的物質，它能淨化血液，除了對預防癌症有效之外，還有利於白內障、高血壓、哮喘等病的治療。

有一次，一個朋友來要點兒過年用的咖啡。日比先生順手將無味大蒜也給了這位朋友一些。沒想到這成了一個開端。據說到現在為止，這種無味大蒜已經寄送給了日本全國 25,000 餘人。

結果，有感謝信寄來：這種無味大蒜效果驚人。其中還有人寫信來聯繫道：哪怕只付郵費呢？不能白白接受啊！

這正是有趣之處。對後者，日比先生進行了勸服：那樣的話，就請多多使用本公司的產品，或幫助宣傳一下加它的產品就行了。

寄送給 25,000 餘人，簡單算算，這需要多少經費呢？每年竟然要超過 25 億日元。

但是，自從寄送這種無味大蒜以後，公司的營業額迅速成長，1994 年年收入超過了 700 億日元。日比先生說想把派送給無味大蒜的人數增加到 10 萬人，考慮一下，成本花費要達到 100 億日元，可是，那個時候公司的營業額就會達到 3,000 億日元。

日比先生打著「免費」的旗號寄送無味大蒜，無償為消費者服務，表面上，在消費者看來，這是「打著燈籠找不著的好事」，不僅可以免費獲得無

味大蒜，同時還為自己省下了郵資的錢。有這麼一個賺頭給自己，何樂而不為呢？雖然公司因此每年「賠」掉超過 25 億日元，但是公司的生意真正的賠了嗎？其結果就是我們大家所看到的，那就是不但沒有賠反而獲利無窮。日比先生以「無味大蒜」作誘餌，使消費者上鉤，消費者對這等「好事」的一傳十，十傳百，購買該公司產品的人自然也就多了，從此小利變大利，利滾利，利翻利，真可謂「吃小虧占大便宜」。先給予免費的「無味大蒜」，但最終卻收獲得到的是營業額的爆發成長。

貪圖利益是人的本性，只是每個人所展現出來的程度不同。所以，你可以欲取先予，適當的進行一些小的投資，使別人抓住小利的繩索，用小的投資就能換取更大的利益，這不失為一個好方式。

有一家超市訓誡員工的時候，經理如此對下屬說：「很多來超市的人，都追求的是一種心理，想收穫必先付出，就是欲取先予」。

雖然這家超市剛開業沒多久，可是它以分期分類推出低價、全方位整合的策略，在顧客心裡樹立了很好的形象。每天他們都推出幾種熱銷商品，進行特價銷售，還結合各種節慶假日，輔之以廣告、海報等多視角、多管道宣傳的形式，雖然時間不長卻聲名鵲起，如此，這家超市就奠定了良好的口碑。

他們與一般的店家相比有一個顯著區別，就是這家超市沒有將滯銷、積壓產品變相打折，也沒有進行任何華而不實的所謂全場折扣、拋售活動，而是以和人們生活密切相關的，也就是每個人都需的商品作龍頭，引領消費需求，使人感到店家的誠心誠意、很實在。如此一來，消費者耳聞目睹，認為有「利」可圖，爭著前來「湊」熱鬧。在某一商品中，店家可能是微利，或者低於進價銷售，表面上看去好像是店家虧了，可在顧客趨之若鶩的同時，「人

氣指數」就陡增。

依據觀察，只要是衝著低價商品而來的，兩個人中至少有一人順便買其他物品，精明的店家不但沒有賠本，反而是名利雙收，一舉兩得。到底是何原因呢？店家的精明自然不必說，可一位顧客的話更有說服力：「如今各店家哪個不做促銷，可這家超市的做法表明他們把顧客放在了心中，追求的是互惠的雙贏，到這種的超市買東西，讓人心裡感覺很舒服。」

可見，欲取先予是經營的一大策略。在當今市場經濟日趨激烈的情況下，假如只想到掏顧客的口袋而不為其提供優質的服務，此條賺錢之路恐怕是難以持續。因此，聰明的生意人必先學會給予，做一點兒「傻事」，多給顧客一點甜頭，讓顧客開開心心，然後才能得到加倍的回報。

吃虧是福，生意人要大方一點

人們常說「吃虧是福」，其實這本是一個利益交換等式。也就是用眼前利益的暫時損失去換取長遠的利益。只有先吃虧才能後盈利，這是建立商業關係、社會關係的有力武器。正因為有「吃虧就是占便宜」的心理，所以在激烈的市場競爭中，精明的生意人總能牢牢占據有利位置，並穩步推行拓展計畫。

王先生經營著一家服裝廠，他主要是做出口生意。王先生常說，「眼睛只盯著錢的人做不成大買賣。買賣中也有人情在，抓住了這個人情，買賣也就成功了一半。」王先生對此是深有體會的。十幾年前服裝廠還是一個只有幾十個人的小廠，憑著質優價廉勉強在市場上混口飯吃。有一次，一個法國客商訂購了 50 套西裝，王先生按照對方的要求包裝完畢後運到港口準備發貨，就在這時，這個法國客商卻突然打來電話請求退貨，原因是該客商對當地市

場估計錯誤，這批貨到法國後將很難銷售。退貨的要求是毫無道理的，王先生大可一口拒絕對方。反正合約都已經簽了，但經過兩天的考慮，王先生卻決定答應對方的退貨請求。因為對方答應支付包裝、運輸等一切費用，這批西裝由於是外銷產品，在國內市場上應該可以銷售出去，所以王先生等於沒有什麼損失。而最大的好處是他這樣做等於是幫助了法國客商，雙方將建立良好的合作關係。

事情果然正如洪先生所料，法國客商非常感謝洪先生的大度，表示以後在同類產品中將優先考慮王先生的產品，他還不斷向自己的朋友誇獎王先生，為王先生介紹了很多的生意。就這樣王先生以他富有人情味的生意經成功的在國際市場上站穩腳步。二三年內，王先生的工廠不斷擴建，員工發展到 600 多人，他的生意越做越大。

從上面這個事例可以看出，王先生是非常聰明的，他清楚的認識到人緣對生意的重要性。如果當時他拒絕了法國客商的退貨，那麼雖然他做成了一筆生意，卻會損失了這個客戶。而答應了退貨的要求表面上吃了點虧，但他卻交到了一個朋友，孰輕孰重，明眼人一看就知道了。這就是經商活動中的得失之道：小處吃虧，大處受益，暫時吃虧，長遠受益。如能將個人的得失置之度外，便可寬心自如的對待周遭的人與事，時時從大局著眼，從長遠利益考慮問題 —— 這就是智者的選擇。

有一位商人劉老闆，他開了一家機電設備公司。有一次，一個老客戶來買電器配件，遺憾的是，劉老闆找遍了公司的庫存，就是沒有這個配件。但是，這位客戶著急得很，因為拿不到這個配件，他所在的企業就面臨停工，而停工一天的損失將達到二十萬元。

看到客戶如此著急，劉老闆一邊安慰，一邊承諾一定在一天之內把貨找

到。客戶剛走，劉老闆便親自出馬打的直奔工廠。誰知，工廠沒有貨了。沒辦法，他只好連夜搭高鐵回來，然後再開車趕往老家。回來折騰一番已經是清晨四五點了。劉老闆不顧疲勞，又在老家聯繫相關的生產廠商，結果在連續聯繫了十幾個廠商後，終於找到了這個電器配件。拿到電器配件後，劉老闆火速搭計程車到高鐵站，下車看望一下父母的時間都沒有。第二天，當他把貨交到客戶手中時，客戶感動得無法言語。

這次生意對劉老闆來說，是一樁賠本生意。因為一個配件才 500 元，利潤也就十幾元，但是劉老闆卻付出了 5,000 多元的交通費。從表面上看，劉老闆虧了好幾千元，但是他卻贏得客戶的信任。第二天，客戶所在的企業就敲鑼打鼓的送來了大匾，當地媒體還來採訪劉老闆，宣傳他這種一心想著客戶的事蹟。就這樣，劉老闆吃虧待人的消息在業內廣泛流傳，劉老闆生意自然是越來越長紅，得到的財富比區區幾千元的損失要多得多。

華人首富李嘉誠曾說：「有時看似是一件很吃虧的事，往往會變成非常有利的事。」這就是吃虧是福。今天的世界，競爭殘酷非常，優勝劣汰見怪不怪。許多人或利所趨，或勢所使，不惜機關算盡、落井下石、踩著別人的肩頭前行，唯恐稍一俯首止步的瞬間，就一不小心成了時代的棄兒。而這恰恰正是因為他們沒有領悟吃虧是福的真諦，他們不知道吃虧是表面的隱忍與退卻，而實際則是為了拓展天地，今日的蟄伏正是他日雄起的蓄勢待發。如果你對眼前的小虧斤斤計較，寸土不讓，終究會獨自品嘗那得不償失的苦酒。

亨利·霍金士是美國亨利食品加工工業公司總經理。有一次他突然從化驗室的報告單上發現，他們生產食品的配方中的添加劑有毒，雖然毒性不大，但長期服用對身體有害。如果不用添加劑，則又會影響食品的新鮮度。亨利·霍金士考慮了一下，他認為應以誠對待顧客，於是他毅然把這一有損

銷量的事情告訴了每位顧客，隨之又向社會宣布，防腐劑有毒，對身體有害。他做出這樣的舉措之後，使他自己承受了很大的壓力，食品銷路銳減不說，所有從事食品加工的老闆都聯合起來，用一切手段向他反撲，指責他別有用心，打擊別人，抬高自己，他們一起抵制亨利公司的產品，亨利公司一下子跌到了瀕臨倒閉的邊緣。苦苦掙扎了 4 年之後，亨利的食品加工公司已經傾家蕩產，但他的名聲卻家喻戶曉。這時候，政府站出來支持霍金士了。亨利公司的產品又成了人們放心滿意的熱門貨。亨利公司在很短時間內便恢復了元氣，規模擴大了兩倍。亨利食品加工公司一舉成了美國食品加工業的「龍頭公司」。

吃虧是福。這就是先賠後賺的「利天下者，方能利己」的經營思想。吃小虧占大便宜。但是吃虧也是有技巧的。精明的商人會吃虧，他們吃虧吃在明處，便宜占在暗處，讓別人被占了便宜還感激不盡，這就是經商的智慧所在。

小恩小惠攏絡人心

所謂小恩小惠，就是為了籠絡人而給人的一點小恩情、小實惠，比喻給人一些微小的好處以達到收買人心的目的。

我們常說「吃人家嘴短，拿人家手軟」，一旦接受了別人的恩惠，占了別人的便宜，就很難拒絕對方的請求了。不少人重人情，講面子，「滴水之恩必當湧泉相報」，聰明的生意人常常運用這一手法，幾乎百試不爽。

有一次產品推廣會上，主辦人對所有來的客戶均贈送 100 塊錢的紀念品。該公司的負責人認為：因為每個人都喜歡貪小便宜，可是他們又絕不願平白無故的接受別人的東西。因此他們就會以盡義務的態度來參加銷售會，

甚至會敞開胸懷來傾聽對方的解說，唯有如此，他們才會覺得受之無愧。

而一切結果也正如他所說的，「那些平白接受了小惠的人往往會假意告訴自己和那些推銷員，他們是因為真正對商品感興趣，才來參加這次推廣銷售會的。」只不過區區 100 塊錢，使原來懷疑的大眾變成了積極的聽眾。

可見，聰明的生意人很善於利用人們無功不受祿、無勞不受惠的心理，經常施些小恩小惠，先給對方甜頭嘗嘗，待對方高興了，再順勢把自己的目的說出來。因為對方先得到了甜頭，不但心情好，還可能知恩圖報，很容易答應你的請求。

李嘉誠曾說過：「小恩小惠不是什麼見不得人的事，它能讓陌生人為你打開一扇窗。」有個商人說得更直接：「你不給別人好處，人家憑什麼幫你。」話糙理不糙，說到了點子上。所以，如果你想談成生意，維護感情，不妨利用小恩小惠攏絡人心。

陸政明是一家公司的圖書銷售員，有一天，他去書店查看一下圖書的銷售情況。在這個過程中，他注意到有一個年輕人拿著一本書看得津津有味。

於是，陸政明走到年輕人面前，跟他攀談起來。交談了一會兒後，陸政明就感覺到這個年輕人與眾不同，他對文字方面的理解很有獨特之處，而且對文字的運用能力也超出一般人。

陸政明很想結交這個年輕人，當看到年輕人手裡的書時，陸政明有了主意。他把營業員叫來，說：「這本書是我們公司出的，我想把它送給這個人，你看怎樣辦理手續？」營業員讓陸政明拿出證件，然後打了一個電話，說：「可以了，不用繳費。」

年輕人很高興，兩個人又聊了一會兒。離開的時候，年輕人已經把陸政明當成好朋友了。

　　可見，給對方一些小恩小惠，這是一種增加彼此感情的交流，這種辦法會獲得良好的效果。因為大部分的人都有這種心理，無故受人恩惠時就感覺欠對方人情，所以，只要對方不提出過度的要求，通常都會很願意幫助對方的。

　　值得注意的是，略施小惠要做得自然得體，如果一下子給予對方很大的好處，對方一定會懷疑你可能要求更大的回報而迴避。所以略施小惠時，要順其自然，使對方可以大方的接受。久而久之，略施小惠的影響力便可發揮出來。

　　當然，略施小惠不僅僅限於物質上的，也包括精神上的、感情上的，許多種方法亦可適用。有時候，多說幾句好話或者客氣一點，效果還真不一般。可如果平時不花精力去做這些事，那麼，到了緊要關頭時，你就只得去出遠遠高出小恩小惠數百倍的「高額懸賞」才能打動你需要的人了。

　　另外，運用「略施小惠」的策略時，在技巧上要特別注意一點：態度要自然，不要讓人感覺到做作。否則，不但討人厭，說不定還會得罪人。天下最愚蠢的事，就是讓「資產」在無形中變成「負債」。如能做到「運用之妙，存乎一心」時，略施小惠，將會讓人難以抗拒。

善待別人就是善待自己

　　作為一個生意人，在商界打拚的過程中，一定要有他人的幫助，但是人與人之間的幫助是互相的，正所謂「種瓜得瓜，種豆得豆。」如果想得到他人的幫助，你首先要學會幫助他人，為自己累積良好的口碑，這樣一來，在你需要幫助的時候，才有可能獲得別人的幫助。

　　周立明是一家服裝廠的老闆，他以幾萬元起家，在短短 6 年內發展成擁

有幾千萬資產的皮鞋製造商。他之所以能站住腳，靠的就是投桃報李。在創業初期他深知自己財單力薄，不可能單憑個人實力與同行業的大廠商競爭，必須聯合所有的人力、物力、財力。而要做到這一點，就必須以心換心。

有一次，周立明廠裡生產的一種連衣裙，在某個地區滯銷，零售商天天打電話要求退貨，這可急壞了地區批發商，他連夜趕來找周立明商量對策。這可是個大問題，如果把貨收回來，積壓在家裡，批發商將受到巨大的經濟損失。

周立明二話沒說：「你的困難，就是我的困難，不管什麼原因造成了這種局面，我都絕不會讓你受損失，你把這批連衣裙統統收回，送到我這裡換成別的款的裙子。」這個地區經銷商感動的說：「但也不能讓你一個人吃虧呀。」周立明說：「產銷一家嘛，我們都是一家人，誰損失都一樣，這事理應由我來處理。」這件事傳出以後，各地的批發商對周立明更加敬重了。周立明幫助人的事不勝枚舉。批發商、零售商對周立明為人著想的做法，都很感動。

「天有不測風雲」，在某年水災，周立明用貸款修建的現代化服裝廠遭受了滅頂之災，設備、材料、產品被沖得幾乎一乾二淨，辛苦數年存的全部家底都在淹水中化為烏有。周立明猶如遭到了晴天霹靂，欲哭無淚，他甚至想到了死。在他萬念俱灰的時候，他的銷售網路中幾個較大的批發商登門拜訪，鼓勵他「重振旗鼓」。可是，周立明還債的錢都沒有，哪還有資金興建工廠。一位批發商爽快的說：「你放心，只要你肯繼續做下去，錢的事包在我們身上了。」另一位說：「過去，我們困難的時候，你幫助了我們，現在我們也絕不能昧著良心袖手旁觀。」五天後，那幾位批發商召開了來自各地幾百位批發商的集資大會，僅僅兩個多小時，就湊齊了周立明重建工廠所需的資金，一星期後，周立明就恢復了工廠的生產。

165

　　幫助別人就等於幫助自己，這是利人利己的雙贏生意法則。所以，你要善待身邊的每一個人、每一件事，並視之為力所能及、理所應當。或許有一天，當你舉步維艱、如履薄冰之時，昔日曾經被你資助過的人將會向你伸手拉上一把。因為善舉帶來人氣，幫助別人就是幫助自己。

　　巴薩爾是從父親的手中接過這家食品店的，這家古老的食品店很早以前就在鎮上遠近皆知了，他希望能夠透過自己的努力，讓食品店更加興旺。

　　一天晚上，巴薩爾正在店裡收拾貨物清點帳款，因為第二天他將和妻子一起去度假。他打算早早的關上店門，以便為外出度假做準備。忽然，他注意到店門外不知何時竟站著一位面黃肌瘦的年輕人，他衣衫襤褸、雙眼深陷，一看就知道是一個典型的流浪漢。

　　巴薩爾是個熱心腸的人。他走了出去，對那人說道：「年輕人，有什麼需要幫忙的嗎？」

　　年輕人略帶點覥腆的問道：「這裡是巴薩爾食品店嗎？」他說話時帶著濃重的墨西哥味。「是的。」巴薩爾點了點頭。

　　年輕人更加覥腆了，他低著頭，小聲說道：「我是從墨西哥來找工作的，可是整整兩個月了，我仍然沒有找到一份合適的工作。我父親年輕時也來過美國，他告訴我他在你的店裡買過東西，喏，就是這頂帽子。」

　　巴薩爾看見小夥子的頭上果然戴著一頂十分破舊的帽子，那個被汗漬弄得模模糊糊的「V」字形符號正是他店裡的標記。「我現在沒有錢回家了，也好久沒有吃過一頓飽餐了。我想……」年輕人繼續說道。

　　巴薩爾知道眼前站著的人只不過是多年前一個顧客的兒子，但是，他覺得自己應該幫助這個小夥子。於是，他把小夥子請進了店內，好好的讓他飽餐了一頓，並且還給了他一筆車費，讓他回國。

不久，巴薩爾便將此事淡忘了。過了十幾年，巴薩爾的食品店越來越興旺，在美國開了許多家分店，他於是決定向海外擴展，可是由於他在海外沒有根基，要想從頭發展困難重重。為此，巴薩爾一直猶豫不決。

正在這時，他收到了一封來自墨西哥的信件，原來寫信人正是多年前他曾經幫助過的那個流浪青年。此時，當年的那個年輕人已經成了墨西哥一家大公司的總經理，他在信中邀請巴薩爾來墨西哥發展，與他共創事業。這對於巴薩爾來說真是喜出望外，有了這位總經理的幫助，巴薩爾很快在墨西哥建立了他的連鎖店，而且經營發展得異常順利。

一個流浪青年，誰又能想到多年之後，他能成為大老闆呢？倘若當時巴薩爾沒有幫助這位青年，他的事業之路也不會發展得那麼順利。這種回報與其說是上帝的賜予，不如說是巴薩爾當初種下了善因，而一個有著善心和善舉的人，是應該得到回報的。幫助別人，其實就是在幫助自己。

美國埃‧哈伯德曾說過：「聰明人都明白這樣一個道理，幫助自己的唯一方法就是去幫助別人。」事實上，只要你能在別人需要幫助的時候，願意伸出你熱情的手，你的朋友就會越來越多，你的生意也會越做越大。

張雨芳在一家電腦專賣店當營業員，她心地善良，在待人接物方面，樂意替別人著想，經常因不忍拒絕幫人忙而給自己帶來額外的負擔。

一天下午，張雨芳正準備下班，兩位年輕小姐找到她，嘰嘰喳喳發牢騷說，前不久在這裡買的一臺電腦品質太差，用了沒幾天就故障了。晚上她們還想用電腦加班呢，這該怎麼辦？

張雨芳一細問緣由，明白了：這兩位小姐是「菜鳥級」的電腦用戶。遇到一點小疑問就不知所措。她們所說的故障，不是電腦的問題，而是操作不當造成的軟體故障。張雨芳向兩位小姐解釋說，這不屬於保修範圍，應當由

用戶自己解決。兩位小姐見張雨芳很好說話的樣子，便姐姐長姐姐短的請她想辦法，說是晚上急著用電腦，又找不到別人幫忙。

　　張雨芳很為難。人家年齡不見得比自己小多少，已經屈尊叫了她十幾聲「姐姐」，怎麼好意思拒絕？但是，不屬於保修範圍的事情，自己也不便通知維修人員上門為她們服務，更何況已到了下班時間。張雨芳自己倒是會處理這種小問題。但她勞累了一整天，巴不得現在馬上躺在家裡那張柔軟舒適的床上，實在不願勞動疲憊的身體，去一個陌生的地方上門服務。再說，這也不是她職責範圍的事呀！

　　看著兩位小姐焦急的模樣，張雨芳終於沒忍心拒絕，打起精神，義務為她們幫了一個忙。由於都是同儕，張雨芳很快就和她們交上了朋友。

　　一個多月後，那兩位小姐又來了。這回她們是介紹幾個朋友來買電腦的，一次買走了三臺。這件事使張雨芳深有感觸，研究出了提高銷售業績的道理。此後，張雨芳主動向每一位購買電腦的用戶表示：不論是否屬於保修範圍的電腦故障。都不妨找她，她會盡可能提供義務服務。張雨芳有時還會主動打電話向使用者詢問電腦的使用情況。這樣做使張雨芳交到了很多朋友，她也變得越來越忙，每天電話不斷。有人向張雨芳求助時，她總是有求必應。當然，大部分問題只需在電話裡簡單解釋一下就可以了。

　　並不是每個接受過幫助的使用者都會帶朋友來買電腦，但總有些人樂意將張雨芳介紹給自己的朋友。他們都覺得張雨芳特夠阿莎力。張雨芳的銷售業績直線上升。在全公司遙遙領先，被評為「金牌銷售員」。現在，張雨芳已是公司下屬四家專賣店的總負責人。她的主要工作是訓練像她一樣勤勉敬業的一線推銷員。

　　「於人方便，於己方便」，張雨芳失去的是休息的時間，得到的卻是自己

的銷售業績直線上升的回報！

打開財富之門的一大法寶就是伸出熱情的手，去幫助和關懷別人，因為我們的幫助，不僅能助人一臂之力，而且能給對方帶來力量和信心，使他們有更大的勇氣去戰勝困難。也許這對你來說只是舉手之勞，但對別人來說卻猶如雪中送炭，那麼別人對你定會有「滴水之恩，當湧泉相報」的感激。

人情往來不能無「禮」

「禮多人不怪」，這是古老的格言，它在今天仍有十分實用的效果。生意往來要送禮，聯絡關係要送禮，如果你不講「禮」，簡直就是寸步難行。有相關調查顯示，日本產品之所以能成功打入美國市場，其中最祕密的武器就是日本人的小禮物。換句話說，日本人是用小禮物打開美國市場的。可見，小禮物在商務交際中舉足輕重的作用。

有一位一流的推銷員，她總會送給客戶一枚帶有棒球圖案的小徽章，上面刻著「我愛你」三個字。

有時候，她也會贈送一些小型的玩具氣球給客戶，並對客戶說：「您一定高興和我合作，對吧？」

她最常做的事情是把禮物送給顧客的孩子，她會趴在地板上對小朋友說：「小朋友，你叫什麼名字？你好啊，你肯定是個乖孩子！啊！你手裡的小喜鵲真有趣！」「我有些小禮物要送給你，你一定會喜歡，猜猜看，是什麼？」

說著，她從包裡掏出一大把糖果，並握在手裡，說：「你猜猜這是什麼，猜對了就給你。」

然後，她會把小孩帶到女主人身邊說：「這一塊給你，其他的讓媽媽給收

著，好不好？這兒還有一些氣球，讓爸爸替你保管，好不好？你真是個聽話的乖孩子。好了，我要和你爸爸媽媽談事情了。」

在整個過程中，這位一流的推銷員運用了送禮物的推銷技巧，無形中拉近了和顧客的距離。接下來的推銷也就順理成章了。

當今商業社會，「利」和「禮」是連在一起的，往往是「利」「禮」相關，先「禮」後「利」，有禮才有利，這已經成了商務交際的一般規則。在這方面，道理不難懂，難就難在操作上，你能夠送對禮物，打動人心，這才是關鍵。

一家外貿公司與印度某商貿公司新近作成一筆生意。為表示合作愉快，加強兩公司今後的聯繫，努力成為密切的商業夥伴，外貿公司決定向印方贈送一批具有地方特色的工藝品——皮質的相框。外貿公司向當地的一家工藝品廠訂製了這批貨，這家工藝品廠也如期的完成了。當贈送的日子快要臨近時，這家外貿公司的一位曾經去過印度的職員突然發現這批皮質相框是用牛皮做的，這在奉牛為神明的印度是絕對不允許的，很難想像如果將這批禮品贈送給印方會產生什麼樣的後果。幸好及時發現，才使這家外貿公司沒有犯下大錯。他們又讓工藝品廠趕製了一批新的相框，這回在原材料的選擇上特地考察了一番。最後在將禮品送給對方時，對方相當滿意。

由此可見，送禮是一門學問，「禮」不是瞎送的，送得好，方法得當，會皆大歡喜；送得不好，受禮者不願接受，或嚴詞拒絕，只會令送禮者十分尷尬，弄得錢已花，情未結，賠了夫人又折兵。送禮看似是一個簡單的事情，但其實其中包含著很深的學問。

不管送什麼樣的禮物，投其所好才是最重要的。「投其所好」送上小禮品，往往能打動人，給對方留下深刻印象，使人與人之間的感情更加牢靠。

　　清朝中堂大人李鴻章夫人 50 歲生辰快到了，滿朝文武大臣忙得不亦樂乎，都準備前往祝壽。消息傳到合肥知縣那裡，知縣也想前去送禮，因為李鴻章是合肥人，又是朝中寵臣。可是細一想，知縣又煩惱了：我這七品芝麻官能送多少禮？少了，等於不送；多了，又送不起。想來想去拿不定主意，於是請來師爺商量。師爺說：「這事容易，一兩銀子也不用，還保你的禮品最為注目，保證中堂大人喜歡，列於他人禮品之上。」

　　知縣聽說一兩銀子也不用了，自然高興，可想天下哪有這般好事，便問：「送什麼東西？」

　　「也就是一幅普通的壽聯。」師爺回答。

　　知縣聽完直搖頭，表示難以相信，師爺連忙說：「不要懷疑，送禮之後，包你從此飛黃騰達，不過這壽聯必須由我來寫，你親自送上，請中堂大人過目，不能疏忽。」知縣滿口答應。

　　第二天知縣帶著師爺寫好的壽聯上了路。他晝夜兼程趕到京城。等著祝壽之日，他通報姓名來到李鴻章面前，朝他一跪說：「卑職合肥知縣，受人之託，前來給夫人祝壽！」

　　李鴻章隨口應了一聲叫他站起來，知縣忙拿出壽聯，將上聯先打開，李鴻章一看是「三月庚辰之前五十大壽」。

　　李鴻章心想：夫人二月過生日，他寫了「三月庚辰之前」，還算聰明。正想著，知縣又「嘩啦」一聲打開了下聯，李鴻章一見，忙雙膝跪地。原來下聯寫著：

　　「兩宮太后以下一品夫人」

　　「兩宮」指當時的慈安、慈禧，李鴻章見「兩宮」字樣，不由的跪了下來。於是他命家人擺香案，將此聯掛在《麻姑上壽圖》兩邊。

這副壽聯，深得李鴻章的賞識。這位知縣也因此而官運亨通，飛黃騰達了。

投其所好是送禮最基本的要求，只有知道了他人的個人喜好，才有可能做到投其所好。

送禮作為表達自己的感情、加深與別人間的溝通和交流的一種方式，是感情和意義上的互通交融，至於禮物輕重、何種形式都不重要，關鍵是能表達自己心意，並且投其所好。如果做禮物達不到投其所好，那麼你所送出去的禮物也是白送，因為在他人的眼裡，你的禮物展現不出價值。

總之，禮物是感情的載體。任何禮物都表示送禮人的特有心意，所以，求人做事時，我們只要禮物先行，送的好、送的對，送到對方的心坎裡，就沒有難辦的事情。

朋友之間有事沒事常聯繫

朋友之間交往的最基本原則就是：有事沒事常聯繫。不要等到需要獲得別人幫助時才想到別人。時常聯繫朋友，會讓對方覺得你始終都在關懷他，認為你始終將朋友放在心上，而這樣的有心人一般都很受朋友的歡迎，若你遇到困難時，朋友們也一定會努力幫助你度過難關。

有一個剛去美國的人，詳細敘述了她在那裡的生活情況。她在那兒，沒有什麼社交生活，難得去看看朋友，可能是因為她初到異地，認識的朋友不多，但後來聽說，其他的人也一樣。她每星期工作五天，星期六和禮拜天都去了郊外，這是一種家庭式的生活。就是說，要去郊外，就跟自己的家人去。她不能利用假期去探望朋友，因為一到假期，誰都不在家，除非朋友生病在床。也不可能利用下班後的時間去看朋友，因為交通擁擠。但她常常和

朋友通電話，這是她唯一可以列入應酬朋友的方法，她無事也打電話，哪怕是寒暄幾句，或者講些無關緊要的事。但有起事情來，朋友會立刻聚在一起的，哪怕是很棘手的問題，在美國的朋友也會盡心盡力的去幫她。

看了上面的敘述，給人最大的感想是，她懂得無事之時打電話找朋友，當有事發生事時，朋友馬上就來幫忙。所以，朋友之情重在聯繫，如果平時不聯繫，時間會沖淡一切，很多原本牢固的關係就會變得鬆懈，即使關係再好的朋友也一樣。

生活中，很多人都會因為各種原因疏忽了和朋友的聯繫，總覺得反正是朋友，應該會理解的。事實上，等真的需要幫助的時候，才發現原來的朋友因為缺少聯繫關係都變得淡漠了。

剛進家門，馬玉芳就看到家裡來了崔志豪這個不速之客。這讓他心中多少有些不快，甚至有些吃驚。這個傢伙從他的生活中已經消失了將近兩年的時間。雖然說以前關係是不錯的，但俗話說得好，三年不上門，是親也不親。人與人之間的關係是越處越好的，都這麼久沒聯繫了，再見面已經很生疏了。

留下崔志豪吃完飯之後，崔志豪才道出來的目的，因為自己的兒子要升國中了，希望馬玉芳能夠幫忙找人選一個好一點的學校，最好能進入市知名中學。

崔志豪知道馬玉芳在教育界有很多熟人，這一點小事不是什麼難題。但馬玉芳的心裡不太情願，因為覺得自己只是被他利用，沒有什麼情分了。再說，以前也不欠他的，現在看他這個樣子，即使欠了自己的，也是不會還的。馬玉芳便笑著說，你都不知道這兩年我和教育界已經沒有聯繫了，現在再貿然的找人家，也不知道人家會怎麼想。很多時候，你是拿著錢，都不知

173

道該給誰去送這份人情。

馬玉芳的態度就是在委婉的拒絕，崔志豪也聽出了他的弦外之音。見他態度如此，他也就不好意思再繼續說下去，於是就告辭了。

馬玉芳送走崔志豪之後，就在妻子面前抱怨道，平時連個影子都見不到，看見我有用了，立馬跑過來。我最恨這樣的人了，最不想和這樣的人做朋友了。

看了這個故事之後，你作何感想？生活中，你是否也有這樣的經歷：當你遇到了困難，你認為某人可以幫你解決，你馬上找他，但卻因為太唐突而遭到他的拒絕？在這種情形之下，你不免有些後悔當初多與他來往就好了。

其實，人際社交是一個互動的過程，長時間不聯繫，感情的交流就會停滯甚至倒退。再好的感情也需要不斷的經營維護，只有平時與朋友多聯繫，才能鞏固並增進相互之間的感情。

李雲飛與張承恩曾經是高中同學，兩人還曾住在同一個宿舍，所以關係一直不錯，互相都把對方看作交心的朋友，不過高中畢業後，張承恩父母離異，他因此變得內向孤僻起來，也不再愛主動聯繫同學和朋友。

原先宿舍裡的好朋友都漸漸疏遠他，畢業之後也就自然而然斷絕了聯繫，而李雲飛始終把張承恩當成要好的朋友看待，平時總是主動聯繫張承恩，發一些祝福和問候的小簡訊，哪怕只是象徵性的寒暄幾句。節日假日的時候，如果條件允許，李雲飛會邀請張承恩一同出去聚餐，雙方的友情就這樣一直保持下去。

張承恩也經常會打電話給李雲飛，訴說生活和工作中的瑣事，李雲飛更樂於成為傾聽者，分享朋友生活中的快樂與辛酸。雙方幾乎每週都要聯繫幾次，即便後來李雲飛成立了自己的公司，整天忙於事業，他依然不忘聯繫朋

友。十年下來，兩人的聯繫從未斷絕，友誼也日益加深。

2010 年，李雲飛的公司因為資金短缺而面臨倒閉的危險，張承恩聽說後，立即取出自己所有的積蓄，將其交給李雲飛，並積極四處奔走，動用自己的一切關係，努力幫助朋友籌款。經過半個月的辛苦努力，張承恩最終幫李雲飛解決了資金短缺的問題，使公司的資金順利周轉下去。李雲飛對於張承恩的幫助十分感激，而張承恩這時淡淡一笑，打開手機相簿給李雲飛看，原來這裡存放著十年來兩人的合影。

可見，朋友有時在很危急的關頭能幫上大忙，能達到排憂解難的作用。但是，朋友關係的維繫來自於自己的努力。在與朋友分開之後並沒有經常性的聯繫，那關係之好無從談起。所以，只要你有這份心、這份情，能夠真誠的維持分開之後的朋友關係，那你的人際面會更加廣泛，門路也會比別人多出幾條。

與朋友保持聯繫是維護友誼的橋梁。千萬不要讓你和朋友失去聯繫，也不要讓你的通訊錄落上塵土，要時刻記得，朋友是可以陪伴你一生的好幫手。

第六章

懂人情知世故，贏得生意場上的好人緣

　　好人緣是一張有效的通行證。當你人緣好、善交際，不僅到處受歡迎，而且辦什麼事都順利；而如果你人緣差，不善交際，則辦什麼事都會遇到難題，那自然是「步履維艱」了。所以，在生意場上，你要想達到無往不勝、左右逢源的高超境界，首先得做一個懂人情知世故的人，聚積人氣，獲得好人緣，贏得好口碑。

避免與他人爭論

生活中，很多人喜歡爭辯，對一個問題，一個觀點，爭得臉紅脖子粗，大有針鋒相對之勢，其實，跳出來看，有必要去爭辯嗎？有些事情根本沒有必要爭辯。

爭論或許會讓你贏得勝利，但是即使贏了，實際上你還是輸了。為什麼？如果你的勝利使對方的論點被攻擊得千瘡百孔，證明他一無是處，那又怎麼樣？你會覺得洋洋得意；但對方呢？他會自慚形穢，你傷了他的自尊，他會怨恨你的勝利。而且一個人即使口服，但心裡並不服。因此，爭論是要不得的，甚至連最不露痕跡的爭論也要不得。如果你老是抬槓、反駁，即使偶爾獲得勝利，卻永遠得不到對方的好感。真正贏得勝利的方法不是爭論，而是不要爭論。

有一天晚上，卡爾參加一次宴會。宴席中，坐在卡爾右邊的一位先生講了一段幽默笑話，並引用了一句話，意思是「謀事在人，成事在天」。

他說那句話出自《聖經》，但他錯了。卡爾知道正確的出處，一點疑問也沒有。

為了表現出優越感，卡爾很討嫌的糾正他。那人立刻反唇相譏：「什麼？出自莎士比亞？不可能，絕對不可能！那句話出自聖經。」他自信確定如此！

那位先生坐在右首，卡爾的老朋友法蘭克‧格蒙在他左首，他研究莎士比亞的著作已有多年。於是，他們倆都同意向格蒙請教。格蒙聽了，在桌下踢了卡爾一下，然後說：「卡爾，這位先生沒說錯，聖經裡有這句話。」

那晚回家路上，卡爾對格蒙說：「法蘭克，你明明知道那句話出自莎士比亞。」

「是的，當然，」他回答，「《哈姆雷特》第五幕第二場。可是親愛的卡爾，我們是宴會上的客人，為什麼要證明他錯了？那樣會使他喜歡你嗎？為什麼不給他留點面子？他並沒問你的意見啊！他不需要你的意見，為什麼要跟他抬槓？應該避免這些毫無意義的爭論。」

人生之中，何必事事都要去爭論，以贏取那無謂的勝利。但在時下這個喧囂的社會，有太多人願意參與到這樣無休止的爭論中去，發表一些自以為是的觀點，可結果呢，也許一輩子也沒有結果。更重要的是，這樣做對你毫無意義，不但為自己樹立了敵人，還對你的人生也沒有任何助益。正如睿智的班傑明‧富蘭克林所說的：「如果你老是爭辯、反駁，也許偶爾能獲勝；但那是空洞的勝利，因為你永遠得不到對方的好感。」

在人際社交中，不要與人進行無意義的爭辯，那只會引起別人的反感。如果你與人爭辯的動機，是出於想要證明自己是對的、為自己辯白、或贏得聽眾的信服，那麼你的行為太自私了，永遠不會得到別人的歡迎。所以，當你們要與人爭辯前，不妨先考慮一下，我你到底要什麼呢？一個是毫無意義的「表面勝利」，一個是對方的好感。

萬柳公司是一家專門做圖書排版印刷的公司。有一次，該公司經理王躍生接受了創世先鋒圖書有限公司的一批訂單。這家出版公司在圖書出版界舉足輕重，是萬柳公司的重要雇主。萬柳公司接受訂單後不敢怠慢，趕緊時間把圖書的封面及排版設計好，送到創世先鋒圖書有限公司去審核。圖書的經該公司的總編批准後，萬柳公司開始印刷製造。

然而，不幸的事情發生了：那位雇主是創世先鋒圖書有限公司的老闆，他在出席朋友家的私人宴會時，無意中談起了這批訂貨。幾位外行人竟然信口雌黃，說什麼設計不合理、價格太貴等缺陷，大家七嘴八舌。不負責任的

流言蜚短流長，使這位雇主產生被人欺騙的感覺。這位雇主開始時六神無主，繼而覺得真有其事，最後竟拍案而起，勃然大怒。他打電話給王躍生，大發雷霆，把萬柳公司臭罵一頓，發誓不接受那批已經開始印刷的圖書。說完，啪的一聲，把電話掛斷。

電話那頭，王躍生呆若木雞。他被罵得丈二金剛，摸不著頭緒。他還沒來得及轉過神，沒有申辯一句，雇主就把聽筒掛了。

王躍生從事圖書排版印刷多年，經驗豐富，是一位懂技術的經理。他把打樣拿來，一一對照仔細檢查，看不出半點紕漏。憑經驗，他確認設計方案無誤，於是就開車去創世先鋒圖書有限公司求見那位雇主。在路上，他想，如果我堅持自己是正確的，並指責雇主在技術上錯誤的認識，那麼必將激怒雇主，情勢惡化，使事態變得更加嚴重。當王躍生心情平靜的推開雇主辦公室的門時，那位雇主立刻從椅子上跳起，一個箭步衝過來，劈里啪啦數落了一頓。他一邊齜牙咧嘴，一邊揮舞著拳頭，氣勢洶洶的指責著萬柳公司。

在一個失去理智的人的面前，王躍生不氣不惱，兩眼平靜的注視著對方，一言不發。也許是王躍生不慍不火的態度感染了雇主，使雇主發現自己對一個心平氣和的人發火是沒有道理的。他突然停止了指責，最後聳聳肩，兩手一攤，用平常的聲音說了一句：「我們不要這批圖書了，現在你看怎麼辦？」萬柳公司為這批訂貨已經投入了 25 萬元。如果對方不要這批圖書了，重新設計印刷，公司就要損失 25 萬元；如果與對方打官司，就會失去這家重要的雇主。王躍生是一位出色的銷售員，當雇主大肆發洩一通後，問他：「好吧。現在你看怎麼辦？」王躍生心平氣和的說：「我願意按照您的意願去辦這件事。您花了錢，當然應該買到滿意的東西。」王躍生只用兩句話，就平息了雇主的沖天怒氣。他接著開始提問：「可是事情總得有人負責才行，不

知這件事該您負責，還是該我負責。」平靜下來的雇主笑著說：「當然得你負責，怎麼要讓我負責呢？」

「是的。」王躍生說，「如果您認為自己是對的，請您給我打樣，我們將按您的打樣印刷。雖然目前我們已經花去 25 萬元，但我們願意承擔這筆損失。為了使您滿意，我們寧願犧牲 25 萬元。但是，我提請您注意，如果按照您堅持的做法去做，您必須承擔責任，如果讓我們照著計畫執行──我深信這個計畫是正確的，我負一切責任。」

王躍生堅定的神情、謙和的態度、合情合理的談話，終於使雇主感覺到他發脾氣是沒有道理的。他完全平靜下來以後說：「好吧，按原計畫執行，希望你別出錯！」結果當然是王躍生沒有錯，按期交貨後，兩家公司繼續合作。

事後，王躍生說：「當那位雇主侮辱我，在我面前揮舞拳頭，罵我是外行時，我必須具備高度的自制力，絕對不能與他正面衝突。這樣做的結果很值得。要是我赤裸裸的直接說他錯了，兩人爭辯起來，很可能要打一場官司。那時的結果是：感情和友誼破裂，金錢受到損失。最終失去一位重要的雇主。在商業交往中，我深深相信，與顧客爭吵是划不來的。」

的確，做生意講求和氣生財，爭吵是毫無意義的。但人總有一個通病，不管有理沒理，當自己的意見被別人直接反駁時，內心總是不痛快，甚至會被激怒。事實上，用爭論的方法不能改變別人，而只會引起反感。所以，如果你不想樹立對立情緒，與人和諧相處，請記住：永遠避免和別人爭論。

凡事給人留餘地

有這樣一則寓言：

算盤對主人說：「我有 13 個檔，每根檔還有 3 個空缺，上邊缺了一個算

珠，下邊缺兩個算珠，共缺 39 個算珠。」主人說：「我給你補齊就是了。」結果珠子補齊了，可是算盤也不能使用了。

這個寓言故事說明了一個道理：當我們在處理問題時，要留下一點餘地轉圜的餘地，掌握「留下一點空白」這個處理問題的技巧。

有一句佛偈說：「凡是不可太盡。」在人際社交中，給人留下餘地就是給自己留下餘地。哲人說：「不要把痰吐在井裡，明天你口渴的時候，也要來井邊喝水的。」這就是要人們不要把事做絕，不要把話說滿，懂得結別人留點餘地。

留餘地就是不要把事情做絕，不要把事情做到極點，於情不偏激，於理不過頭。所謂：物極必反，否極泰來。做人，行不可至極處，至極則無路可走，言不可稱絕對，稱絕對則無理可言。現實生活中，給別人留有餘地就等於給自己留了餘地。

某次，一個商人看上一棟大樓並想在那裡開酒店，透過房地產仲介公司與樓房所有人交涉，後來經過市場調查發現，這裡的生意可能不會很好，所以這個商人就無意承租。想不到那棟大樓的業主，卻跑來跟這個商人說：「因為你，我才想把大樓租給你，你怎麼談到一半就放棄了呢？」

由於那棟大樓的業主在當地頗有勢力，所以無奈之下，這個商人只好承租了，結果不出所料，這家酒店因地點欠佳，開業後即虧損累累，於是這個商人向對方提出不再續租的要求。

這一次，大樓的業主說：「當初是你執意要租我才租給你，如果你不再續租，以後也沒有人會租了，所以你的要求我不答應。」這個商人告訴他，保證金、押金都不要，只想離開那個地方。對方略為思考後才點頭應允，不過要這個商人把店中的桌椅留下來給他，看來他好像有意接手經營這家酒店。

「好，我將桌椅留下來。」這個商人答應他並想結束談話，但他卻進一步要求這個商人幫他介紹一位經理管理酒店，這時這個商人生氣了，決定要給他一點教訓，於是他把連鎖店當中業績最差的三位經理送過去，而他們也向那人表示會努力工作。

事情當然不可能一切順利，果不其然，酒店開張後的第二個月，正值年底最忙碌之時，那個業主突然跑來對這個商人說：「不得了啦！我賠大了。」原來那三人雖然很盡忠職守，但工作能力卻非常差，情況就如同當初預期那般，不過這個商人告訴他，這只是按照他的意思介紹人給他，其餘一概不負責而拒絕了他的其他請求。

儘管這個商人也有損失，但大樓所有人的損失更大。其實如果一開始他滿足於自己所擁有某一程度的要求，這個商人就會心平氣和的幫他，結果彼此均能獲利。但他只想到自己且一心要把對手連根剷除，最後反使自己掉入泥淖中。

由此可見，無論做什麼事情，都要給對方留有餘地，不要為了一己之利，對別人咄咄相逼，如果迫使對方做出極端的反抗，事情的結果對彼此都沒有好處。

俗話說：遇事留一線，日後好想見。所以，無論是做人還是做事，都要學會留有餘地。話不可說滿，事不能做絕。留有餘地，才有足夠的轉圜的空間。做生意也是如此。留有餘地是一種智慧的展現。給別人留有餘地，別人才會去做出選擇的機會，而你自己的選擇面和發展空間也會更廣，最終獲得利益最大的是你。

在一條街上，有甲乙兩個賣蛋餅的人。甲和乙的客流量、蛋餅的品質相差不多，表面上看兩個人每天的生意都一樣。然而到晚上算帳的時候，乙總

比甲多出幾百元來，天天如此。為什麼會這樣呢？差別只在一句話。

見到有客人時，甲總是熱情打招呼，微笑服務，並問客人：「加不加雞蛋？」客人有的說加，有的說不加，大概各占一半。

而乙見到客人時，也是同樣微笑著熱情打招呼，並問客人：「加一個雞蛋，還是加兩個雞蛋？」

這樣的問話就增加了客人選擇的權利。一般情況下，愛吃雞蛋的就要求加兩個，不愛吃的就要求加一個。也有要求不加的，但是很少。這樣無形中乙就要比甲多賣出很多個雞蛋，營業額和利潤自然就會多一些。

差額的出現不是在客觀原因上的，而是由於兩個人的問話的方式不一樣，乙很注重客人自己選擇的權利，給客人的選擇留下了選擇的餘地。這樣自然形成了與甲的營業額的差異。可見，給人餘地留，給了人一份選擇的空間，自然會為自己贏得更有利的回報。

給別人留餘地，實質上也是給自己留餘地。斷盡別人的路徑，自己路徑亦危；敲碎別人的飯碗，自己飯碗也碎。不讓別人為難，不與自己為難，讓別人活得輕鬆，讓自己活得闊綽，這就是凡事不必過於追求圓滿的妙處，也是人際社交中的大智慧。

給他人留足面子

大多人歷來十分看重自己的面子。所謂：人要臉，樹要皮。面子是一個人的尊嚴，很多人利益可以失去，但面子不能失去。面子問題是頭等大事，因此在，我們要學會為他人保留面子。

在美國經濟大蕭條時期，有位 17 歲的女孩好不容易才找到一份在高級珠寶店當售貨員的工作。在耶誕節前一天，店裡來了一個 30 歲左右的貧民顧

客，他衣著破舊，滿臉哀愁，用一種不可企及的目光，盯著那些高級首飾。

女孩要去接電話，一不小心把一個碟子碰翻，六枚精美絕倫的鑽石戒指落在地上。她慌忙撿起其中的五枚，但第六枚怎麼也找不著。這時，她看到那個 30 歲左右的男子正向門口走去，頓時意識到戒指被他拿去了。當男子將要觸及門把時，她柔聲叫道：

「對不起，先生！」

那男子轉過身來，兩人相視無言，足有幾十秒。

「什麼事？」男人問，臉上的肌肉在抽搐，再次問：「什麼事？」

「先生，這是我頭一回工作，現在找個工作很難，想必您也深有體會，是不是？」女孩神色黯然的說。

男子久久的審視著她，終於一絲微笑浮現在他臉上。他說：「是的，確實如此。但是我能肯定，你在這裡會做得不錯。我可以為您祝福嗎？」他向前一步，把手伸給女孩，那枚鑽石戒指就在他的手上。

「謝謝您的祝福。」女孩立刻也伸出手，戒指戴在了她的手指上。女孩用十分柔和的聲音說，「我也祝您好運！」

故事中的這個小女孩是睿智的，她很會照顧對方的尊嚴及面子，沒有開門見山的要回戒指，而是委婉的指出了男子的錯誤，先說出自己的難處，找工作不容易，讓男子認識到自己的錯誤，進而主動交還戒指。那男子也很珍惜沒有出醜丟臉的時機，非常體面的改正了自己的錯誤。

你希望別人怎樣對待你，你就應該怎樣對待別人。尊敬別人，給別人面子，其實也是給自己留下了餘地。做生意也是如此。

做生意最講求和氣生財；經商講究路子通廣。如果你處處不給人留面子，別人就會對你心存怨恨，也不會顧及你的情面，和你找麻煩。相反，如果你

給了別人面子，讓別人的虛榮心得到了滿足，別人也會如法炮製，心照不宣的給你面子。這種情形在圓滑而機智的生意場上最為常見，這也是為什麼那些成功商人隨時隨地都會受歡迎的原因。

詹姆斯是華盛頓一家木材公司的推銷員，他多年與那些冷酷無情的木材審查員打交道，常常發生口舌，雖然最後的結果往往是他贏，但公司卻總是賠錢。為此，他改變策略，不再和別人發生口角。結果呢？下面是他講的一段經歷：

有天早上，他辦公室的電話鈴響了，一個人急躁不安的在電話裡通知他說，詹姆斯給他的工廠運去的一車木材都不合格，他們已停止卸貨，要求詹姆斯立即把貨從他們的貨場運回去。原來在木材卸下四分之一時，他們的木材審察員報告說這批木材低於標準 50%，鑑於這種情況，他們拒絕接受木材。詹姆斯立刻動身向那家工廠趕去，一路上想著怎樣才能最妥當的應付這種局面。通常，在這情況下他一定會找來判別木材等級的標準規格據理力爭，根據自己作了多年木材審察員的經驗與知識，力圖使對方相信這些木材達到了標準，錯的是對方。然而這次他決定改變做法，打算用新學會的「說話」原則去處理問題。

詹姆斯趕到場地，看見對方的採購員和審察員一副揶揄神態，擺開架勢準備吵架。詹姆斯陪他們一起走到卸了一部分的貨車旁，詢問他們是否可以繼續卸貨，這樣詹姆斯可以看一下情況到底怎樣。詹姆斯還讓審察員像剛才那樣把要退的木材堆在一邊，把好的堆在另一邊。

看了一會兒詹姆斯就發現，對方審察得過度嚴格，判錯了標準。因為這種木材是白松。而審察員對硬木很內行，卻不懂白松木。白松木恰好是詹姆斯的專長。不過詹姆斯一點也沒有表示反對他的木材分類方式。詹姆斯一邊

觀察，一邊問幾個問題。詹姆斯提問時顯得非常友好、合作，並告訴他說他們完全有權把不合格的木材挑出來。這樣一來審察員變得熱情起來，他們之間的緊張開始消除。漸漸的把審察員整個態度變了，他終於承認自己對白松毫無經驗，開始對每一塊木料重新審察並虛心徵求詹姆斯的看法。結果是他們接受了全部木材，詹姆斯拿到了全額的支票。

故事中的詹姆斯沒有揭穿對方審查員不懂白松木的事實，給對方留了面子，消除了緊張的關係，最終達成了生意。

事實上，無論你採取什麼樣的方式指出別人的錯誤，即使是一個藐視的眼神，一種不滿的腔調，一個不耐煩的手勢，都可能讓別人覺得沒面子，從而帶來難堪的後果。不要想著對方會同意你所指出的錯誤，因為你否定了他的智慧和判斷力，打擊了他的榮耀和自尊心，同時還傷害了你們的感情，他非但不會改變自己的看法還會進行反擊。所以，在給別人指出錯誤的時候要委婉，講究方式，給別人留個面子，這樣會更容易讓別人接納。

給他人留面子是一種社交技巧，是人們在多年交往總結出的一種經驗，所以你要懂得給人面子，你給人面子那麼就是給人一份厚禮。如果有朝一日你求他做事，那麼他自然要「給回面子」，即使他感到為難或感到不是很願意的話。這便是通曉人情世故的全部精義所在。只有把別人的面子顧及到了，我們才能在這個社會中如魚得水的生存。

不要議論別人的是非

俗話說：「打人不打臉，揭人不揭短。」在人際社交中，如果你想與他人友好相處，就要盡量體諒他人，維護他人的自尊，避開言語「雷區」，千萬不要戳人痛處。

但是，有些人卻管不住自己的嘴巴，動不動就拿別人的隱私、過失、缺陷等作為樂趣和笑話，揭別人的短處來換取笑聲、尋開心。結果，不但傷了他人的自尊心，給被談論者帶來苦惱和怨恨，嚴重影響人際關係的發展。

某茶館老闆的妻子結婚兩個月，就生了一個小孩，鄰居們趕來祝賀。老闆的一個要好的朋友吉米也來了。他拿來了自己的禮物 —— 紙和鉛筆，老闆謝過了他，並且問：

「尊敬的吉米先生，給這麼小的孩子贈送紙和筆，不太早了嗎？」

「不」，吉米說，「您的小孩太性急。本該九個月後才出生，可是他偏偏兩個月就出世了，再過五個月，他肯定會去上學，所以我才給準備了紙和筆。」

吉米的話剛說完，全場轟然大笑，令茶館老闆夫婦無地自容。

調侃他人的隱私是不對的，上例中吉米明顯道出了茶館老闆妻子未婚先孕的隱私，這樣令大家都處於尷尬的局面。

每個人都有自己的祕密，都有一些壓在心裡不願為人知的事情。在與人閒聊調侃中，哪怕感情再好，也不要去揭別人的短處，把別人的隱私公布於眾，更不能拿來當作笑料。如果不分場合、對象、環境和談話內容，毫無選擇、毫無顧忌的說別人的隱私或追問別人的隱私，都是很不理智的行為，同時也會造成別人的反感。

李藹鑫是一個聰明的人，很討人喜歡，她之所以有很好的人緣，是因為自己懂得裝聾作啞，而且有一張能夠守口如瓶的嘴。同事們都愛跟她聊天，都不會擔心聊過之後，她會洩漏什麼天機。這樣的傾聽者再讓人舒服不過了。

一次偶然的機會，李藹鑫發現了一個祕密：已婚的老闆居然跟祕書有

地下情。

那天，李藹鑫是約好朋友王麗芬在餐廳吃晚餐。當她們坐下不久，王麗芬發現李藹鑫的目光注視了一會剛進門的一對男女，然後刻意的想要躲避他們。王麗芬仔細看，卻發現，那是李藹鑫的老闆和一個年輕的女孩，女孩表現出很羞澀的樣子，絕對不會是他的妻子。

王麗芬對李藹鑫說，那不是你的老闆嗎？要不要過去跟他打個招呼？「噓！別說話！」她按住王麗芬的手，小聲對她說，「我們還是換個地方吃飯吧！」很顯然，她不想讓老闆知道她看到了這一幕。

兩個人悄悄的溜出餐館，把更大的空間留給了她的老闆和他的情人。

那天，王麗芬知道了，李藹鑫為什麼會討人喜歡，因為她知道，哪些事情她應該感興趣，哪些事情，她不應該感興趣。

距離產生美，如果你想與人融洽相處，你就要多給別人一些空間，克制住自己想知道的欲望，不要過於關心別人的隱私。

有句俗話「病從口入，禍從口出」，許多是非往往是我們多嘴多舌造成的。翻人家的汙點，觸及人家的短處，不管是有意還是無意，對己對人都是不利的，我們在交際時應該多注意，不揭別人的短處。

1. 不說別人的隱私

每個人都有自己的隱私，都不希望被他人觸及，不管這個「他人」同自己關係多麼親密。

王小莉和李豔心是一對形影不離的好朋友，兩人私底下無話不談。在一次同學聚會上，王小莉一時興起，嘴上像少了個門把的，笑著對大家講了李豔心暗戀班上某男生的事，而那位男生已經有了女朋友，而且當時也都在

場，一時間，弄得李豔心很尷尬，下不了臺，氣得哭著跑開了。

心理學研究表明：誰都不願意將自己的短處或隱私在大眾面前「曝光」，一旦被人曝光，就會感到難堪而惱怒。因此，在與人交往中，如果不是為了某種特殊需要，一般都應盡量避免接觸這些敏感區，以免讓人出醜。對於別人的一些短處或隱私，最好的辦法就是裝聾作啞，不去打聽和追究。

2. 不說傷人自尊的話

自尊心是人知廉恥的基礎。如果你認為自己的面子重要，自己的自尊不容輕易侵犯，那就請你說話的時候同樣重視和顧及別人的面子和自尊。

某科研部門的老張利用休息時間進行了一次軟體更新，結果人熬瘦了也沒成功。面臨失敗，他感到非常沮喪。這時，同事老胡走過來，拍拍他的肩膀安慰道：「看你的眼睛都熬紅了，算了吧！這樣沒個收穫的做下去，還不如在家休息呢。」這話初聽起來挺像安慰老張的，可是細細品味，總讓人感覺不是滋味。

人人都有自尊心，人人都有好勝心。若要聯絡感情，應處處重視對方的自尊心，不說傷人的話，特別是傷人自尊心的話。

3. 不說別人忌諱的事

每一個人都有自尊，即使是喜歡開玩笑的人，也很不願意別人拿他的忌諱說事。

小方被男朋友欺騙後，發現自己懷孕了。最近她做了人工流產手術後，身體虛弱，情緒也很低落，身體也消瘦下來了。隔壁的阿姨知道了後就對她

說：「你老是這樣下去可不行啊，當心再瘦臉都沒有了。」

「臉都沒有了？」這話是什麼意思啊？女孩雖然不好開口問，但心裡很不高興，因為她忌諱別人說自己未婚先孕。

實際上，這位阿姨完全是處於關心小方才說的安慰話，然而卻犯了女孩的忌諱，不僅沒能安慰她，反而還加重了她的負擔。

朋友之間要保持適當的距離

朋友之間，需要保持一定的距離。無論是怎麼樣的朋友，無論關係多麼密切，距離都是非常重要的。莫洛亞曾說過：「朋友間保持適當的距離，能給雙方美化昇華的機會。」所以，如果希望友誼長久而穩定，你就要把握好交往的分寸。過於親密或者過於疏離都不利於長久的保持友誼。

有這樣一個寓言故事：

在冬天來臨時，森林中有十隻刺蝟凍得直發抖。為了取暖，牠們只好緊緊的靠在一起，卻因為忍受不了彼此的長刺，很快就各自跑開了。

可是天氣實在太冷了，牠們又想要靠在一起取暖，然而靠在一起時的刺使他們又不得不再分開。

反反覆覆的分了又聚，聚了又分，刺蝟們不斷在受凍與受刺兩件痛苦之間掙扎。最後，刺蝟們終於找出一個適中的距離，即可以相互取暖又不至於被彼此刺傷。

人與人之間的關係就像兩隻刺蝟相處一樣，靠得太近則相互受傷，離得過遠則覺得寂寞。只有保持適當的距離，才能彼此得到對方的溫暖，而又不會因為近而傷害對方。因此，不妨多學一點刺蝟的相處哲學，或許你就能與

朋友相處的更好。

　　所謂「保持距離」，簡單的說，就是不要過於親密，一天到晚形影不離。也就是說，心靈應貼近，但形體應該保持距離。如此一來，能使雙方產生一種「禮」，有了這種「禮」，就會相互尊重，避免碰撞而產生傷害。

　　張雨芳把劉豔君看成比一日三餐還重要的朋友，兩人同在一個合資公司做公關小姐，由於勞動紀律非常嚴格，交談機會很少。但她們總能找到閒置時間聊上幾句。

　　下班回到家，張雨芳的第一個任務就是給劉豔君打電話，一聊起來能到飯不吃覺不睡的地步。

　　星期天，張雨芳總有理由把劉豔君叫出來，陪她去逛街、購物、吃飯。劉豔君每次也能勉強同意。張雨芳可不在乎這些，每次都興高采烈，不玩一整天是不回家的。

　　劉豔君是個有心機的女孩，她想在事業上有所發展，就利用業餘時間學習電腦技能。星期天，劉豔君剛背起書包要出門，張雨芳打來電話要她陪自己去商場買衣服，劉豔君解釋了大半天，張雨芳才同意劉豔君去上電腦課。可是劉豔君趕到培訓班，已遲到了 15 分鐘，劉豔君心裡不大痛快。

　　第二個星期天，張雨芳說有人幫她介紹了個男朋友，逼著劉豔君一起去看看，劉豔君說：「不行，我得去上課。」張雨芳怕劉豔君偷偷溜走，一大早就趕到劉豔君家死纏爛打，劉豔君沒上成電腦課，最終張雨芳的男朋友也告吹了。劉豔君鄭重聲明，以後星期天要上課，不再參加張雨芳的各種活動。

　　張雨芳一如既往，滿不在乎，她認為好朋友就應該天天在一起。有時星期天照樣來找，劉豔君為此躲到親戚家去住。這下張雨芳可不高興了，她認為劉豔君是有意疏遠她。張雨芳說：「我很傷心，她是我生活中最重要的人，

可是她一點也覺察不到。」

張雨芳的錯誤在於，首先是她沒有覺察到朋友的感覺和想法，過密的交往幾乎剝奪了劉豔君的自由，使劉豔君的心情煩躁，不能合理的安排自己的生活。所以說，再好的朋友也需要保持一定的距離，給彼此留有一些空間，有時太過親近，不小心失了分寸，就會造成彼此的緊張和傷害。所以說，距離是一種美，也是一種保護。朋友之間應該隨時保持距離，這樣做不僅僅是為了自身，更是為了友誼的長久。

小王是一家公司的業務經理，在一次聚會上，偶與另一家公司的業務員相遇，兩人很投緣，話也越說越投機，大有相見恨晚之感。小王把對方當成了自己的貼心朋友，結果在耳熱酒酣之後，把自己公司將要發展的業務計畫說了出來。一個月後，當小王的公司把新的業務計畫投入實際運作時，卻被客戶告知別的公司已經在做了，並簽了合約。作為與老闆共同計畫機密的小王，自然被上司罵一番，並罰俸降職，永不重用了。小王沒想到把對方當成朋友，對方反而害了他。

可見，好友親密要有度，切不可因關係密切而無所顧忌。正如一句古話「見面只說三分話，未可全拋一片心。」所以，什麼話該說，什麼話不該說，你心裡要有數，不能什麼都隨便亂說。所謂隨便亂說，是指不區分事情的內容，不區分說話對象，見人就說，想說就說。換句話說，如果你覺得有些事必須要說，一定要想想：這件事能對他講嗎？之所以建議你如此謹慎，是因為人最容易在自己最好最親密的朋友身上吃虧的，上面的事例就是一個很好的證明。儘管這種情形不一定會發生，但你必須提防。

朋友之間保持一定的距離，為的是使自己的友誼之花開得更長久，如果你有了自己的「好朋友」，與其因為太接近而彼此傷害，不如適度保持距

離，以免碰撞，而且還能增進對方的感情。所以，保持一定距離就是給自己留出一個空間，也給對方留出一個空間，每個人都有了自己的空間才會和諧相處。

不要炫耀自己的得意

生活中，不少人人總喜歡在他人面前炫耀自己的得意之事，總以為這樣就會讓自己有優越感，讓自己的臉上有光，別人也會高看自己，甚至是敬佩自己，這是個淺薄的認識。殊不知，別人並不願意聽你的得意之事，自我炫耀效果反而適得其反。因為你的得意襯托出別人的失意，甚至會讓對方認為你炫耀自己的得意之事便是嘲笑他的無能，讓他產生一種被比下去的感覺，特別是失意的人，你在他面前炫耀自己的得意之事，他會更惱火，甚至討厭你。

一天，李大偉約了幾個朋友到家裡吃飯，這些朋友彼此都是熟悉的，李大偉把他們聚攏來主要是想借著熱鬧的氣氛，讓一位目前正陷入低潮的朋友陶其木心情好一些。

陶其木不久前因經營不善，關閉了一家公司，妻子也因為不堪生活的壓力，正與他談離婚的事，內外交迫，他實在痛苦極了。來吃飯的朋友都知道陶其木目前的遭遇，大家都避免去談與事業有關的事，可是其中一位叫張冠勳的朋友因為賺了很多錢，幾杯酒下肚，忍不住就開始談他的賺錢本領和花錢功夫，那種得意的神情，連主人看了都有些不舒服。

陶其木低頭不語，臉色非常難看，一會兒上廁所，一會兒去洗臉，後來他猛喝了一杯酒，趁早離開了。李大偉送他出去，在巷口，他憤憤的說：「張冠勳會賺錢也不必那麼神氣的炫耀啊！」

　　李大偉了解他的心情，因為多年前他也遇過低潮，正風光的親戚在他面前炫耀自己的薪水、年終獎金，那種感受，就如同把針一支支插在心上一般，說有多難受就有多難受。

　　有句這樣的格言：流星一旦在燦爛的星空開始炫耀自己光亮的時候，也就結束了自己的一切。所以，不要在別人面前炫耀你的得意，沒人願意聽這樣的消息，如果正好有生活不順的朋友在場，你的炫耀更是雪上加霜。即使大家的心情都很好，如果你只顧炫耀自己的得意事，而不給別人談論的機會，也會招人反感。懂人情世故的人會將自己的得意放在心裡，而不是放在嘴上，更不會把它當作炫耀的資本。所以，當你和朋友交談時，最好多談他關心和得意的事，這樣可以贏得對方的好感和認同，從而加深你們之間的感情。

　　郭志同剛調到人事局的那段日子裡，幾乎連一個朋友也沒有，他自己也搞不清是什麼原因。原來，郭志同認為自己正春風得意，對自己的機遇和才能滿意得不得了，幾乎每天都向同事們炫耀他在工作中的成績，炫耀每天有多少人找他請求幫忙，那個幾乎說不出名字的人昨天又硬是給他送了禮等等的「得意事」，同事們聽了之後不僅沒有人分享他的「得意」，而且還對他有些討厭。後來，還是郭志同當了多年主管的老父親一語點破，他才意識到自己的問題在哪裡。從此，他很少在同事朋友面前炫耀自己的得意之事。後來，每當他有時間與同事閒聊的時候，他總是讓對方滔滔不絕的把他們的得意炫耀出來，與其分享，久而久之，他的同事們都成了他的好朋友。

　　可見，讓別人說出自己的得意是維護友誼的最好方式，而自己炫耀自己的得意則是會令人敬而遠之。法國哲學家羅西法古有句名言：「如果你要得到仇人，就表現得比你的朋友優越吧；如果你要得到朋友，就讓你的朋友表現

得比你優越。」每個人都非常重視自己，喜歡談論自己，如果你讓別人談出自己的得意，或由你去說出他的得意，他肯定會對你有好感，肯定會與你成為好朋友的。所以，在別人面前應該多一點謙虛，少一點炫耀。多讓他人表現自己的得意是做人的一大智慧，如果你能做到這點，你就能贏得更多的好感，成為一個受歡迎的人。

真誠待人，你會贏得更多的幫助

何謂真誠？真誠就是真實、誠懇、實事求是，沒有一點虛假。如果一個人擁有了真誠的品格，他就會交很多的知心朋友，他的路也會越走越寬。

真誠是人與人之間溝通的橋梁，只有以誠相待，才能使交往雙方建立信任感，並結成深厚的友誼。有一位翻譯家、教育家傅先生曾說過：「一個人只要真誠，總能打動人的，即使人家一時不了解，日後也會了解的……我一生做事，總是第一坦白，第二坦白，第三還是坦白。繞圈子，躲躲閃閃，反而叫人疑心；你要手段，倒不如光明正大，實話實說，只要態度誠懇、謙卑、恭敬，無論如何人家不會對你怎麼樣的。」

真誠是為人的根本。那些取得巨大成功的人都有許多共同的特點，其中之一就是為人真誠。如果你是一個真誠的人，人們就會了解你、相信你，不論在什麼情況下，人們都知道你不會掩飾、不會推託，都樂於和你接近，因此也就容易獲得好人緣。

中鋼公司創辦初期，總裁趙耀東四處尋訪人才，把赫赫有名的建廠、建港、採購、貸款、管理等方面的各路人才都攬到自己的麾下，從而使該公司發展迅速，事業蒸蒸日上。在趙耀東誠聘名單裡，排名第一的就是財經界「四怪」之一、脾氣又臭又壞的建廠高手劉曾適。劉曾適雖然脾氣暴劣，

但頭腦冷靜，思維縝密，素有「劉電腦」之稱。當時，「劉電腦」在基隆和平島臺船公司任協理，為了將他爭取到手，趙耀東八顧基隆沒有結果，仍不死心，到第九次，「劉電腦」終於心軟，應承這位鍥而不捨、真誠的趙老闆。再如，趙耀東網羅財經奇才陳世昌的辦法為世人稱道。陳世昌有「財來自有方」的能力，他借錢的本事被趙耀東稱為世界第一。可是，當邀請陳世昌出任中鋼財務顧問時卻被拒絕，一請二請不奏效，趙耀東乾脆就跪在這個奇才的面前。陳世昌大驚，慌忙下跪還禮。趙說：「你不肯應承，我就不起來。」陳說：「何必強我所難。」如此對跪了整整 15 分鐘，這兩位年已近花甲的老人，終於握手大笑而起，陳世昌被趙耀東的真誠所打動，應允出山相助。

真誠待人是與人交往的根本。對人真誠，別人也會真誠待你；你敬人一尺，別人自會敬你一丈。交往中，以誠待人是處世的大智慧。只有以誠待人，才能在感情上引起共鳴，才能相互理解、接納，並使關係進一步鞏固和發展，從而獲得他人的更多幫助。

菲力斯東是美國燧石橡膠公司的創始人。公司剛成立時，設備十分簡陋，只有屈指可數的幾個工人，而且研發工作進展得很不順利。一天，在一家酒店裡，菲力斯東遇到了一個落魄的發明家羅唐納。此人曾取得新式橡膠輪胎的發明專利權，並拿著設計圖樣和專利證書去找正在開發新產品的橡膠鉅子史道夫。

羅唐納本以為能高價賣出自己的專利或得到史道夫合作生產的認可，沒想到，他得到的只是一個侮辱。史道夫輕蔑的看了一下他的圖樣，然後扔在地上，說：「你是個騙子，隨便找來一些小孩子都可以弄的玩意來騙我的錢！」羅唐納氣得眼淚都出來了，他為了證明自己不是騙子，拿出了專利證書。史道夫不屑一顧的瞥了一眼專利證書，揉搓幾下又塞進羅唐納的口袋

裡，說這是嚇唬土包子的，審查專利的都是些外行。

羅唐納遭到這樣的汙辱，內心很受打擊，發誓今後再也不做發明，整天以酒澆愁，窮困潦倒。菲力斯東聽說羅唐納有一個發明專利，頓時興起合作的念頭，忙上前與他攀談。誰知羅唐納只是冷冷的瞥了他一眼，根本不理睬。因為羅唐納所受的那次差辱被人們當成笑談，使他的性格變得更孤僻，對任何人都不敢信任。

菲力斯東不願放過這個機會，第二天專程到羅唐納家拜訪，卻被拒之門外。

菲力斯東想，一個有才能的人在受到打擊之後變得孤傲、冷漠，不是很自然的事嗎？那麼，自己一定要用誠意打消他的疑心。於是，他蹲在羅唐納門外，耐心的等待羅唐納回心轉意。他不吃不喝，整整等了一天，又餓又累，幾乎支撐不住了。

到了下午 6 點多鐘，羅唐納終於出來了。菲力斯東大喜過望，驀地站起來，正要迎上前去，突然眼前一黑，險些栽倒在地，幸好羅唐納趕上前把他攙扶住了。

羅唐納終於被他的誠意所感動，決定幫助他大幹一場。後來，菲力斯東運用羅唐納的發明，製造了蓄氣量大且不易脫落的橡膠輪胎。產品上市後，受到廣泛的歡迎。憑藉這一基礎，燧石橡膠輪胎公司迅速發展壯大，成為美國最大的輪胎公司之一。

由此可見，真誠是打動人心的最好方式。沒有人不喜歡真誠，真誠是生活中的通行證，有了這張通行證，我們就會在生活中暢通無阻，一帆風順。

戴爾‧卡內基曾說過：「隨時真誠的去關心別人，你在兩個月內所交到的朋友，遠比只想別人來關心他的人，在兩年內所交的朋友還多。」一個從來

不真誠關心別人的人，一生必定遭受層層的阻礙，即損人又害己，註定是個失敗者。所以，如果你想要讓新結識的人喜歡你，願意多了解你，誠懇老實是最可靠的辦法，是你能夠使出的「最大的力量」。

一個風雨交加的夜晚，一對老夫婦走進一間旅館的大廳，想要住宿一晚。

無奈飯店的夜班服務生說：「十分抱歉，今天的房間已經被早上來開會的團體訂滿了。若是在平常，我會送二位到附近有空房的旅館，可是我無法想像你們再一次的置身於風雨中，你們何不待在我的房間呢？它雖然不是豪華的套房，但還是蠻乾淨的，因為我必須值班，我可以待在辦公室休息。」

這位年輕人很真誠的提出這個建議。

老夫婦大方的接受了他的建議，並對造成服務生的不便致歉。

第二天雨過天晴，老先生要前去結帳時，櫃檯仍是昨晚的這位服務生，這位服務生依然親切的表示：「昨天您住的房間並不是飯店的客房，所以我們不會收您的錢，也希望您與夫人昨晚睡得安穩！」

老先生點頭稱讚：「你是每個旅館老闆夢寐以求的員工，或許改天我可以幫你蓋棟旅館。」

幾年後，他收到一位先生寄來的掛號信，信中說了那個風雨夜晚所發生的事，另外還附一張邀請函和一張紐約的來回機票，邀請他到紐約一遊。

在抵達曼哈頓幾天後，服務生在第 5 街及 34 街的路口遇到了當年那對老夫婦，這個路口正轟立著一棟華麗的新大樓，老先生說：「這是我為你蓋的旅館，希望你來為我經營，記得嗎？」

這位服務生驚奇莫名，說話突然變得結結巴巴：「你是不是有什麼條件？你為什麼選擇我呢？你到底是誰？」

「我叫做威廉・阿斯特，我沒有任何條件，我說過，你正是我夢寐以求的員工。」

就這樣，這家飯店在 1931 年開張，這所旅館就是紐約最知名的 Waldorf 華爾道夫飯店，是紐約極致尊榮的地位象徵，也是各國的高層政要造訪紐約下榻的首選。

是什麼改變了這位服務生的生涯命運？毋庸置疑的是他真誠待人的態度，假如他不真誠，如果當天晚上他不那麼做的話，那麼結局就另當別論了。這就是用真誠換來機遇的故事。

真誠是人與人之間交往的開端，是開啟別人心門的金鑰匙。生活中，如果你讓別人感受到你的真誠，別人就會對你少些戒備，多些好感。只有真誠友好的待人，你才會擁有好人緣。

滿足他人渴望被讚賞的心態

清朝出現過一部《一笑》的書，裡面記載了這樣一則笑話：

古時有一個說客，當眾誇口說：「小人雖不才，但極能奉承。平生有一願，要將一千頂高帽子戴給我最先遇到的一千個人，現在已送出了 999 頂，只剩下最後一頂了。」一長者聽後搖頭說道：「我偏不信，你那最後一頂用什麼方法也戴不到我的頭上。」說客一聽，忙拱手道：「先生說的極是，不才從南到北，闖了大半輩子，但像先生這樣秉性剛直、不喜奉承的人，委實沒有！」長者頓時手持鬍鬚，洋洋自得的說：「你真算得上是了解我的人啊！」聽了這話，那位說客立即哈哈大笑：「恭喜恭喜，我這最後一頂帽子剛剛送給先生你了。」

這只是一則笑話，但它卻有深刻的寓意。其中除了那位說客的機智外，

更包含了人們無法拒絕讚美之辭的道理。之所以如此，最主要的原因便在於讚美他人能滿足他們的自我。如果你能以誠摯的敬意和真心實意的讚揚滿足一個人的自我，那麼任何一個人都可能會變得更令人愉快、更通情達理、更樂於協力合作。

樂於聽美言是人類的一種天性。生活中，每一個人都希望得到別人的讚美，讚美能激發人的自豪感和成就感，營造美好的心境，促生進取的動力。而讚美者在讚美、鼓勵別人的同時，也會改善自己與周圍的關係，豐富自己的生存智慧。

有一位銷售人員去拜訪一個新顧客，主人剛把門打開，一隻活潑可愛的小狗就從主人腳邊鑽了出來，好奇的打量著他。銷售人員見此情景決定馬上改變原已設計的銷售語言，他裝著驚喜的說：「喲，多可愛的小狗！是外國的狗吧？」

主人自豪的說：「對呀！」

銷售人員又說：「真漂亮，鬃毛都收拾得整整齊齊的，您一定天天梳洗吧！真不容易啊！」

主人很愉快的說：「是啊！是不容易的，不過牠很惹人喜歡。」

銷售人員就這條狗展開了話題，然後又巧妙的將話引到他的真正意圖上。待主人醒悟過來時，已不好意思再將他掃地出門了。

真誠的讚美別人，這是令人「開心」的特效藥。發自內心的讚美可以讓我們快速的獲得陌生人的好感，同時也可能會給你帶來意想不到的幫助。

莎士比亞曾經說過這樣的一句話：「讚美是照在人心靈上的陽光，沒有陽光，我們就不能生長。」心理學家威廉姆·傑爾士也說過這樣的一句話：「人性最深切的要求就是渴望別人的欣賞。」在人與人的交往中，適當的讚美對

方，會增強這種和諧、溫暖和美好的感情。你存在的價值也就被肯定，使你得到一種成就感。

　　讚美是成功人際社交的一種重要能力，人們會因此而喜歡你，而你自己也會因此而受益無窮。俗話說「良言一句三冬暖」，人一旦被認定其價值時，總會喜不自勝，在此基礎上，你再提出自己的請求，對方自然就會爽快的答應下來。心理學家證實：心理上的親和，是別人接受你意見的開始，也是轉變態度的開始。由此可知，求助者要想在求人做事過程中取得成功，一個行之有效的方法就是給予其真誠的讚美。讚美別人是一種有效的情感投資，而且投入少，回報大，是一種非常符合經濟原則的行為方式。

　　有一個年輕人應邀去參加一個盛大的舞會，可是年輕人卻顯得心事重重。一位年長的女士邀請他共舞一曲，隨著歡快的舞曲，年輕人也變得開朗起來。

　　一曲結束，年輕人對年長的女士給予由衷的讚美。對她的舞技大加讚賞。年長的女士聽到有人這麼欣賞她的長處，顯得很開心。出於好奇，女士忍不住詢問年輕人剛開始時，為何愁眉不展。

　　年輕人講出了緣由，原來年輕人是一家運輸公司的老闆，可是由於自然災害的原因，他的公司遭受了很大的損失，已經接近破產的邊緣。年輕人已經沒有多餘的資金維持公司的周轉了，即使想翻身也沒有機會。

　　事有湊巧，年長女士的丈夫是當地一家大銀行的行長，女士很爽快的把年輕人介紹給了她的丈夫，她的丈夫隨即找人對年輕人的公司進行了分析和調查，給他貸款 500 萬，幫助年輕人度過了難關，解了燃眉之急。

　　可見，真誠的讚美往往會迅速縮短人與人之間的心理距離，從而達成有效溝通的目的。鼓勵和讚美他人，使他人有一種滿足感，把他當作你的知心

朋友，這對交往來說，有不可估量的作用。所以，在人際社交中，我們要善於發現別人身上的優點，恰到好處的讚揚別人。

說話做事要投其所好

有一次，美國大思想家愛默生與獨生子欲將牛牽回牛棚，兩人一前一後使盡所有力氣，怎麼樣牛也不進去。家中女傭見兩個大男人滿頭大汗，徒勞無功，於是便上前幫忙。她僅拿了一些草讓牛悠閒的嚼食，並一路餵牠，很順利就將牛引進了欄裡，剩下兩個大男人在那裡目瞪口呆。

牛不走路怎麼辦？投其所好，給牛吃點草，讓牠高興了，牠自然也會聽你的話，跟你走；反其所好，牛不願意走，你非要拉牠走，只會招來不必要的麻煩。同樣的道理，在人際社交中，說話做事投其所好，你也會心想事成。

打動人心的最佳方式，是跟對方談論其最感興趣的、最珍愛的事物，即投其所好。無論是人際社交還是做生意，投其所好是最好的捷徑。如果你這樣做了，成功就會離你越來越近。

王富強是一家房地產公司的董事長，在創業之初，由於人們對私營企業的偏見，他們的發展遇到很大的困難，各種批文很難拿到，嚴重拖延了公司的發展。他在郵件中說：

「在多次拜訪局長失敗後，我想再這樣做，我將永遠失敗，在經過反覆思考後，我想我應該找出對方喜歡的東西，來一個『投其所好』。」

「一天，我又到局長那裡拜訪。這一次，我學會了觀察，我有了新的發現——局長辦公座位上方有一幅巨大合影。上面，局長和余秋雨先生坐在沙發上開心的笑著。於是我對他說：『局長，我一直想請余秋雨先生幫我簽個名，

但從未如願，我聽說，您跟余先生關係非常好，您怎麼會跟他那麼好呢？』這一問有立竿見影的效果，局長的臉色馬上變亮了。」

「這也沒有什麼了，我本人很喜歡文學，很多年前，余秋雨還沒有成名前，我們就是朋友……」。

關於這個話題，他們談了足足兩個小時，離開時，王富強帶著已批過的申請報告和局長對他工作更多支援的承諾。

現在，局長早已離休了，但他們仍然是很好的朋友。

由此可見，投其所好，談論別人感興趣的話題，常常可以把兩個人的情感緊緊的連在一起，而且還能打破僵局，縮短交往距離。這是社交的良策，也是談生意的祕訣。

王大征是一個批發海鮮產品的老闆，他一直試著把自己的海鮮賣給一家大酒樓。一連半年，他每天都要打電話給該酒樓的經理，甚至還經常去該酒樓吃飯消費，以便成交這筆生意。但是他都失敗了。

王大征說：「在研究過這位酒店經理為人處世之後，我決定改變策略。我決定要找出那個人最感興趣的是什麼 —— 他所熱衷的是什麼。」

「我發現他是一個叫做『狂飆』的越野吉普車協會的一員。他不只是該協會的一員，由於他熱忱，還被選為主席。不論會議在什麼地方舉行，他一定會出席，即使他必須跋涉千山萬水。」

「因此，這次我見到他的時候，我開始談論他的那個組織。我看到的反應真令人吃驚。多麼不同的反應！他跟我談了半個小時，都是有關他的組織的，語調充滿熱忱。我可以輕易的看出來，那個組織是他的興趣所在，他的生命火焰。在我離開他的辦公室之前，他『賣』了他組織的一張會員證給我。」

「雖然我一點也沒提到麵包的事，但是幾天之後，他酒樓的大廚師見到我的時候說，『但你真的把他說動了！』」

「想想看吧！我纏了那個人半年多 —— 一心想得到他的生意 —— 如果我不是最後用心去找出他的興趣所在，了解到他喜歡談的是什麼話，那我至今仍然只能纏著他。」

懂得投其所好，就能談成生意。這是王大征成功的心得。所以說，如果你要使人喜歡你、對你產生興趣，你必須投其所好，談論別人感興趣的話題。

古人說：「話不投機半句多」。只要抓住了對方的興趣，投其所好，不僅不會「半句多」，而且會千句萬句也嫌少，越談越投機，越談越相好。所以說，說話做事的訣竅就是：談論他人最感興趣的話題。每個人都有自己感興趣的事物或話題，你不妨找到他的興趣點，積極主動的為他人送上「一頓美味大餐」，這樣你就能達成所願。

幽默是交際的催化劑

在人際社交中，幽默是心靈與心靈之間快樂的天使，擁有幽默就擁有愛和友誼，凡具有幽默感的人，所到之處，皆是一片歡樂和融洽的氣氛。

一個人的幽默可以讓大家都得到快樂，也可以使自己得到很多的讚賞。因為你幽默，別人才會接近你，因為他們覺得你是一個平易近人的人，所以，學會幽默也是一個人善於交際的手段。

美國作家馬克·吐溫就是一個機智幽默的人。有一次他去某小城，臨行前別人告訴他，那裡的蚊子特別厲害。到了那個小城，正當他在旅館登記房間時，一隻蚊子正好在馬克·吐溫眼前盤旋，這使得職員不勝尷尬。馬克·

吐溫卻滿不在乎的對職員說：「貴地蚊子比傳說不知聰明多少倍，牠竟會預先看好我的房間號碼，以便夜晚光顧、飽餐一頓。」大家聽了不禁哈哈大笑。結果，這一夜馬克・吐溫睡得十分香甜。原來，旅館全體職員一齊出動，驅趕蚊子，不讓這位博得眾人喜愛的作家被「聰明的蚊子」叮咬。幽默，不僅使馬克・吐溫擁有一群誠摯的朋友，而且也因此得到陌生人的「特別關照」。

幽默是一種潤滑劑，它可以使人與人之間的關係變得寬心、和諧，富有情趣，讓人們在一種輕鬆愉快的氣氛中完成社交任務。假如你的幽默感很強，那麼，你的言談舉止就能夠吸引別人，以致從心理上控制他，而幽默還可以透過詼諧的語言巧妙的緩解尷尬或衝突的局面，使雙方擺脫窘困，也為自己的交際鋪平了道路。

1943 年，在第二次世界大戰即將結束之際，政府首腦在埃及開羅召開國際會議。一天，美國總統羅斯福因有急事找英國首相邱吉爾商量，便在未預約的情況下開車前往邱吉爾的臨時行館。

開羅乾燥又悶熱的天氣讓久居寒冷潮溼的英國的邱吉爾非常不適應，尤其是白天，氣溫高達攝氏四十度以上，這讓邱吉爾更加難以忍受。因此，為了消暑，在整個白天的時光裡，邱吉爾都把自己泡在放滿冷水的浴缸中。

羅斯福抵達行館之後，未經邱吉爾侍衛的稟報就直接闖進了大廳，但是進入大廳後他並未見到邱吉爾，倒是耳邊傳來了邱吉爾的歌聲。於是，羅斯福順著歌聲找了過去，撞見了躺在浴缸中一絲不掛的邱吉爾。

兩國元首在這種場合下見面確實頗為尷尬，為了緩和氣氛，羅斯福馬上開口道：「我有急事找你商談，這下可好了，我們這次真的能夠坦誠相見了。」

邱吉爾顯得非常鎮定，他在浴缸中泰然自若的說：「總統先生，在這樣的

情形下，你應該可以相信，我對你真的是毫無隱瞞的。」

兩位偉大人物的幽默對話，不僅輕鬆的化解了尷尬，還被傳為了美談。

幽默對於人的社交能力的發展起著舉足輕重的作用。幽默語言可以使我們內心的緊張和重壓釋放出來，化做輕鬆的一笑。

美國一位心理學家說過：「幽默是一種最有趣、最有感染力、最具有普遍意義的傳遞藝術。」積極良好的幽默能表達人與人之間的真誠、友愛，能溝通心靈，拉近人與人之間的距離，填平人與人之間的鴻溝，這是希望和他人建立良好關係不可缺少的東西。尤其是當一個人和他人關係處於極度緊張時，即使在一觸即發的關鍵時刻，用幽默也可以使彼此之間從容的擺脫不愉快的窘境或消除矛盾，重新擁抱快樂的明天。

在某俱樂部舉行的一次盛宴招待會上，服務員倒酒時，不慎將啤酒倒到一位賓客那光亮的禿頭上。服務員嚇得手足無措，其他人也都是目瞪口呆。這位賓客卻微笑的說：「老弟，你以為這種治療方法會有效嗎？」在場人聞聲大笑，尷尬局面即刻被打破了。這位賓客借助幽默的語言，既展示了自己的大度胸懷，又維護了自我尊嚴，消除了挫折感。

幽默是活躍社交場合氣氛的最佳「調味料」，它能讓你在社交中如魚得水，能使社交氣氛輕鬆、融洽，利於交流。曾經有人把幽默歸結為一種魅力商數，一個人如果擁有了幽默的特質，他不僅能在不知不覺中增加自己的魅力，而且能為他周圍的環境帶來和諧的氣氛，因為幽默的人往往透過會心一笑來填補人際間的溝通，連結人與人之間的情感，增進彼此間的相互信任，只要幽默得體適時，就能輕鬆神經，活躍氣氛，創造出和諧美好的環境，置身於這種環境，我們交往起來才能心情舒暢，精力充沛。

小麗是個快樂的農村女孩，她在一家飯店工作。一天，一個顧客把她叫

到自己桌前，怒氣衝衝的對她說道：「那邊桌子上要的是烤雞，我要的也是烤雞，為什麼他的比我的大很多？你們是不是有兩種烤雞？還是看人下菜？」

「噢！是這樣的，先生，這隻雞前不久參加了減肥，這可是萬裡挑一啊。」小麗一邊不慌不忙的說著，一邊做了一個減肥的動作，逗得一邊的顧客都笑了。

「是嗎？這麼說我還挺有福氣的啊？哈哈」顧客也被小麗的說辭逗得忍俊不禁，一場投訴就這樣化解了。

適當的幽默能幫助你與他人建立和諧的關係，贏得別人的信任和喜愛。一個人無論從事什麼工作，無論處在何種地位，與人交往是不可避免的。幽默不僅能幫你更好的與他人進行有效的溝通和交往，還能幫助你處理一些特殊的問題，讓你能順利的擺脫困境。

幽默是溝通最好的潤滑劑，培養幽默感有助於彼此的溝通。在通常情況下，真正精於溝通藝術的人，其實就是那些既善於引導話題，同時又善於使無意義的談話轉變得風趣幽默者。這種人在社交場合上往往如魚得水、左右逢源，可算是人際溝通中的幽默大師。

那麼，怎樣培養幽默感呢？

1. 不斷豐富自己的知識

幽默是一種智慧的表現，它必須建立在豐富知識的基礎上。一個人只有有審時度勢的能力，廣博的知識，才能做到談話豐富，妙言成趣，從而做出恰當的比喻。因此，要培養幽默感必須廣泛涉獵，充實自我，不斷從浩如煙海的書籍中收集幽默的浪花，從名人趣事的精華中擷取幽默的寶石。

2. 靈活運用修辭手法

極度的誇張、反常的妙喻、順拈的借代、含蓄的反語，以及對比、擬人、拈連、對偶……都能構成幽默。另外，選詞的俏皮、句式的奇特也能構成幽默。表達時，特殊的語氣、語調、語速以及半遮半掩、濃淡相宜或者委婉圓巧、引而不發 —— 甚至一個姿勢、一個心照不宣的微笑，都能表達意味深長的幽默和風趣。

3. 培養高雅的情趣

幽默是有雅俗之分的。好的幽默不但令人笑，笑之後精神還為之振奮，情操得到陶冶，感情得到滿足，得到美的享受，而且也表現了幽默人的修養、氣質的高超。而低俗的幽默，是智力貧賤的產物，使人覺得荒唐、無聊與庸俗，幽默者本人是不會得到真正的朋友的。所以，幽默應高雅得體，態度應謹慎和善，不傷害對方。

第七章

把客戶當朋友，生意自然會水到渠成

　　與客戶交朋友不是一蹴而就的，是要有一個過程。彼此從不認識到認識，再從認識到熟識，需要的不僅僅是時間，更是日常的感情聯絡。正所謂「事先充分做好準備」，要懂得先交朋友再做生意，如果一上來就要別人照顧你的生意，相信誰也不會買你的帳。從日常的小事出發，一點一滴的累積客戶對你的信任和好感，當客戶把你當成朋友、當成「自己人」時，生意自然會水到渠成。

站在客戶的角度考慮問題

有這樣一個小故事：

有一個餐廳生意很好，門庭若市，餐廳的老闆年紀大了，想要退休了，就把 3 位經理找了過來。

老闆問第一位經理說：「先有雞還是先有蛋？」

第一位經理想了想，答道：「先有雞。」

老闆接著問第二位經理說：「先有雞還是先有蛋？」

第二位經理胸有成竹的答道：「先有蛋。」

老闆又叫來第三位經理問：「先有雞還是先有蛋？」

第三位經理認真的說：「客人先點雞，就先有雞；客人先點蛋，就先有蛋。」

老闆笑了，於是擢升第三位經理為總經理。

客戶就是上帝。只有站在客戶的立場考慮問題，你才會真正贏得市場，獲得成功。站在客戶的立場，就是要「以誠相待、以心換心」，這是對待客戶的基本原則。

約翰剛開始作汽車銷售員時，老闆給了他一個月的試用期。29 天過去了，他一部車也沒有賣出去。最後一天，他起了個大早，到各處去銷售，到了下班時間，還是沒有人肯訂他的車。老闆準備收回他的車鑰匙，告訴他明天不用來公司了。然而約翰卻不肯放棄並堅持說，還沒有到晚上十二點，自己還有機會。於是，約翰坐在車裡繼續等。

午夜時分，傳來了敲門聲，是一個賣鍋者，身上掛滿了鍋，凍得渾身發抖。賣鍋者看見車裡有燈，想問問車主要不要買一口鍋。約翰看到這個傢伙

比自己還落魄，就請他坐到自己的車裡來取暖，並遞上熱咖啡。兩人開始聊天，約翰問，如果我買了你的鍋，接下來你會怎麼做；賣鍋者說，繼續趕路，賣掉下一個鍋。約翰又問，全部賣完以後呢：賣鍋者說，回家再背幾十口鍋出來接著賣。約翰繼續問，如果你想使自己的鍋越賣越多，越賣越遠，你該怎麼辦；賣鍋者說，那就得考慮買部車，不過現在買不起……

兩人越聊越起勁，天亮時，這位賣鍋者訂了一部車，取貨時間是五個月以後，定金是一口鍋的錢，這個價錢在當時是很符合賣鍋者的實際的。也因為有了這張訂單，約翰被老闆留了下來。他一邊賣車，一邊幫助賣鍋者尋找市場，賣鍋者生意越做越大，三個月以後，提前取走了一部送貨用的車。約翰在後來的 15 年間，賣了一萬多部汽車。

故事中的約翰之所以取得成功，就是因為他透過與客戶溝通，了解到客戶的問題、需求與期望，然後他想辦法為客戶解決問題，幫助客戶解決問題，在幫助客戶實現利益的同時，也使自己的利益最大化。所以說，只有站在客戶的立場上去體會客戶的需求和想法，才能更好的提供讓客戶滿意的服務，客戶才會接受你、信任你、歡迎你。

促使生意成功的祕訣在於找到客戶心底最強烈的需要並幫他們設法滿足這種需要，所以我們應站在客戶的立場去考慮問題，畢竟每個人都是最關心自己的，如果你不關心客戶的需要，憑什麼指望客戶客會關心你的需要？

站在客戶的立場，為客戶著想，首先就要假設自己是客戶：你想購買怎樣的產品和服務？自己真正需要的是什麼？又會如何要求售後服務？這樣就能讓自己站在客戶的立場去看待問題。

王永慶 15 歲小學畢業後，到一家小米店做學徒。第二年，他用父親借來的 200 元做本金自己開了一家小米店。為了和隔壁那家日本米店競爭，王

永慶頗費了一番心思。當時大米加工技術比較落後，出售的大米裡混雜著米糠、沙粒、小石頭等，買賣雙方都是見怪不怪。王永慶則多了一個貼心，每次賣米前都把米中的雜物揀乾淨，這一額外的服務深受顧客歡迎。王永慶賣米多是送米上門，他在一個本子上詳細記錄了顧客家有多少人、一個月吃多少米、何時發薪等。算算顧客的米該吃完了，就送米上門；等到顧客發薪的日子，再上門收取米款。

他給顧客送米時，並非送到就算。他先幫人家將米倒進米缸裡。如果米缸裡還有米，他就將舊米倒出來，將米缸刷乾淨，然後將新米倒進去，將舊米放在上層。這樣米就不至於因陳放過久而變質。他這個小小的舉動令不少顧客深受感動，忠誠度自然提高。

從這家小米店起步，直至台塑集團，王永慶最終成為經營之神。後來，他談到開米店的經歷時，不無感慨的說：「雖然當時談不上什麼管理知識，但是為了服務顧客做好生意，就認為有必要掌握顧客需求，沒有想到，由此追求實際需要的一點小小構想，竟能作為起步的基礎，逐漸擴充演變成為事業管理的邏輯。」

同樣是賣米，為什麼王永慶能將生意做到這種境界呢？關鍵在於他用了心！用心去研究顧客的心理，研究顧客的需要，研究如何去滿足顧客的需要。他比別人多做了幾步，卻成就了他一番偉業。

美國汽車大王曾經說過這樣一句話：「成功是沒有祕訣的，如果非要說有的話，那就是時刻站在對方的立場上。」多為別人著想，多了解了別人的想法，這不僅僅有益於你和別人溝通，最重要的還是你藉此知道別人的「要害點」，做到有的放矢。如果學會時時站在客戶的角度上看問題，以客戶的需求為出發點，你的服務才能做到讓客戶滿意，你才會做成生意。

取得客戶的信任

做生意是一門直接與人打交道的藝術，我們每天都要面對客戶，處理客戶的各種疑問和難題，如果你不能讓客戶產生信任感，就不能完成交易。如果客戶對你的信任是有限的，他對於你說的每一句話都會抱著審視的態度，再加上不實之詞，其結果可想而知。

有一個顧客問服裝店的店家：「這件衣服我穿上怎麼樣？」

「不錯，很好。」那店家回答道。

然後，顧客又試了一件樣式全然不同的衣服：「這件衣服呢？」顧客同樣對這件衣服表現出極大興趣。

於是，店家附和道：「也挺好的。」

很快，這位顧客就意識到了那位店家的建議是沒有價值的，這件衣服究竟看上去如何，合身與否，他是不會對自己說真話的，他唯一的目的就是把東西賣出去。當顧客明白了這一點的時候，生意自然就不會成交。

由此可見，當你以一個陌生人的身分向客戶推銷商品時，客戶開始當然是懷著半信半疑的態度來看待你的商品。從這時起，你就應致力於溝通客戶的心，讓顧客覺得你是個與他志趣相投的好夥伴，逐漸的博得他的信任，讓他的疑慮逐步消失，最後對你完全信任，交易也就可順利完成了。否則的話，你休想做成生意。

埃姆林是費城一家著名公司的總裁，他的保單是一樁大生意，競爭異常激烈。他非常有禮貌的為庫爾曼安排了最後一次會談，當時見面的還有他的助手。庫爾曼一落座，就預感到事情有變。

「庫爾曼先生，十分抱歉，我已經決定把這筆保險業務給別人了。這是經

過仔細考慮決定的，我不想改動。」「您能告訴我原因嗎？」「索里的計畫與你的計畫一樣好，而價格卻低很多。」「可否讓我看一下數字？」埃姆林把索里的計畫書遞過來。庫爾曼一瞧就發現疑問，他把投保人的收益誇大了，純粹是種誤導。「可以用一下您的電話嗎？」埃姆林說：「隨你吧。」「埃姆林先生，您最好在另一部分機上也聽聽。」「行。」

庫爾曼很快就接通了那家公司的電話。「您好，我叫庫爾曼，想麻煩您幫我核實一些資料。您有《顧客收益手冊》嗎？」經理：「有。」「請查一查新修改的壽險收益，投保人 46 歲。」經理說了收益數據。46 歲正好是埃姆林的年齡。為庫爾曼問：「第一階段的收益是多少？」經理把查到的準確資料告訴他。「第一個 20 年的收益是多少？」經理：「我們公司還沒有確定這一段的收益資料，所以還不能提供。」「為什麼？」經理：「這是一個新險種，而我們還不知道投保人以前的情況。」「能不能核算一下？」經理：「我們無法預測未來的情況，法律也不允許對未來的收益進行預測。」而埃姆林的計畫書上卻明明寫著未來 20 年的收益數位。

自然，庫爾曼得到了那筆生意。如果庫爾曼的對手不弄虛作假，而只是簡單的說明事實，那筆買賣肯定歸他了。他不只丟了生意，也丟了與那些顧客再次合作的機會；既丟了自己的尊嚴，也損害了公司的口碑。

做生意不僅僅是簡單的買賣過程，在某種程度上來說，做生意也是做人，只有誠實才能贏得信任。贏得客戶的信任，不只是客戶對你產品的信任，而對你自己本人的信任更為重要。做生意就是要信守承諾，講信用，說到做到。作為生意人，你不光要賣出你的產品，而是能站在客戶的角度來想想。

日本企業家小池先生出身貧寒，20 歲時在一家機械公司擔任銷售員。有

一段時間，他推銷機械非常順利，半個月內就達成了 25 位客戶的業績。

可是有一天，他突然發現自己所賣的這種機械，要比別家公司生產的同性能機械貴了一些。

他想：「如果讓客戶知道了，一定會以為我在欺騙他們，甚至可能會對我的信譽產生懷疑。」

深感不安的小池立即帶著合約書和訂單，逐家拜訪客戶，如實的向客戶說明情況，並請客戶重新考慮是否還要繼續與自己合作。

這樣的動作，使他的客戶大受感動，不但沒有人取消訂單，反而為他帶來了良好的商業信譽，大家都認為他是一個值得信賴且誠實的銷售員。結果，25 位客戶中不但無人解約，反而又替小池介紹了更多的新客戶。

取得顧客信任是買賣成交的一個關鍵環節。只有取得顧客的信任，才能談及成交與否。如果顧客不信任你，不信任你的商品，那麼交易就不會成功。所以說，生意人所擁有價值最高的東西是客戶的信任，做生意是感情的交流，而不只是商品的買賣。

客戶永遠是對的，不要和客戶爭辯

有人統計導致生意失敗的例子，發現由於與客戶爭吵而失敗的例子占第一位。正如俗話所說：「口頭爭論占上風，得罪買主一場空。」精明的生意人深深明了「避免與顧客爭論」是做生意的一條金科玉律，總是能夠在實踐中控制自己的情緒。

歐哈瑞現在是紐約懷德汽車公司的明星銷售人員。他怎麼成功的？這是他的說法：「如果我現在走進顧客的辦公室，而對方說：『什麼？懷德卡車？不好！你送我都不要，我要的是何賽的卡車。』我會說：『老兄，何賽的貨色

的確不錯。買他們的卡車絕對錯不了。何賽的車是優良公司的產品，業務員也相當優秀。』」

這樣他就無話可說了，沒有爭論的餘地。如果他說何賽的車子最好，我說不錯，他只有住口。他總不能在我同意他的看法後，還說一下午的『何賽的車子最好』。接著我們不再談何賽，我就開始介紹懷德的優點。

而當年若是聽到他那種話，我早就氣得不行了。我會開始挑何賽的錯；我越罵別的車子不好，對方就越說它好；越是辯論，對方就越喜歡我的競爭對手的產品。

「現在回憶起來，真不知道過去是怎麼做銷售工作的。花了不少時間在爭辯，卻沒有取得有效的成果。」

生意場上有這樣一句行話：「占爭論的便宜越多，吃生意的虧越大。」做生意不是向客戶辯論、說贏客戶。客戶要是說不過您，他可以不買你的東西來「贏」你。所以，不要與客戶爭論，不能語氣生硬的對客戶說：「你錯了」、「連這你也不懂」。這些說法明顯的抬高了自己，貶低了客戶，會挫傷客戶的自尊心。你得罪了一個顧客，就有可能失去的是一批消費者。

有一位名叫克魯斯的保險銷售員，下面是他的一次經歷：

有一位客戶在購買了克魯斯的一份意外傷害保險後，忘記了取回一張非常重要的單據。而克魯斯在交給這位客戶一疊資料的時候，已經把所有的單據都幫他整理好了，可能是這位客戶在克魯斯的辦公室看完後遺漏了。於是，這張重要的單據就隱藏在克魯斯存有一堆客戶資料的資料夾裡，之後被束之高閣了。

三個月之後的一天，這位客戶在外出旅遊時不慎摔傷，當他找到保險公司要求賠償的時候，保險公司要他提供兩張證明，否則不予賠償，其中就有

他遺忘的那張單據。

其實，在這種情況下，克魯斯沒有任何責任，他也不知道那張要命的單據就在他這裡。當那位客戶找到克魯斯的時候，克魯斯迅速和他一起尋找那張單據，他幫助客戶仔細的回憶了存放單據的每一個細節，但始終找不出單據的下落。

後來，克魯斯把存放客戶資料的資料夾取出進行查找，當客戶看到那張單據的時候，埋怨他不負責任，而克魯斯卻真誠的說：「真對不起，是我工作的失職，沒有提醒您取走這張重要的單據，差點就耽誤了您的事情。」

經過了這件事情以後，克魯斯不但沒有失去這位客戶，反而贏得了這位客戶的信任。後來，他還為克魯斯介紹了很多的客戶。

就這件事情本身而言，顯然客戶是錯的，是客戶自己忘記拿走那張重要的單據，克魯斯可以理直氣壯的說明情況，如果這樣做，能說克魯斯錯了嗎？但他並沒有這樣做，在為客戶找單據的同時甚至將客戶的錯誤主動的攬到自己的身上。試想，客戶錯的時候你據理力爭，把客戶說得啞口無言，即便客戶認識到是自己的錯誤，心裡會舒服嗎？心中不悅便不會再來，其結果是你做得再對，最終失去的是客戶，與做生意的最終目的 —— 透過創造顧客獲得經濟效益是相悖的；相反，抱著尊重客戶的態度，抱著「客戶永遠是對的」這樣一種理念，以理解的方式處理客戶遇到的所有問題，甚至主動把責任攬過來，達到讓每一位客戶滿意，則與做生意的最終目標是一致的。

總之，永遠不要和客戶爭辯。因為那樣的話，客戶會產生排斥感。客戶不是我們的敵人，而是未來的合作夥伴，做生意的目的是為了達到雙贏，而不是要辯得對方理屈詞窮！人性中都有希望被人肯定的一面，希望透過表達自己的意見達到展示自我價值的目的，我們的客戶也一樣。人的潛意識裡都

有需要尊重、理解和表現的心理，所以不要常常把客戶的意見當成是惡意的挑剔，也不要與客戶展開激烈的爭辯。即使需要「辯」，也應該是親和式的交流，讓對方在愉快的心情下接受你的專業的引導。

適當讚揚客戶，讓他得意你就滿意

每個人都喜歡聽到好聽話，客戶也不例外。因此，讚美就成為接近顧客的好方法。

在與客戶溝通中，讚美客戶會很快取悅客戶，並在客戶心裡留下好印象，因為每個人都喜歡被讚美，對讚美自己的人自然會心生好感。

伊士曼是美國著名的柯達公司創始人。有一次，他捐贈鉅款在羅徹斯特建造一座音樂堂、一座紀念館和一座戲院。為承接這批建築物內的坐椅，許多製造商展開了激烈的競爭。但是，找伊士曼談生意的商人無不乘興而來，敗興而歸，一無所獲。正是在這樣的情況下，「優美座位公司」的經理亞當森，前來會見伊士曼，希望能夠得到這筆價值 9 萬美元的生意。

那天，亞當森去拜訪伊士曼，伊士曼的祕書就對亞當森說：「我知道您急於想得到這批訂貨，但我現在可以告訴您，如果您占用了伊士曼先生 5 分鐘以上的時間，您就完了。他是一個很嚴屬的大忙人，所以您進去後要快快的講。」亞當森微笑著點頭稱是。亞當森被引進伊士曼的辦公室後，看見伊士曼正埋頭於桌上的一堆文件，於是靜靜的站在那裡仔細的打量起這間辦公室來。過了一會兒，伊士曼抬起頭來，發現了亞當森，便問道：「先生有何見教？」祕書把亞當森作了簡單的介紹後，便退了出去。這時，亞當森沒有談生意，而是說：「伊士曼先生，在我等您的時候，我仔細的觀察了您這間辦公室。我本人長期從事室內的木工裝修，但從來沒見過裝修得這麼精緻的辦公

室。」伊士曼回答說：「哎呀！您提醒了我差不多忘記的事情。這間辦公室是我親自設計的，當初剛建好的時候，我喜歡極了。但是後來一忙，一連幾個星期我都沒有機會仔細欣賞一下這個房間。」亞當森走到牆邊，用手在木板上一擦，說：「我想這是英國橡木，是不是？義大利的橡木材質不是這樣的。」「是的」，伊士曼高興得站起身來回答說：「那是從英國進口的橡木，是我的一位專門研究室內橡木的朋友專程去英國為我訂的貨。」伊士曼心情極好，便帶著亞當森仔細的參觀起辦公室來了。他把辦公室內所有的裝飾一件件向亞當森作介紹，從木質談到比例，又從比例扯到顏色，從手藝談到價格，然後又詳細介紹了他設計的經過。此時，亞當森微笑著聆聽，饒有興致。他看到伊士曼談興正濃，便好奇的詢問起他的經歷。伊士曼便向他講述了自己苦難的青少年時代的生活，母子倆如何在貧困中掙扎的情景，自己發明柯達相機的經過，以及自己打算為社會所作的巨額的捐贈……亞當森由衷的讚揚他的功德心。本來祕書警告過亞當森，談話不要超過 5 分鐘。結果，亞當森和伊士曼談了一個小時，又一個小時，一直談到中午。最後伊士曼對亞當森說：「上次我在日本買了幾張椅子，放在我家的走廊裡，由於日曬，都脫了漆。昨天我上街買了油漆，打算由我自己把它們重新油漆好。您有興趣看看我的油漆表演嗎？好了，到我家裡和我一起吃午餐，再看看我的手藝。」

午餐以後，伊士曼便動手，把椅子一一漆好，並深感自豪。直到亞當森告別的時候，兩人都未談及生意。最後，亞當森不但得到了大批的訂單，而且和伊士曼結下了終身的友誼。

為什麼亞當森贏得了這筆大生意，而其他人卻沒有？就是因為亞當森懂得讚賞他人的能力。如果他一進辦公室就談生意，十有八九要被趕出來。亞當森成功的訣竅，就在於他了解談判對象。他從伊士曼的辦公室入手，巧妙

的讚揚了伊士曼的成就，談得更多的是伊士曼的得意之事，這樣，就使伊士曼的自尊心得到了極大的滿足，把他視為知己，這筆生意當然非亞當森莫屬了。

用馬斯洛的需要理論來解釋，是因為人都有獲得尊重的需要，即對力量、權勢和信任的需要；對名譽、威望的嚮往；對地位、權利、受人尊重的追求。而讚美則會使人的這一需要得到極大的滿足。正如心理學家所指出的：每個人都有渴求別人讚揚的心理期望，人一被認定其價值時，總是喜不自勝。由此可知，你要想取悅客戶，最有效的方法就是熱情的讚揚他。出自於內心的讚美會令人心花怒放，同時，讚美也是人與人之間溝通的潤滑劑。

保險推銷員吉德就是用讚美的辦法，使一個拒他於千里之外的老太太十分樂意的與他達成了一筆保險生意。

那天，吉德走到一家看來很富有的整潔的農舍前去叫門。當時屋主潔西嘉老太太只將門打開一條小縫。當她得知是保險公司的推銷員之後，便猛然把門關閉了。吉德再次敲門，敲了很久，大門儘管又勉強開了一條小縫，但未及開口，老太太卻已毫不客氣的破口大罵了。

經過一番調查，吉德又上門了，等門開了一條縫時，他趕緊聲明：「潔西嘉太太，很對不起，打擾您了，我的拜訪並非為了推銷保險，只是要向您買一點雞蛋。」老太太的態度溫和了許多，門也開得大多了。吉德接著說：「您家的雞長得真好，看牠們的羽毛長得多漂亮。這些雞大概是某名種吧？能不能賣一些雞蛋呢？」

門開得更大了，並反問：「您怎麼知道是某名種的雞呢？」

吉德知道，讚美的計策已經出見成效了，於是更加誠懇而恭敬的說：「我也養了這種雞，可像您所養的這麼好的雞，我還從來沒見過呢！而且，我家

的雞，只會生白蛋。附近大家也都只有您家的雞蛋最好。夫人，您知道，做蛋糕得用好蛋。我太太今天要做蛋糕，我只能跑到您這裡來。……」老太太頓時眉開眼笑，高興起來，由屋裡跑到門廊來。

吉德利用這短暫的時間瞄了一下四周的環境，發現這裡有整套的乳酪設備，斷定男人定是養牛的，於是繼續說：「夫人，我敢打賭，您養雞的錢一定比您先生養牛的錢賺得還多。」老太太心花怒放，樂得幾乎要跳起來，因為她丈夫長期不肯承認這件事，而她則總想把「真相」告訴大家，可是沒人感興趣。

潔西嘉太太馬上把吉德當作知己，不厭其煩的帶他參觀雞舍。吉德知道，他那些恭維的話已漸入佳境了。但他在參觀時，還不失時機的發出由衷的讚美。

讚美聲中，老太太毫不保留的傳授了養雞方面的經驗，吉德先生極其虔誠的當學生。他們變得很親近，幾乎無話不談。讚美聲中，老太太也向吉德請教了用電的好處。吉德針對老年人的特點和需要詳細的予以說明，老太太也聽得很虔誠。

兩星期後，吉德在公司收到了老太太的保險申請。不久，老太太所在地申請投保者源源不斷。老太太已經成為吉德的熱心幫手。

可見，真誠的讚美是令客戶「開心」的特效藥。每當你讚美客戶的成就、特質和財產時，就會提高他的自我肯定，讓他更得意。只要你的讚美是發自內心的，客戶就會因為你而得到正面肯定的影響，進而對你產生好感。這樣一來，生意自然水到渠成。

重視抱怨，贏得客戶真心

　　生活中，有很多促成生意的契機，抱怨就是一個好機會，面對客戶，要學會做一個有心人，善於聆聽客戶的抱怨，從他們的抱怨聲中尋求促成生意的關鍵點，這樣不但會幫助我們贏得尊重，贏得客戶，還能贏得生意。

　　抱怨是不滿意的表露，客戶對購買產品的抱怨，往往產生於需求與滿足的矛盾之中。客戶的目的沒有達到，客戶的願望沒能實現，因而透過情緒、語言和行動上的不滿對你進行責怪。

　　抱怨的危害性很大，它給客戶以極大的消極心理刺激，使客戶在認識和感情上與你產生對抗。一個客戶的嗔怪可以影響到一大片客戶，他的尖刻評論比廣告宣傳更具權威性。抱怨直接妨害產品與企業的形象，威脅著你的個人聲譽，對此千萬不能掉以輕心。

　　據統計，一個不滿意的客戶會把他不滿的態度告訴 10 個人，其中的 20％會告訴 20 個人。按照這樣演算法，10 個不滿意的客戶會造就 120 個不滿意的新準客戶，其破壞力是不可低估的。當時如果處理好客戶的抱怨，70％的客戶還會繼續購買，如果能夠當場解決，95％的客戶會繼續購買的。所以，正確面對客戶的「抱怨」，虛心接受客戶的「抱怨」，積極解決客戶「抱怨」，才能駕馭市場，取得雙贏。

　　有一位顧客從商店買了一套衣服，但是這套衣服令他很不滿意：衣服會掉色，把他的襯衫的領子染上了色。他拿著這件衣服來到商店，找到賣這件衣服的售貨員，試圖說明事情經過。但售貨員很不耐煩的打斷了他的話。

　　「我們賣了幾千套這樣的衣服，」售貨員聲明說，「您是第一個找上門來抱怨衣服品質不好的人。」他的語氣似乎在說：「您在撒謊，您想誣賴我們。

看我不給你點顏色看看。」

　　兩個人吵得正凶的時候，第二個售貨員走了進來，說：「所有深色禮服開始穿時都會褪色。一點辦法都沒有。特別是這種價錢的衣服都是染過的。」

　　這位顧客聽了非常氣憤，因為他覺得第一個售貨員懷疑他是否誠實，第二個售貨員說他買的是低價貨。此時，他氣急敗壞，正準備與兩個售貨員大吵一架的時候，商店的經理出來了。他的做法改變了顧客的情緒，使一個被激怒的顧客變成了滿意的顧客。

　　實際上，那位經理一句話也沒講，只是耐心的傾聽顧客述說這件事情。當聽顧客把話講完後，那兩個售貨員又開始陳述他們的觀點時，經理開始反駁他們，幫顧客說話。他不僅指出了顧客的領子確實是因衣服褪色而弄髒的，而且還強調說商店不應當出售使顧客不滿意的商品。後來，他承認他不知道這套衣服為什麼出毛病，並且直接對我說：「您想怎麼處理？我一定遵照您說的辦。」

　　幾分鐘前還在發怒的顧客現在卻回答說：「我想聽聽您的意見。我想知道，這套衣服以後還會再染髒領子否，能否再想點什麼辦法。」經理建議他再穿一星期。如果還是褪色，不能滿意，將幫他再換一套衣服。

　　就這樣，這位顧客滿意的離開了商店。7天後，衣服不再掉色了。從此以後，他完全相信這家商店了。

　　任何一項工作完成的優劣關鍵看態度，原因就在於態度決定一切。在處理客戶的抱怨時，首先要有良好的心態，這是處理好客戶抱怨的前提。然而當抱怨真正發生時，面對客戶的情緒化表現，真正讓一個人保持一顆平和的心態去體諒客戶的心情、去對待客戶的偏激行為其實不容易，這就要求我們樹立正確的人生觀、堅強的意志力、一定的忍耐性和自我犧牲的精神，傾聽

客戶的闡述，避免言語上的衝突，以平息客戶的抱怨。

　　有一次，一位客戶申請安裝一部室內電話，一切都按客戶的要求進行安裝。可不知哪個環節使這位客戶不滿意。在重新安裝時，他又有抱怨，而且說了好幾句難聽的話。在場的裝機維護中心的主任一言不發，靜靜的看著那位客戶，不氣不惱，樣子很像認真聆聽的小學生。足足半小時，客戶累了，終於歇了口，看著不動聲色的主任，開始為自己的舉動而內疚。

　　他對主任說：「真不好意思，我的脾氣不好。被我這樣吵鬧，你還不在意。」主任說：「沒事，沒關係，這些都是你的真實想法，我們會虛心接受的。」事情過去後，出人意料的是，這位客戶又陪朋友到電信局申請安裝一部電話。現在主任和他還成了好朋友。

　　只有認真聽取顧客的抱怨，才能發現其實質性的原因。一般的顧客投訴多數是發洩性的，情緒都不穩定，一旦發生爭論，只會更加火上加油，適得其反。真正處理顧客投訴的原則是：開始時必須耐心的傾聽顧客的抱怨，避免與其發生爭辯，先耐心的聽他講。

　　某位女士買了臺全自動洗衣機，在取貨時，該機在商店時測試合格。到家後，出現該洗衣機在完成第一次洗滌後不能進行再注水，該女士急忙趕到商場找銷售人員，說話語氣重了些，而且還說：「我們拿薪資吃飯的買臺幾千塊的洗衣機不容易，一進家就壞了，你們的產品品質到底有沒有問題呀？」

　　這時，該銷售人員首先做的就是耐心的傾聽顧客的抱怨，讓顧客將心中的不滿發洩出來。在弄清出原因後，銷售人員對顧客說，「我可以到您家，為您看看究竟是哪裡出了毛病。」結果，銷售人員發現了問題所在，不外乎兩個操作失誤。該女士在使用時為了看機內的電腦控制平板，就沒蓋好蓋子，這是操作失誤，第二點就是排水管高於排水閥，故排水不完整，也就無法再

注水。該銷售人員幫助顧客進行了售後服務後，該女士不僅十分感激，而且略帶愧疚。

面對客戶的抱怨，我們要耐心的傾聽，不要輕易打斷客戶的敘述，更不要批評客戶的不足，而是鼓勵客戶傾訴下去讓他們盡情宣洩心中的不滿，當耐心的聽完了客戶的傾訴與抱怨後，當他們得到了發洩的滿足之後，就能夠比較自然的聽得進你的解釋和道歉了。所以，為了更好的解決客戶遇到的問題，你必須耐心的傾聽客戶的抱怨。

在客戶抱怨時，無論客戶的態度如何，無論客戶是否有誤解，你都不要與客戶發生爭執，也不要爭辯，要充分的聆聽顧客的陳述，善於運用有聲語言和身體語言表達對問題的重視，站在客戶的角度表達理解並展現積極解決問題的態度。總之，千萬不要覺得麻煩，要把處理客戶投訴看作改變客戶意見、留住生意的絕佳機會。

幫助客戶，成就自我

做生意之道，本質上就是與客戶的策略共贏。當你明白了「幫助客戶也是幫助自己」的道理，就能找到有效的行銷之道。

有一個保險銷售人員去見一位準保戶，解說過程很短，因為對方說，他那位有錢的農夫叔叔有緊急事情待辦，而且他對儲蓄險沒興趣。事實上，這位銷售人員把文件拿出來之前，準保戶就已經往外走了。

銷售人員走回停在庭院裡的車子旁邊，見到顧客口中的那位叔叔正躺在地上修理引擎。銷售人員走過去，告訴那位先生修理引擎是他最拿手的，他立刻脫掉夾克，捲起袖管，花了整整兩個小時修好引擎。銷售人員再度受邀回屋裡喝一杯，而女主人則留他吃晚餐。當他準備離開時，主人要求他第二

227

天再來談儲蓄險的事。

第二天，這位銷售人員做成了這筆交易。

由此可見，如果你有機會幫助你的客戶，千萬別錯過時機。你幫助了客戶，替他解決了一個難題，他也因此欠了你一個人情，此時，你再和他談生意時，他便不好意思拒絕了。所以說，當客戶需要幫助時，就是你對他們更加關心的絕妙時機，也是促成生意成功的大好機會。

懷特中學畢業後，就在一家家具店作銷售員。一天中午，他正在家具店裡打掃地面，一位上年紀的婦女走了進來，懷特接待了她。

「我能為您做點什麼嗎？」

「噢，是這樣的。我以前在你們店裡買了一張沙發，可是現在它的一條腿掉了。我想知道，你們什麼時候能幫我修好？」

「您什麼時候買的？」

「有 10 年左右了吧。」

由於沙發買的時間太久了，懷特不能馬上給予答覆，便跑去問經理說，這位顧客想讓我們免費為她修理 10 年前買的舊沙發。經理吩咐懷特告訴她，下午就到她家裡去修沙發。

懷特和經理給那位老婦人的沙發換了一條腿，然後就離開了。在回家的路上，懷特一聲不吭。經理問：「怎麼了，為什麼不高興？」

「我們是賣家具的，不是修家具的。假如總是這樣跑大老遠的給人免費修沙發，到頭來我們能賺幾個錢呢？」

「不能這樣想，你得尊重和幫助你的顧客。況且，學著做一些修理工作對你沒有壞處。另外，你今天錯過了最重要的一個細節。我們把沙發翻過來後，你有沒有注意到那上面的標籤？其實，這張沙發不是我們店賣的，而是

從其他家具店買的。」

「你的意思是，我們為她修理沙發，一分錢不收，而她根本就不是我們的顧客？」

經理看著懷特的眼睛，鄭重說道：「不！現在她是我們的顧客了。」

兩天後，那位老婦人再次光臨。這一次她從懷特的店裡買走了價值幾千美元的新家具。

如今，懷特在銷售行業已經做了 30 多個年頭。他一直給不同的公司做銷售代理，而懷特的銷售業績始終是最好的。

在幫助客戶解決問題的同時，也是在幫助自己做行銷。服務客戶，對買賣雙方來說，是永恆的、共同的話題，上例中懷特的故事也再次驗證了一個觀點：幫助客戶就是幫助自己。要想成就自己，唯一的管道是幫助別人。

小吳剛做銷售不久，業務也不是很懂，在一個週末，有一位年約 50 歲的歸國華僑去他那兒辦理好幾筆存款單的密碼掛失，而裡面有一張存款單是他妻子的，當時小吳也不是很清楚會計制度，就叫他提供兩人的關係證明。那客戶也不嫌麻煩來回好幾趟把他所能提供的證明都給了小吳，裡面包括他個人的身分證、護照、他們的結婚證書、他妻子的身分證，家人的戶口名簿。

那時已臨近下班，小吳的交班人發現這一問題及時指出這是不可受理的業務時，小吳有深深的負罪感，因為是自己的失誤讓客戶足足等了 2 個多小時，還讓他這麼來回跑，最終卻不能幫他解決問題，小吳感到很尷尬，可是客戶卻笑呵呵的說沒有關係。

後來這位客戶主動跟小吳聯繫，有次還跑到櫃檯放下幾百元小費說給他買水果，小吳當然沒有拿這筆錢而是在主管的陪同下當晚就送回。後來問起他為什麼對小吳那麼好，他卻說小吳為人熱情，雖然從前不認識，但是他卻

像朋友一樣。最後，兩人竟成了很好的朋友，並一直保持著聯繫。

　　由此可見，幫助了客戶，也就是幫助了自己，從而壯大了自己、成就了自己。

　　有句話說的好：做生意，就是交朋友。主動的幫助別人，主動的幫助客戶，就是在交朋友、做人情。朋友處到位了，人情做足了，客戶自然會對你心懷感激，也就自然會來幫助你，成就你的事業。所以說，做生意就是交朋友，當你不斷的與客戶建立牢固的友誼時，你便有了更多的朋友，那時離成功也就不遠了。

用真情感動客戶，讓他永遠記住你

　　「人非草木，孰能無情」。情，即情感、情趣，是人類共同行為的重要基因，很大程度上影響著人類的思想行為，尤其在今天物質產品極大豐富、競爭白熱化、情感越發單薄的社會裡，情感因素已成為生意場上一個非常重要而獨特的參照因素。如果企業的各種生產經營行為都能從「情」字切入需求，找到企業與客戶的情感溝通的紐帶，進行準確的定位和有分寸的「切入」，使客戶持續不斷的感受心靈的衝擊，就能潛移默化的影響客戶的心理，從而全力激發其潛在的購買意識，達到「潤物細無聲」的巧妙作用。

　　一個炎熱的午後，一位身穿汗衫、滿身汗味的老農伸手推開汽車展示中心的玻璃門，一位笑容可掬的小姐馬上迎上來並客氣的問：「老闆，我能為您做什麼嗎？」

　　老農靦腆的說：「不用，外面太熱，我進來涼快一下，馬上就走。」

　　小姐馬上親切的說：「是啊，今天真熱，聽說有37度呢，您肯定熱壞了，我幫您倒杯水吧。」接著，她便請農夫坐在豪華沙發上休息。

「可是，我的衣服不太乾淨，怕弄髒沙發」，農夫說。

小姐邊倒水邊笑著說：「沒關係，沙發就是給人坐的，否則，我們買它做什麼？」

喝完水，老農沒事便走向展示中心內的新貨車東瞧西看。

這時，小姐又走過來問：「老闆，這款車馬力很大，要不要我幫您介紹一下？」

「不要！不要！」老農忙說，「我可沒錢買」。

「沒關係，以後您也可以幫我們介紹啊。」然後，小姐便逐一將車的性能解釋給老農聽。

聽完，老農突然掏出一張皺巴巴的紙說：「這是我要的車型和數量。」

小姐詫異的接過來一看，他竟然要訂10輛，忙說：「老闆，您訂這麼多車，我得請經理來接待您，您先試車吧……」

老農平靜說：「不用找經理了，我和一位投資了貨運生意，需要買一批貨車，我不懂車，最關心的是售後服務，我兒子教我用這個方法來試探車商。我走了幾家，每當我穿著同樣的衣服進去並說沒錢買車時，常常會遭到冷落，這讓我有點難過，只有你們這裡不一樣，你們知道我『不是』客戶還這麼熱心，我相信你們的服務……」

由此可見，付出真誠，讓客戶感受到你的關心，就能贏得客戶。俗話說：「感人心者，莫先乎情。」這種「情」就是指人的真情實感，只有用你自己的真情才能換來對方的情感共鳴。你的真情是贏得客戶的唯一正確的選擇，虛偽雖然可以一時得逞，但天長地久必然是真誠獲得對方的欣賞。對客戶真誠是獲得友誼的祕訣，是獲得好聲譽的最好的方法。所以，如果你不想失去客戶，就要擁有一顆愛人之心，努力營造彼此友善相處的良好溝通氛

圍，這樣才會無往不勝。

可見，只有與客戶建立深厚的情感，才會做成生意。只要你把商業行為用濃濃的人情味巧妙的包裝起來，千方百計的滿足顧客的合理需要，就能撥動客戶的心弦。

正所謂：得人心者得天下，贏客心者贏市場。只有遵循「情感定律」，你才能牢牢抓住客戶內心，讓自己永遠立於不敗之地。在與客戶的交往過程中，只要你用真心熱愛您的客戶，真心實意的去幫助您的客戶，日久天長，你就會驚奇的發現，你對客戶怎樣，客戶也會對你怎樣，你若真心喜歡客戶，客戶也會真心喜歡你；你若討厭客戶，客戶也會自然討厭你；同樣你若用心去愛客戶，客戶也會用心愛你。因此，我們要用自己的真誠去吸引客戶，去贏得別人的尊敬。

第八章

生意場上沒有永遠的敵人，也沒有永遠的朋友

　　生意場上，有人在累積了經驗之後總結說，這個世界上，很難說有永久的朋友和永久的敵人。當原來的「互利」變成「互害」，在利益上有了衝突，則原來的朋友可以變成敵人。當原來的「敵對」，變成「共榮」，在利益上可以結合，則原先的敵人可以成為朋友。的確如此，生意的實質就是利益交換。特別在利益的面前，沒有永遠的朋友，也沒有永遠的敵人。所有的生意人都應切記。

和氣生財是做生意的真理

有一句俗語「和氣生財」，意思是待人和善能招財進寶。做生意講求和氣生財，這是一種做生意的態度，也是一種商業的精神，作為傳統商業倫理的精華，千百年來一直為人們所推崇和遵循。

美國一個傳統市場裡，有個婦人的攤位生意特別好，引起其他攤販的嫉妒，大家常有意無意把垃圾掃到她的店門口。

這個婦人本著和氣生財的道理，不予計較，反而把垃圾都清到自己的角落。

旁邊賣菜的墨西哥婦人觀察她好幾天，忍不住問道：「大家都把垃圾掃到你這裡來，為什麼你不生氣？」

婦人笑著回答：「在我們家鄉，過年的時候，都會把垃圾往家裡掃，垃圾越多就代表會賺更多的錢。現在每天都有人送錢到我攤位上，我怎麼捨得拒絕呢？你看我生意不是越來越好嗎？」

從此以後，那些垃圾就不再出現了。

這個婦女化詛咒為祝福的智慧卻是令人驚嘆，更令人敬佩的是她那與人為善的、寬容的美德。她用理智寬恕了別人，更為自己創造了一個寬鬆融洽的人際環境。正所謂：「和氣生財」。所以她的生意越做越好。試想，如果她要是與對方針鋒相對，那結果肯定是兩敗俱傷，最倒楣的是自己。

和氣才能生財，強調人與人之間要有健康而友善的關係，處理好人與人的關係是一個人事業成功和發財致富的重要技巧。待人和氣用於經商中，不僅會受到顧客的歡迎，改善商店與顧客的關係，提高商店信譽，而且可促進成交，擴大銷售，增加盈利。從這個角度來說，和氣生財是生意人一種真人

不露相的生意經。

　　有一個老字號商店的掌櫃，始終信奉「和氣生財」的經商理念。凡在他那裡買貨的，無論年少年長，還是文弱強暴，他都對你一臉笑容，客氣陪送。有時碰到一兩個年少無知的，衝撞了他老人家，他也毫不介意，甚至還會誇獎兩句那些衝撞他的人。

　　如果那人不知趣，聽不出話意，旁邊的夥計耐不住握緊拳頭，想打一個出手。老掌櫃卻目示不要動怒，送走即可。如果夥計們咽不下這口氣，露出些許言語，老掌櫃便會斷喝制止。這使新來的夥計往往不明白，也老大不痛快。當然，等到他們待久了，也就明白了這個道理，待人接物和老掌櫃如出一轍。

　　一次，有個人去買水果，「這水果這麼爛，一斤也要賣 50 元嗎？」他拿著一個水果左看右看。

　　「我這水果是很不錯的，不然你去別家比較比較。」

　　他說：「一斤 40 元，賣不賣？」

　　老掌櫃還是微笑的說：「先生，我一斤賣你 40 元，對剛剛向我買的人怎麼交代呢？」。

　　「可是，你的水果這麼爛。」

　　「不會那麼不好的，而且如果是很完美的，可能一斤要賣 75 元了。」老掌櫃依然微笑著。

　　不論客人的態度如何，老掌櫃依然面帶微笑，而且笑得像開始那樣親切。

　　客人雖然嫌東嫌西，最後還是以一斤 50 元的價格買了。

　　等到那位客人走了，老掌櫃自言自語的說：「嫌貨人才是買貨人呀。」

　　做生意最基本的原則就是和氣待客，以和為貴。不管生意是否做成，都要呈現一副笑臉，以禮相待、熱情服務，不能有「你來求我的」思想，不能待顧客態度冷淡、語言生硬，甚至頂撞顧客。只有心平氣和、細心周到才能贏得買家的心！與客戶發生糾紛時，要能控制自己的情緒，哪怕遇到難纏的客戶，也不能輕易動怒。千萬不要因為不能承受便生氣，這不只是修養好，也是對自己的商品大有信心的緣故。經商做生意，就是與人打交道，所以學會與人相處至關重要。

　　法國的一家都市晚報，曾報導過一個叫拉維耶酒店成功經營的經驗。這家酒店不大，甚至連自己的食譜也沒有，但小酒店的生意卻異常興隆，這家飯店的老闆是一個 66 歲和善的婦人。據長期在這裡吃飯的顧客反映，只要一來到這就有一種賓至如歸的感覺，服務生們噓寒問暖，而老闆更是笑容可掬。在這個小酒店裡，女主人會讓客人感覺她像一位母親，而顧客也不挑剔，像回到家一樣，她燒什麼菜就吃什麼菜，有許多顧客還專門愛吃飯店的剩飯，有一位叫小陽的顧客就是這樣，他竟在這家小店裡吃了 25 年的午餐。有人問小陽為什麼，小陽一口氣說出了數十個原因，其中若干個都和女老闆的和善有關。

　　小陽第一次到這裡吃午餐是因為自己被炒魷魚，當他滿懷辛酸到這個小酒店的時候，女老闆和善的問起事情的緣由，並免費送給他一瓶對肝臟有保健作用的藥酒，女老闆的和善讓陽深受感動，他把心中的委屈和苦惱一股腦的向女老闆傾訴，女老闆一邊傾聽他的訴說，一邊安慰他，那天小陽不但沒有因為煩心事而影響食慾，相反還在女老闆的勸慰下食慾大增。

　　女老闆的和善和賓至如歸的經營特色，很快吸引了很多顧客，小酒店的人氣越來越旺，財富也接踵而來。有一位叫喬的年輕人，正在和老婆鬧離

婚，有一次他心情煩躁的到拉維耶酒店用餐，那天酒店的一道菜和喬妻子常做的菜味道相同，勾起他念起了妻子平日裡對自己的種種好處。這時候女老闆來到桌前問他菜的味道如何，他用力的點點頭說：「味道不錯！」喬回家後，發現妻子正好也在做這道菜，就忍不住想嘗一嘗，對比對比，嘗了之後他誇獎妻子道：「你燒的菜的味道和酒店老闆的一樣好。」聽到丈夫的誇獎，妻子激動得掉下眼淚，因為結婚以來，妻子第一次得到丈夫的誇獎，後來喬和妻子和好如初。

對生意人來說，「和氣」是一種修為，也是經商的一種手段。做生意的目的主要是為顧客服務，從中獲取應得的利潤。所以做生意一定要和氣待人、以和為貴。

總之，以和為貴，和氣生財，是生意人的立身之本，經商制勝的祕訣。生意人只有堅持「以和為貴」的經營原則，生意才會越做越大。

善於合作等於踏上了生財的快速路

在競爭激烈的商戰中，生意人之間互相合作，實現共同繁榮，是把生意做大的一個祕密武器。

香港富豪李嘉誠說：「每天，我要處理的事情太多了，我又不是孫悟空，可以有三頭六臂，我只是一個平凡人，所以，如果沒有多人替我做事，我是無論如何不會取得今天這樣的成就的。所以成就事業最關鍵的是要有人能夠幫助你，樂意跟你工作，這就是我做生意成功的祕訣。」的確，做生意最重要的是互相合作，共同發展，這樣才能把生意越做越大，獲得更多利潤。

曾經名噪一時的香港房地產業新鴻基企業有限公司，就是依靠大家合作的力量才取得了巨大的成功。

新鴻基企業有限公司的前身是 1958 年香港商界「三劍客」組合的「永業企業公司」。所謂「香港商界三劍客」指的是三位在經營上都取得了重大成就的企業家，即地產鉅子郭德勝、證券大王馮景禧、華資探花李兆基。他們在 1950 年代看好香港的房地產業，但又缺乏單獨作戰的實力，於是經過協商而「誓師結義」，提出一個同仁企業的基本綱領來，這就是他們所說的「同心協力，進軍地產，你發我發，大家都發」。

當時的香港是在英國殖民政府的統治下，政府把「官地」用「官契」形式批租給公民使用，公民只要繳了租金，如何使用土地，政府基本上不過問，這樣任何人只要能租到土地，就可以獲得轉租土地使用的利潤。香港地少人多，各業興旺發達，土地轉租的利潤必然越來越高。為此，從 1950 年起，馮景禧與人合夥購買土地官契，進入房地產領域，到 1958 年，已經累積了不少經驗。郭德勝來找馮景禧，確實是找到了一個行家高手。

經過一段時期對香港實業的多方面的考察，李兆基認為進入房地產領域是最佳選擇。他反應敏捷，足智多謀，有他參加「永業企業公司」，幾乎是劉、關、張「桃園結義」的同仁企業請出諸葛亮來做「總經理」。

「永業企業公司」以「三劍客」為核心再夥同另外五位股東開業，首先以買入沙田酒店表現出不同凡響的手腕。郭德勝老謀深算，馮景禧精通財務，李兆基膽大心細，三人上陣，可以說是珠聯璧合。他們三位後來都進入香港十大富豪行列的企業家，能夠在一家公司共同奮鬥，算得上是現代經濟史上的一段佳話。

由於起家時資金有限，最初的經營方式是以低價買進舊樓，拆掉重建，再伺機收購一些無人問津卻又有發展潛力的土地，進行轉手買賣，並且制定了「分層出售，十年分期付款」的行銷政策，贏得了用戶的信任。

　　五年下來，雖然沒有大發，卻為後來的大發奠定了基礎。在已經看到了前景的情況下，「三劍客」決定亮出自己的旗號，他們「甩掉」其他股東，重新組合了「新鴻基企業有限公司」。「新」字源於馮景禧的「新禧公司」中的「新」字，「鴻」字源於郭德勝的「鴻昌合記」的「鴻」字，「基」字乾脆取自李兆基的名字。對「永業」向「新鴻基」改組一事，香港輿論界後來評論說：「我們可以想像，他們從『永業』開始三人聯手，生意做得很順，否則的話不會五年後繼續合作。」其實，「三劍客」得以繼續合作，主要原因還不在於生意做得順，而是三人在這五年內感受到同心協力的成果和愉快。他們可以「甩掉」其他「永業」股東，說明他們是精明的企業家，審時度勢後可以迅速做出決斷；而且他們一開始就立下自己成就大業的志向，找來可以共謀一件大事的同仁，如同《三國演義》中十八路諸侯聯軍討董卓，是在各自力量不足的情況下，選擇一個大家都能接受的定向目標作為合作的基礎，當這個目標實現或者事實證明不能實現時，合作便必須中止，不應受其他因素的干擾。這也是他們可以仿效「桃園結義」的辦法組建公司，經營產業，卻也不為傳統的政治體制觀念所束縛的務實態度的展現。

　　「三劍客」得以繼續合作，是他們認為在前進的道路上還會有風浪，只有靠三人繼續同心協力，才能闖過險灘。否則，他們不會等到 1972 年才協議分手，共分「天下」。「新鴻基」創業的十年，是「三劍客」以「桃園結義」精神合作奮鬥的十年，據說三人都是全身心投入，每人每天都要工作 15 至 16 個小時，他們說那時是相互比賽「苦幹」，這或許也是「新鴻基」得以成功的原因之一。

　　在大規模的商業競爭中，成功的生意人最擅長的就是與人合作，即使對方有利可圖，又能在合作中壯大自己。

　　哲學家威廉·詹姆士曾經說過：「如果你能夠使別人樂意和你合作，不論做任何事情，你都可以無往不勝。」合作是一種能力，更是一種藝術。唯有善於與人合作，才能獲得更大的力量，爭取更大的成功。

　　合作是一種精神，這是每個生意人成功不可缺少的條件。良好的合作，能夠突破了自身的局限，將自身優勢與他人的優勢相結合，透過建立互利互惠的合作關係，實現「雙贏」或「多贏」。

　　只有在合作中尋求發展，與人聯手，才能使生意越做越大。任何個人或是企業，想要謀求更大的發展，都不能單純的依靠自身力量，而要學會合作。因為個人的力量總是有限的，與人聯合則可以壯大自己。這不是一時或者短期的方法，而是一種長遠發展的眼光和規劃，並可以一直延續下去。

朋友歸朋友，生意歸生意

　　生意場上有一句話：「生意是生意，朋友是朋友。」意思是說這二者最好不要混淆，用私人感情來做生意，或者做生意中講情感，都是要不得的。從某種程度上來說，的確如此。為什麼很多好朋友合夥做生意，結果都不成功。就是因為再好的朋友，只要有利益的東西在裡面，也會有矛盾和衝突，弄不好連朋友都沒得做。錢不是太重要，朋友和友誼才是最珍貴的，不要因為利益而傷感情。正因如此，許多生意人都抱定一個宗旨：不和朋友做生意。因為友情不容投資，和陌生人做生意能交上朋友，和朋友做生意能失去朋友。

　　讓我們來看一看愛迪達（adidas）和彪馬（PUMA）這兩個品牌的由來。

　　達勒斯兄弟公司是愛迪達和彪馬的前身，這個工廠最開始只是製作鞋底的小作坊性質的公司，弟弟阿道夫·達勒斯和哥哥魯道夫·達勒斯一直經營

著這個兄弟公司。經過多年的經營和創新，兄弟倆發明了對鞋底進行防滑處理的技術，由於當時德國踢足球成為風尚，達勒斯兄弟公司大發展了一次。

發展起來的公司由於占盡當地的資源，漸漸在當地有了壟斷之勢。哥哥的朋友想借用公司的技術和部分原材料來發展自己的服裝生意，弟弟知道後，站在公司發展的立場上，要求哥哥與朋友簽訂詳細的協定，規定好可出借的技術範圍。與此同時，兄弟倆關於經營管理方面的矛盾也爆發了，哥哥盛怒之下與弟弟分道揚鑣。

弟弟創建了愛迪達公司，哥哥創建了彪馬公司，並且同時針對體育用品這個市場開始競爭。經過幾年的發展，彪馬始終不能超過愛迪達。最終，哥哥意識到當時弟弟的決策是最為長遠的考慮。

這也可以說是一個巧合，如果沒有弟弟當初對自己管理原則的堅持，因為兄弟情和朋友情而放棄公司的利益，那愛迪達和彪馬這兩個世界一線的品牌將不會出現在今天的市場上。

看來，親兄弟同樣也要明算帳。在生意和朋友之間，我們要有個分明的態度，談生意絕不講感情，交朋友絕不談生意，兩者分得清清楚楚。

人與人之間無論多麼親密，同樣也有利益之爭的時候。面對利益糾紛，如何處理好兩者的關係，對生意人來說是一種考驗。處理得好，人財兼得；處理不好，人財兩失。

老鄭和老劉是一對交往二十幾年的哥兒們，情同手足。一年前，老鄭的兒子去做生意，一時資金困難，老鄭自然的想到老劉。老劉二話沒說，悉數取出存款交給了老鄭。老劉的妻子擔心的問：「這合適嗎？馬上就要買房子了！」「沒關係！」老劉坦然道，「是朋友，還能不幫一把？再說，他幾個月就還了。」

　　正所謂：人算不如天算。由於市場的變化，老鄭的兒子生意一開始就不順手，追加的投入一轉眼就沒了蹤影。而隨著購屋政策的全面推行，急需繳款買房的老劉夫婦有點沉不住氣了，終於開口向老鄭要錢了。老鄭倒是爽快，「再等一個月，全部還清。」可是，到現在老劉也沒有拿過一分錢。而天天被人登門要債逼紅了眼的老鄭父子，也來個死豬不怕開水燙，耍起了無賴：「誰能證明我借你的錢了？」是啊，因為是老朋友借錢，誰也沒去想要立個字據。到現在才發現，友情不能作擔保。雙方終於翻了臉，鬧到了法院。二十幾年的老關係到此也就畫上了句號。

　　俗話說：生意好做，夥計難處。民間早已有了這樣定論。對朋友大方、仗義並沒錯，但要和生意分清，不能混為一談。或許每個人都有這樣的經歷，在經濟交往中，如果與不太熟悉的人有金錢的瓜葛，往往都會想到立個字據，而朋友間的交往，誰也不願提及或根本就想不到字據這個說法。這也是上個案例中造成老鄭和老劉友誼破裂的原因之一。

　　現代社會是個法制社會，朋友間的任何交往都要接受法律的制約，我們的友情也要適應這個法制的社會。作為朋友，我們必須轉換心態，不要讓友情為我們承擔太多的負擔。學會運用合法的手段維護友情，主動樹立借據和契約的觀念。

　　劉展琦和吳陽斌合夥做了一個生意，兩人各投資了 40 萬元，預算利潤可以翻倍。兩個人各負其責。劉展琦分管前期的購進原材料、找生產廠商、監製產品生產工作，吳陽斌分管發貨、訂單、收款。照理，這樣的生意本來雙方應該簽定一式兩份合約的。可是由於大家是多年的朋友關係，誰都不好意思開這個口，也就沒簽。

　　然而吳陽斌的資金只有 30 萬元，雖對先期的工作造成了困難，但劉展

琦還是透過向工廠賒帳的途徑予以解決。劉展琦一將先期工作做完，便將後期的工作向吳陽斌移交，以為就可以坐在那裡乾等「分紅」了。

後來，吳陽斌把貨發走了，接著人也跟出去收款了。孰知這一走就是一年，期間有三個月杳無音訊。

劉展琦天天打吳陽斌的手機聯繫，但卻永遠得到的是手機關機的提示聲音。劉展琦越想越害怕，開始假設他可能遇到的種種不測，其中最讓他擔心的是被人謀財害命。

誰知一年後，久違的吳陽斌突然「從天上掉下來」了。看到一臉疲憊的吳陽斌，聽著他繪聲繪色的敘述一年裡的痛苦經歷，劉展琦知道這個昔日的朋友，已經和騙子沒什麼兩樣了。

當吳陽斌拐彎抹角的說到連本金都收不回來的時候，劉展琦感到了一種被朋友愚弄的憤怒，兩個人也糾纏不清，互相指責對方的不是，甚至動了手。

由此看來，朋友之間應謹慎對待生意場中的應酬。生意歸生意，朋友歸朋友。如果把友情滲透進了財務中，就可能把友情抵押給了金錢，最後金錢吞噬了友情。所以，最好不要和朋友共同參與一件利益相關的事情，因為只要有利益的地方必定有風險，有營利，也可能有虧損，這兩種可能性對朋友來說都很難一起去面對。利益會帶來不穩定的東西，引起衝突，產生彼此間不應該有的不愉快；而虧損就更難一起承受了。

在經濟往來中，不管朋友是生意上的夥伴還是和自己沒有利益衝突的人，都要劃清朋友和生意上的界限。是朋友。那就明著算帳，與非朋友平等對待。這樣朋友還是朋友，生意還是生意，兩不相誤。只有把朋友和利益之間的關係處理好，才能成為一個成功的生意人。

向你的對手學習，你會進步更快

生意場上，我們需要團結互助的朋友，更需要勢均力敵的對手。

對手既是我們的挑戰者，又是我們的同行者，是對手喚起我們挑戰的衝動和欲望。因為他們的競爭使我們成長的更快，所以，競爭對手又是我們最好的學習者。學習對手的長處，總結對手的成功經驗，吸取對手的教訓，避免重犯對手犯過的錯誤，才能更好的提升自己的競爭能力。

沃爾瑪公司是一家美國的世界性連鎖企業，其創始人山姆‧沃爾頓在經營當中，很注重向競爭對手學習。他總是喜歡跑到競爭對手的商店中去，看看他們有什麼經營方式、商品定價、商品成列方式比自己的強，然後就把它們用錄音記錄或寫在筆記本裡，回來之後認真揣摩，設法讓自己做得比別人更好。

「向競爭對手學習，然後走自己的路」是他常常掛在嘴邊的一句話，一旦發現競爭對手有先進的做法，即便是一個很小的細節，立刻變為己用，並努力做到更好。其早期的競爭對手斯特林商店開始採用金屬貨架來代替木製貨架，沃爾瑪發現了金屬貨架的優點後，很快成為全美第一家百分之百使用金屬貨架的雜貨店；沃爾瑪的另一家競爭對手富蘭克特特許經營店實施自助銷售時，山姆‧沃爾頓先生連夜去學習，回來後開設了自助銷售店，當時是全美第 3 家。正是這樣時刻注意向對方學習，才使得沃爾瑪穩坐世界 500 強。

由此可見，學習對手，欣然以對手為「師」，虛心觀摩學習對方的長處，這不僅是一種態度，更是一種思路，一種贏的策略。世界著名大公司都非常注意競爭對手的產品，注意分析對手的優缺點，發現對方的優點就及時學習，以補己之短。

詹姆斯的父母不幸辭世，給他和弟弟傑克留下了一個小小的雜貨店。微薄的資金，簡陋的設施，他們靠著出售一些罐頭和汽水之類的食品，勉強度日。

兄弟倆不甘心這種窮苦的狀況，一直尋找發財的機會。

有一天，詹姆斯問弟弟傑克：「為什麼同樣的商店，有的賺錢，有的只能像我們這樣慘澹經營呢？」

傑克回答說：「我覺得我們的經營有問題，假如經營得好，小本生意也是可以賺錢的。」

「可是，怎樣才能經營得好呢？」於是，他們決定經常去其他商店看一看。

有一天，他們來到一家「消費商店」，這家商店顧客盈門，生意興隆，引起了兄弟倆的注意。他們走到商店外面，看到門外一張醒目的告示上寫著：「凡來本店購物的顧客，請保存發票，年底可以憑發票額的 3% 免費購物。」

他們把這份告示看了又看，終於明白這家商店生意興趣的原因了。原來顧客是貪圖那「3%」的免費商品。

他們回到自己的店裡，立即貼了一個醒目的告示：「本店從即日起，全部商品讓利 3%，本店保證所售商品為全市最低價，如顧客發現不是全市最低價，本店可以退回差價，並給予獎勵。」

就是憑藉這種向競爭對手學習的智慧，詹姆斯兄弟倆的商店迅速擴大。發展至今，已經擁有 60 多家連鎖商店。

在當今激烈競爭的商戰中，學習並趕超競爭對手，是每一個生意人的必修課。向你的對手學習制勝之道，可以節省我們的精力和成本；從你的對手那裡學習失敗的經驗，可以讓我們少走彎路，少受挫折；借鑒對手的管理模

式，可以讓我們輕鬆做管理高手；效仿對手的經營理念，可以讓我們轉變商業思維，開闊思路；向對手學習，才能更好的擊敗對手，贏得更多的商業機會。

美國斯圖‧倫納德乳製品商店的經理斯圖‧倫納德培訓教育中層幹部，使他們成為零售業務和競爭分析方面的專家，成為勝利者的方法很獨特，其做法就是訪問競爭對手。

他經常挑選一個與自己商店的經營有相似之處的競爭對手作為訪問對象。去訪問時，不管是遠是近，即使是幾百公里以外的地方，他也會帶上 15 個下屬一同前往。

為此，他還專門設計了定員 15 人的麵包車。當這些下屬隨著中層幹部出發時，就意味著他們參加了一個「主意俱樂部」，將接受斯圖‧倫納德對他們的挑戰：誰能第一個從競爭對手的經營管理中受到啟發，提出對本公司有用的新思想？能不能保證自己至少提出一條新思想？

斯圖‧倫納德這樣做的目的，就是讓每個訪問者都能至少找到一處競爭者比斯圖‧倫納德商店做得做得好的地方。

斯圖‧倫納德說：「我們應當盡量找出一件競爭對手比我們做得好的事，很可能那只是一些小事，但是只有這樣你才能不斷改進自己的工作。」

商場如戰場，在商場上你必須重視你的競爭對手，時刻關心競爭對手，分析競爭對手的資訊，從對手處學會更聰明的做法，避免他們的錯誤，才能超越對手，戰勝對手。

生意場上，向競爭對手學習，不僅是方法的問題，還是視野的問題、思想的問題、境界的問題。學習競爭對手身上的優點，把對方當成自己事業上突破的一個動力，這樣你就會收穫人際和事業的雙成功。

與競爭對手合作，實現雙贏

有這麼一則童話故事：

農田的旁邊有三叢灌木，每叢灌木中都居住著一群蜜蜂。農夫覺得，這些矮矮的灌木沒有多大的用處，心想，還不如砍掉了當柴燒。當農夫動手砍第一叢灌木時候，住在裡面的蜜蜂苦苦的哀求他：「善良的主人，您就是把灌木砍掉了也沒有多少柴火啊！看在我們每天為您的農田傳播花粉的情分上，求求您放過我們的家吧。」農夫看看這些無用的灌木，搖了搖頭：「沒有你們，別的蜜蜂也會傳播花粉。」很快，農夫就毀掉了第一群蜜蜂的小家。沒過幾天，農夫又來砍第二叢灌木。這時候衝出來一大群蜜蜂，對農夫嗡嗡大叫：「殘暴的地主，你要敢毀壞我們的家園，我們絕對不會善罷甘休！」農夫的臉上被螫了好幾下，他一怒之下，一把火把整從灌木燒的乾乾淨淨。當農夫把目標定在第三叢灌木的時候，蜂窩裡的蜂王飛了出來，對農夫柔聲說道：「睿智的投資者啊，請您看看這叢灌木給您帶來的好處吧！您看這叢黃楊樹的木質細膩，成材以後肯定能賣個好價錢！您再看看我們的蜂窩，每年我們都能生產出很多蜂蜜，還有最有營養價值的蜂王漿，這可都能給您帶來很多經濟效益呢！」聽了蜂王的介紹，農夫忍不住吞了一口口水。他心甘情願的放下斧頭，與蜂王合作，做起了經營蜂蜜的生意。

面對強大的對手，三群蜜蜂做出了三種選擇：懇求、對抗、與對手共贏，而只有第三群蜜蜂達到了最終的目的。

這則故事給我們的啟示是：一味的比權量力，好勇鬥狠，最後只能導致兩敗俱傷。如果學會合作，有時會取得意想不到的效果。商場上沒有永遠的敵人，只有永遠的朋友。商業競爭就是利益之爭，為了利益最大化，我們必

須學會與對手合作共贏，把商業競爭變成是一場雙方得益的「正和博弈」。

　　元凱在市區一條行人徒步區上開了一間書店，開張 3 個月後，生意還算不錯。可惜好景不常，一個姓裴的商人很快就在街角也開了一間書店，一份生意兩家做，自然就沒有當初那麼賺錢了。元凱氣得直跳腳，發誓一定要讓對方的生意做不下去。他很快就想出了一個吸引顧客的辦法：打折。元凱書店的玻璃上貼出了一張宣傳單：本店圖書除教材外，一律八五折！這之後，書店的生意果然紅火興隆了幾天，不過裴某也很快想出了對策：本店圖書一律八折。元凱狠狠心，又貼出了告示：本店部分圖書七五折，凡購書滿百元者贈送精美禮品！

　　就這樣，兩家書店打起了「價格戰」，兩個老闆見到對手眼睛就冒火。兩個月後，元凱拿起計算機一算帳才發現，兩個月來，勞心勞力卻利潤微薄，幾乎成了賠本買賣，想來對手也好不到哪裡去，不過生意可不能這樣做了，他決定與同行和解。兩人一商量，裴某提出了個建議：兩家書店盡量避免進同類圖書，比如：一家進教科書，一家就賣漫畫、雜誌，這樣就不會出現惡性競爭了。半年下來，兩家書店都有盈利，兩個老闆也成了不錯的朋友，經常在一起喝喝茶、聊聊天，交流一下開店的經驗，提起過去的爭鬥，兩人都戲稱是「不打不相識」。

　　由此可見，惡性競爭是有害而無利的，要想讓自己獲得長久的利益，就必須掌握雙贏的技巧。

　　商場如戰場，競爭很殘酷。同行之間不一定就是冤家，也可以是很好的合作夥伴。同行之間，可以在競爭中取長補短、共同進步，也可以在競爭中強強聯手、合作共贏。這樣的例子有很多，比如：有肯德基的地方基本都有麥當勞，它們是競爭關係，但是我們沒有看到什麼時候肯德基發動過什麼

「戰役」把麥當勞給消滅了，相反，它們在互相競爭中促進彼此的進步，同樣共同培育了各自的市場。相似的情況也出現在可口可樂和百事可樂身上。可口可樂和百事可樂互相視對方為主要競爭對手，但是，兩家企業卻從來不搞惡性競爭，甚至連促銷活動往往都有意錯開。

這些企業的做法是很明智的，它們沒有將同行視為對手或仇敵，而且巧妙的互相促進互相借助。摩根曾說：「競爭是浪費時間，聯合與合作才是繁榮穩定之道。」很多故事都能證明雙贏這一技巧所創造的效益，這種「合作共贏」的思路很值得生意人借鑒。

摩根是美國著名的財富大亨，他在掌控市場方面有著獨到的智慧。當時，華爾街的商行林立，競爭異常激烈，但摩根並不像別的同行那樣，時時想著怎樣與對手一較高低，搶得更多的市場。他的目光更長遠，他認為競爭是無謂的浪費和消耗自身實力的無聊遊戲，與其絞盡腦汁的和對手拚個你死我活，不如繞過競爭，與人聯合，如此才是繁榮和穩定之道。聯合與合作不僅避免了競爭帶來的負面影響，而且還能快速壯大自己的事業。早在1864年，摩根就在這一理念的引導下與原鄧肯商行的同事查斯？達布尼一起組建了達布尼－摩根公司，從事債券、各種商業票據及通貨和黃金的買賣。1873年，摩根與費城第二大金融公司的安東尼？德雷克歇聯合，組成了德雷克歇－摩根公司，成為全國最強有力的投資金融商行。它以無可爭議的資格連續在歐洲分配主要證券，統治著美國公債市場。

1884年歐美發生了第二次金融危機，這次危機開始於銀行破產，又迅速波及證券交易所。然而由於摩根買下了被驚惶失措的投資者和投機者們傾銷到市場上的各類證券，才使這次危機沒有演變成如1873年那樣的大崩潰。在華爾街地位顯赫的摩根，又開始把眼光投向了鐵路、鋼鐵等其他領域。他

先是奪取了全美最重要的一條鐵路 —— 薩斯科哈那鐵路的控制權，接著為范德比爾特的紐約中央鐵路公司成功銷售了 2,500 萬美元的股票，又不斷的把各家倒閉的鐵路公司收購下來，到 1900 年摩根公司成為美國最強大的鐵路公司。與此同時，摩根用融資的手段合併了美國中西部的一系列中小鋼鐵公司，成立了聯邦鋼鐵公司，接著又收購了一些大的鋼鐵公司，於 1901 年 4 月 1 日，成立了 US 鋼鐵公司。

從金融到鐵路、鋼鐵……以摩根公司為軸心，進行董事連鎖領導，形成組織嚴密的「摩根體系」。當時人們把摩根比喻為華爾街的「眾神之王」，說他控制著美國四分之一的經濟，摩根被美國金融界稱為「銀行家中的銀行家」。

在商戰中，無論從什麼角度來看，那種「你死我活」的爭鬥在實質利益、長遠利益上來看都是不利的，你不可能打倒所有的敵人，也沒有必要打倒所有的敵人。作為一個生意人，你肯定會有生意場上的敵手，如果不能說服或打敗你的敵手，就得和他們合作。這是許多生意人的競爭策略。因此，你應該活用「合作雙贏」的策略，彼此相依相存。

美國商界有句名言：「如果你不能戰勝對手，就加入到他們中間去。」現代競爭，不再是「你死我活」，而是更高層次的競爭與合作。做生意追求的不再是「單贏」，而是「雙贏」和「多贏」。

本茲和戴姆勒幾乎是同時發明了人類歷史上的第一輛汽車，又在相差不久的時間內建立起各自的公司。所以從一開始，命運就將他們安排到了一起，他們從此就處於一種競爭狀態中。1896 年，戴姆勒設計出了第一輛馬達載重車，而本茲搶在戴姆勒之前製造出了第一輛公共汽車。不甘示弱的戴姆勒在 1900 年成功的研發出一種高速新式轎車。奧匈帝國總領事埃米爾・耶

利內克一口氣訂購了 36 輛這種新式轎車。

耶利內克在訂購這批車時提了一個要求，那就是用他女兒的名字「梅塞德斯」作為汽車的新商標。於是從 1920 年起，「梅塞德斯」轎車開始風靡全世界，它給本茲汽車帶來了巨大的壓力。

就在本茲與戴姆勒兩大汽車製造廠兩虎相爭之時，已經崛起的美國福特汽車廠已把目光瞄準了歐洲市場。採用流水線作業的福特汽車價廉物關，不斷湧進德國市場。當一輛輛福特 T 型車奔走在德國的大馬路時，本茲與戴姆勒幾乎同時驚呼：狼來了！

在商戰如此激烈的情況下，本茲和戴姆勒兩大汽車公司都處於危機之中。1926 年 5 月的一天，本茲專程前往戴姆勒公司拜訪戴姆勒，他此行的目的是要促成兩家公司的合併。此時，已經 92 歲的戴姆勒熱情的接待了比他小 10 歲的本茲，雙方開誠布公的就合併事宜進行了商談。為了避免在競爭中自相殘殺而導致兩敗俱傷，也為了共同對付國外汽車業的競爭和挑戰，雙方很快就達成了一致意見。

一個月後，本茲與戴姆勒將兩家企業合併，聯手成立了「戴姆勒─賓士股份公司」。兩位汽車業元老在新的公司分別擔任董事長和總經理。合併後，兩位經營怪才配合得異常默契，使得公司迅速成長和壯大起來了。

在此後的半個多世紀中，由於經濟危機等多種原因，很多汽車廠都倒閉了，唯有賓士公司屹然不動，穩中有升。本茲與戴姆勒的後繼者都為兩大公司的合併而感到非常慶幸，是合併給了公司新的生機和不斷發展和壯大的希望。賓士公司的強大，在於化敵為友，與競爭對手合併，共同發展。

同行終究是敵是友，完全取決於你的態度和胸懷，只有具有寬廣胸懷，以博大的心胸容納同行、團結同行的人，才真正具有長遠的發展眼光，才能

將同行變成自己人，實現長久的生存和發展，讓自身立於不敗之地。

俗話說，同行是冤家，在競爭中，同行作為競爭對手，確實是彼此之間相互對立。其實，換個角度，把同行拉到自己的「利益圈」裡，或者建立一個雙方共同的利益圈，就能打破這種限制了。事實證明，同行之間合作帶來的收益往往比競爭帶來的收益要大得多。所以，在現代競爭中，聯合競爭對手共同發展已經成為一種策略。把對手變成自己人，雙方為了共同的利益攜起手來，齊頭並進，會達到雙贏的目的。

與人分利是生意人的大智慧

「與人分利」是生意人的一個基本共識，也是經商發財的黃金定律。做生意只有讓利於人，追求雙贏，而不是一方有利，才能保持久遠的合作關係。相反，光顧一己利益，而無視對方的權益，只能是做一次生意，慢慢將生意做斷做絕。

古語有云：與君同行，分之即得之！意思是說和別人在一起，如果你願意和身邊的人分享你的東西，那麼得到的一定比失去的多。一個人要成就大事業需要爭取盡可能多的人合作，而按現代經營理念，利益一致才有真誠的合作，因此，必須把利益問題放在重要位置，包括下屬的利益與外來合作夥伴的利益。

吉田忠雄是日本吉田工業公司（YKK）的董事長，吉田工業公司是世界上最大的拉鍊製造公司。年營業額達 25 億元。年產拉鍊 84 億條，其長度達 190 萬公里，足夠繞地球 47 圈。吉田忠雄本人被稱為「世界拉鍊大王」，他說他的成功是由於「善的循環」。這與他小時候捕鳥時受到的教育是分不開的。

　　吉田忠雄的父親吉田久太郎是個穩重而又有正義感的小鳥販子，他以捕捉、飼養、販賣小鳥為生。7 歲時，吉田忠雄就上山給父親做幫手。他們捉鳥從來不捕幼鳥，不捕餵養期的成鳥。用吉田久太郎的話說，首先得保證鳥類能夠代代繁衍，這樣才可以永遠都捕到鳥。這是一個善的循環。它在吉田忠雄的心中打上了深深的烙印。在捕鳥、馴鳥的歲月裡，吉田中雄吸收了影響他一生的經驗，他從鳥兒那裡學到了熱愛自由、堅強不屈的性格，這為他日後艱苦創業，登上世界「拉鍊大王」寶座打下了堅實的概念基礎。

　　25 歲時，吉田忠雄創辦了專門生產銷售拉鍊的三 S 公司。50 歲時，吉田忠雄建成了世界一流的拉鍊生產工廠，完成了年產拉鍊長度繞地球一周的宏願。每逢有人追問他的成功之道時，吉田忠雄總是笑著說：「我不是愛護人與錢而已。人人為我，我為人人，不為別人利益著想，就不會有自己的繁榮。對賺來的錢，我也不全部花完，而是一部分作為員工的紅利，一部分再投資於機器設備上。一句話，就是善的循環。」

　　吉田忠雄信奉「善的循環」哲學。他相信在互惠互利的情況下，才能真正做到雙贏。公司支付的紅利，他本人只占有 16%，他的家族占 24%，其餘 60%由公司員工分享，這是其他老闆難以做到的。吉田忠雄要求公司職員把薪資及津貼的 10%存放在公司裡，用來改善設備，提高利潤；員工每年可以分到 8 個月以上的資金，但他要求員薪資金的 2/3 購買公司的股票，公司由此增加資金，員薪資水與資金更加提高，且可以拿到 20%股息。由此形成公司與員工之間的「善的循環」。

　　由此可見，精明的生意人懂得「與人分利」。一個不懂得與他人分享的生意人，不可能將事業做大。所以，無論是做企業，還是做生意，一定要懂得為他人著想，與他人分享利益。

在生意場合中，應多結交朋友，並善待他人，充分考慮對方的利益。追求利益是生意人的共性，自己這方沒有利益，生意將難以為繼；對方沒有利益，生意就滯塞不暢。所以，成功的生意人賺該賺的錢，也讓別人得應得之利，雖然放棄了暴發的可能，卻可以做長久的生意。這樣生意就如長江之水，生生不息，做長了自然做大了。

成功的生意人信奉「有錢大家一起賺」的準則，他們認為不讓別人賺錢的生意人，不是好生意人，也絕對不會得到真正的朋友，真正的朋友總是肯為對方考慮的。在商業社會，做生意總要有夥伴、有幫手、有朋友。你照顧了別人的利益，實際上也就是照顧了自己的利益。

李嘉誠曾說：「人要去求生意，生意就難做，生意跑來找你，你就容易做。那如何才能讓生意來找你？那就要靠朋友。如何結交朋友？那就要善待他人，充分考慮到對方的利益。」李嘉誠深深的懂得，只有讓他人得到相對的利益，他人才會為自己帶來財富。

杜輝廉曾是為李嘉誠的事業鼎力相助的一個「客卿」。杜輝廉是一位英國人，出身倫敦證券經紀行，是一位證券專家。

1970 年代，英國唯高達證券公司來港發展，委任杜輝廉為駐港代表，在業務往來中他便與李嘉誠結下了不解之緣。

1984 年，唯高達被花旗銀行收購，杜輝廉隨之參與花旗國際的證券業務。杜輝廉是長江多次股市收購戰的高參，並實際操辦了長實及李嘉誠家族的股票買賣，因而被業界稱為「李嘉誠的股票經紀」。

但杜輝廉並不是李嘉誠屬下公司的董事，他多次謝絕李嘉誠要他擔任長實董事的邀請，是眾「客卿」中唯一不支乾薪者。但他絕不因為未支乾薪，而拒絕參與長實系股權結構、股市集資、股票投資的決策，這令重情重義的

李嘉誠一直覺得欠他一份重情，總想著尋機報答於他。機會終於來了。1988年底，杜輝廉與他的好友梁伯韜共創百富勤融資公司，李嘉誠當即決定幫助百富勤公司，以報杜輝廉相助之恩。杜梁二人各占百富勤公司35%的股份，其餘股份，由李嘉誠邀請包括他在內的18路商界巨頭入股。

這些商界巨頭也得到過杜輝廉的幫助，所以接到李嘉誠的邀請後，便欣然允諾。他們都和李嘉誠一樣不入局，不參政，目的僅在於助其實力，壯其聲威。

在18路商界巨頭的大力協助下，百富勤發展壯大，先後收購了廣生行與泰盛，也分拆出另一家公司百富勤證券。杜輝廉任這兩家公司主席。到1992年，該集團年盈利已達到了6.68億港幣。當百富勤集團成為商界小巨人後，李嘉誠等鉅賈主動攤薄自己所持的股份。其目的是再明顯不過了，那就是好讓杜梁兩人的持股量達到絕對的「安全」線。

李嘉誠對百富勤的投資，完全出於非盈利目的，他之所以這樣做，完全是為了報杜輝廉之恩。儘管李嘉誠並不想從百富勤賺得一分一厘，但李嘉誠持有的5.1%的百富勤股份，仍為他帶來了大筆紅利，這是因為百富勤發展迅速，是市場備受寵愛的熱門股，他不想賺錢，也得賺錢了。

李嘉誠最輝煌的戰績在股市，最能顯示其超人智慧的場所也是在股市，而被稱為「李嘉誠的股票經紀」的杜輝廉，在其中起了不容低估的作用。李嘉誠給以豐厚的回報，又使杜輝廉更加專心致志的回報李嘉誠，充當李嘉誠的「客卿」。

從某種意義上來說，李嘉誠得到「客卿」的大力相助，也是「善有善報」的延伸。所謂「家有梧桐樹，引得鳳凰來」。假若自己品格不良，沒有「梧桐樹」，又如何引得「鳳凰」來棲呢？一些目光短淺，只貪圖眼前利益，做生意

時只想著自己獨吞，結果呢，往往是一時賺得小利，而失去了長遠之大利，可謂是因小失大。

李嘉誠說過：「如果一單生意只有自己賺，而對方一點不賺，這樣的生意絕對不能做，重要的是首先得顧及對方的利益，不可為自己斤斤計較，要捨得讓利，使對方得利，這樣，最終會為自己帶來較大收益。」

正是在這一原則的指導下，李嘉誠的生意越做越大，其規模和經營智慧聞名於世。

有句話說得好：財散人聚。對於做生意來說，不能一直以謀求利益為目的。你要把利益與別人分享，才會贏的信賴、聚集人心，這樣一來，你的業務範圍、合作夥伴才會越來越多，生意越做越大。所以說，與人分利、誠實經商，是生意人獲得成功的重要祕訣。

做大生意要懂「借」字訣

所謂「借」字訣，就是指借助強者在社會上的聲譽、地位、金錢等，求得自己的生存與發展，最終達到戰勝強者的目的，是現代經營術中的一大制勝祕訣，也是聰明的生意人創業致富的一大法寶。

日本松下電器的創始人松下幸之助說過這樣一句話：「我是用天下人的錢和天下人，來辦我的事情，我出售的只是服務。」毫無疑問，生意人要賺大錢，將生意轉化為企業，把自己由小商人變成企業家，就必須懂得巧妙的借用他人的智慧和金錢。

當年，美國富豪路維格唯一的家當就是一艘老油輪。

有一天，他跑到大通銀行，對銀行職員說他要借錢。那位職員看了看他的破襯衫領子，輕蔑的問他拿什麼做擔保。路維格便搬出了那艘老油輪，

說他正把船租給一個石油公司，每月的租金正好可以分批還這筆款項。銀行還是有點猶豫，路維格便建議把租契交給銀行，由銀行去跟那家石油公司收租金。

一般來說，銀行是不會接受這種非分要求的，但他們看中了那家石油公司的信用，而路維格當時是沒有什麼信用可談的，因此，銀行借給了他一筆錢。

第一筆貸款到手之後，路維格看這樣可以從銀行貸到款，於是他用貸款來的錢又買了一艘舊貨船，然後改成油輪租了出去，再拿著租契到銀行貸款，再買船。如此反覆了好幾年。他已經擁有八艘自己的船了。這時候，他開始做起航運，雖然規模不大，不能和那些大的航運公司對抗，但是他已經能賺到了 300 多萬美元了，而且，這些錢還在不斷的成長。在幾年的時間裡，路維格把一艘舊船變成了擁有八艘油輪的船隊，這對他來說已經是非常不錯的成績了。

法國著名的作家小仲馬在劇本《金錢問題》中說過這樣一句話：「商業，這是十分簡單的事。它就是借用別人的資金！」這也說明了財富是建立在借貸上的。借是一種策略，但更是一種高深的智慧。「借」字訣是將生意做大的捷徑，所以說，只有會借、善借，才能獲得自己想要的。

俗話說：「眾人拾柴火焰高。」聰明的生意人總是努力擴充自己的頭腦，延伸自己的手腳，學會借他人的力量，並把這種外力融入到自己的奮鬥中，使自己的能力成倍的成長，從而輕而易舉的完成自己要辦的事，使自己的期望和夢想成為現實。

「好風憑藉力，送我上青雲」，聰明的生意人知道「借」字訣的妙處。在創業之初，他們大都白手起家，但卻巧借他人之力為己所用，這種方法又被

稱作「借雞生蛋」、「借船出海」「借殼上市」等，這是古今白手起家的最高經營之道。

　　1950 年代，一對兄弟不遠萬里來巴西聖保羅市尋找致富之路。有一次，大哥到南里奧格蘭德州首府阿·雷格里港旅行，在一間餐館吃飯時，發現一種義大利肉雞美味可口。他飽餐了一頓，同時還打聽到，這種義大利肉雞是一種有名的肉食，當地人十分喜愛。

　　真是踏破鐵鞋無盡處，得來全不費工夫。大哥顧不上旅行，火速趕回聖保羅與弟弟商量怎樣養義大利肉雞一事。一番商議後，兄弟兩人認為，從事此項經營很有前途，但手頭沒有足夠的資金，怎麼辦得起養雞場呢？他們連續幾天奔走求人借錢都無門。在苦思之中，弟弟突然靈機一動，想出了一個「借雞生蛋」的妙計。

　　兄弟倆用「最巧妙的借」的方法，企劃組織了一個互助會，其實質是一種合作社形式，在相識的朋友、鄰里、工友中招募人員參加。他們將辦這種養雞場的錢途、利潤等向參加互助會的成員進行詳細的論證和說明，並說服他們投資，許諾他們一旦投入資金，投入的本金及利息不但可按時歸還，並將會獲得較好的分紅。經過兄弟二人打理宣傳和東奔西跑的登門遊說，雖說沒有多少人參加，但總算是籌到了 2 萬美元。

　　他們就憑藉這 2 萬美元在阿·雷格里港郊區辦起了一個養雞場，取名為「阿維巴農場」。現在兄弟二人的公司每週可供應 180 萬隻雞，僅此一項業務，每年的營業額就達到 1.65 億美元。

　　現今的很多創業者都是白手起家，多數都局限於資金不足，進而限制了他們的發展，發展時也不敢做過多投入，風險相對而言極大。而「借雞生蛋」正是這些白手起家的創業者所急需的致富手段，其不但可以借他人的優異資

源自我發展，又可以彌補資金不足的局限，集中精力在某一方面，而不用再分心、分錢和擔風險去「養雞」，真真是一舉多得之舉。

在生意場上，學會了借力，善於利用別人的資源，就意味著你會節省大量的創業實踐，提前奮鬥成功。當別人在為「無路可走」煩悶時，你已經利用多方面條件為事業鋪平了道路；當別人勞心費力的創造條件時，你已經利用別人的資源成功，不費吹灰之力的達成目的。因此，如果你想很輕鬆的使用自己獲得成功，獲得財富，就要學會巧妙的運用「借」字訣，這是做生意最高明的一種手段。

第九章

商者無域，做生意沒有固定模式

　　商界有句古訓：「商者無域」。意思是對於生意人來說，經營的方法、思維的角度只有專業與否，沒有套路之分，只要有利可圖，不必拘泥於形式。現實中能夠真正領會這一古訓的生意人並不多。生意成功沒有固定的模式，只有根據市場的變化，靈活機智的轉換、創新、改變自己的創業方向，制訂適合市場的經營策略和方式，不被一些條條框框所束縛，才能在激烈的商戰中立於不敗之地。

積極思考，壞事也可以變好事

生活中，凡事有利有弊，我們要善於從積極的角度去考慮問題，樂觀的處理問題。當周邊環境發生變化時，生意人要明白：每件事的發生必有多方面的影響，而其中，必有利於我之處！

1910 年，一場特大象鼻蟲災害狂潮般的席捲了整個阿拉巴馬州的棉花田，蟲子所到之處，棉田毀於一旦。阿拉巴馬州是美國的主要產棉區，那裡的人們世世代代種棉花，可是現在，象鼻蟲災害使人們認識到僅僅種棉花是不行的。如果只種棉花，爆發了象鼻蟲災害，一年的收成就都沒有了。於是，人們開始在棉花田裡種玉米、大豆等作物。儘管棉花田裡還有象鼻蟲，但根本不足為患。棉花和其他農作物的發展都很好，結果，種多種農作物的經濟效益要比單純種棉花高四倍。阿拉巴馬州的經濟從此走上了繁榮之路，人們的生活也越來越好。阿拉巴馬州人認為經濟的繁榮應該歸功於那場象鼻蟲災害，是象鼻蟲使他們學會了在棉花田裡套種別的農作物。

可見，一場危機是一場災難，同時也潛藏著機遇。結果怎樣，全看人們如何面對它。危機與轉機之間僅一線之隔，有時候就看我們是否能將劣勢化為優勢，將危機化為轉機。經商也是如此。世界上任何危機都蘊育著商機，且危機越重商機越大，這是一條百攻不破的商業真經。

法國礦泉水產量居世界第一位，沛綠雅是其中的佼佼者，有「水中香檳」之美譽。沛綠雅年產超過 10 億瓶，60％銷往國外，在美國、日本和西歐等國，沛綠雅成了法國礦泉水的象徵。1990 年 2 月初，美國食品及藥物管理署宣布，經抽樣調查，發現沛綠雅中含有超過規定 2 ～ 3 倍的化學成分 —— 苯，長期飲用可能致癌。

消息一傳出，無疑是對沛綠雅聲譽的當頭一棒！外界輿論紛紛猜測：法國這一塊名牌要倒了！面對這種情況，怎麼辦？一般公司只是收回那些不合格產品，並向消費者致歉，以求息事寧人，大事化小，小事化了，但從此，消費者也就不再相信這種產品。要想再達到以前的聲譽，真是難乎其難。

在此危急關頭，董事長勒萬非常鎮靜，經過慎重考慮，他決定採取一些措施，不僅要設法走出危境，而且還要將這件事變成對沛綠雅的宣傳，變害為利，並要好好利用此機會大賺一把。

他在記者招待會上宣布：就地銷毀已經銷往世界各地的 1.6 億瓶礦泉水，隨後用新產品加以補償。

如果說，發現含苯量過高還算不上什麼大新聞的話，但「回收和銷毀全部產品」這件事到成了當天的頭號轟動新聞。這是一種「瘋狂」的行動，更是一場「信心戰」。對這一舉動，法國政府總理當即表示讚揚。果然，在公司股票跌價 16.5% 之後，當決定全部回收的第二天，股票牌價就回升了 2.5%。

接著，公司公布了造成事故的原因是人為技術造成的，差錯在於：在淨水處理過程中由於濾水裝置沒有按期更換，而不是水源被汙染，從而安定了人心。由於飲用習慣及對該公司的信任，在美國仍有 85% 的消費者繼續購買沛綠雅。首戰告捷，接下來的第二招便是一場恢復信譽、鞏固市場的宣傳攻勢。

沛綠雅重新上市的那天，巴黎幾乎所有的報刊雜誌都用整版刊登廣告，畫面是人們熟悉的沛綠雅，唯一不同的是有幾個鮮明的字樣 ——「新產品」。

同一天，法國駐紐約總領事館舉行沛綠雅新產品重新進軍市場新聞發布會。翌日，沛綠雅美國分公司總經理仰首痛飲碧經液的照片登在各大報刊的頭版顯著位置。

　　不久，沛綠雅廣告在電視螢幕出現。一隻小綠瓶，一滴水從瓶口沿著瓶身流淌，猶如眼淚一般。沛綠雅像是一個受委屈的小女孩在嗚咽低泣，一個如同父親般的聲音娓娓的勸慰她不要哭：「我們仍舊喜歡你。」

　　「沛綠雅」的牌子頃刻間家喻戶曉，甚至有些以前不知道它的人也都知道了。誰都期待著新的產品上市後去品嘗一下，這就產生了間接的巨大廣告作用。

　　透過這一連串奇特的宣傳攻勢，沛綠雅礦泉水反而獲得了消費者的青睞。

　　沒有人願意遭遇危機，但是，危機常常是不邀而至。危機是一把雙刃劍，它能刺傷你，也能成就你，關鍵看你的態度和行動。在突發危機決策活動中，你需要快速反應，從容應對，果斷行動，這是危機事件時效性的要求，也是危機事件決策的顯著特徵。

　　危機常在，而巧度危機的智慧並不常在。商人能否在競爭中發現隱患，能否在隱患中找出有利條件，能否把隱患轉變成爭取有利條件的條件等等，直接關係著自己的生存與發展。一個成功的商人總是善於應對危機，化險為夷，更能在危機中尋求商機，趁「危」奪「機」。

　　南宋年間，溫州城最繁華的街市失火，火勢迅速蔓延，數以萬計的房屋商鋪置於汪洋火海之中，頃刻之間化為廢墟。

　　有一位裴姓富商，苦心經營了大半生的幾間當鋪和珠寶店，也恰在那條鬧市中。火勢越來越猛，他大半輩子的心血眼看將毀於一旦，但是他並沒有讓夥計和奴僕衝進火海，捨命搶救珠寶財物，而是不慌不忙的指揮他們迅速撤離，一副聽天由命的神態，令眾人大惑不解。然後，他不動聲色的派人從長江沿岸平價購回大量木材、孟宗竹、磚瓦、石灰等建築用材。當這些材料

像小山一樣堆起來的時候，他又歸於沉寂，整天品茶飲酒，逍遙自在，好像失火與他毫無關係。

大火燒了數十日之後被撲滅了，但是曾經車水馬龍的溫州，大半個城已是牆倒房塌一片狼藉。不幾日朝廷頒旨：重建溫州城，凡經營銷售建築用材者一律免稅。於是溫州城內一時大興土木，建築用材供不應求，價格陡漲。裴姓商人趁機拋售建材，獲利巨大，其數額遠遠大於被火災焚毀的財產。

機會往往產生於對危機的化解之中。所以，危機並不可怕，也並非不可逾越，可怕的是不知道危機的來臨，不懂得危機的應對。只要我們能夠在危機中有積極的危機意識，注重收集和分析資訊，完全可以從危機中找到商機。事實上，在危機中，機會無所不在，只要抓住了它們，危機就會有「枯木逢春」的轉機，甚至可能是成功的契機。

商業競爭中，成功的生意人往往善於透過自己的主觀努力，把不利條件轉變為奪取最後勝利的有利條件，即轉患為利，轉敗為勝。

借助他人錢財做自己的事業

現今的很多創業者都是白手起家，多數都局限於資金不足，進而限制了他們的發展，發展時也不敢做過多投入，風險相對而言極大。而「借雞生蛋」正是這些白手起家的創業者所急需的致富手段，其不但可以借他人的優異資源自我發展，又可以彌補資金不足的局限，集中精力在某一方面，而不用再分心、分錢和擔風險去「養雞」，真是一舉多得之舉。

香港著名的聖安娜餅店的創始人 —— 霍世昌靠朋友得以發跡，或許也可以給你一些創業的啟迪。

霍世昌是聖安娜餅店的創始人之一。這家餅店成立至今已有 20 多年的

歷史了，他當時只是一個 20 多歲的毛頭小夥子，當人們向他提出此一疑問時，這位仍然顯得幼稚的老闆笑著回答道：「你猜錯了，我是靠借錢開餅店，靠朋友發財的。」由如此爽脆的答案中你應該明白他當時的情形。

「當時我在電燈公司工作，是有關技術維修方面的。那時還未結婚，但已有女朋友，她很喜歡弄些點心、蛋糕之類食品，味道嘛，真是不錯。她是跟一位師傅學習的。我便想，徒弟已經有此成績，師傅當然更好，因此便萌升起開餅店的念頭。然而那時的西餅業在香港並沒有呈現出現在的這種蓬勃趨勢。我想這是一項有作為的生意，便跟她的師傅商量研究。我倆都贊成這個計畫，但最重要的問題是資金缺乏，於是，便決定找朋友支持。我先是做出一份包含預算、地點、資金、經營方針等詳細內容的可行性計畫書。然後，便找一朋友商量。當這位朋友看過後，他很順利的接受了計畫書。我們三個人便成為合夥人，直至現在。」

初靠借錢開餅店，現今每年都增設一間分店，1997 年香港回歸後，霍記餅店的生意更興隆了。

無獨有偶。角榮公司董事長角榮也是依靠「借雞生蛋」發家的。在發跡之前，他長期在專心思考「沒有資金賺大錢」的生意，費了好長一段時間才想出一套「預約銷售」的方法。

這項辦法其實很簡單，譬如：有人要賣某處山坡的地上物時，他就前去找買主，一找到，他就跟買接洽。不妨來看看他的辦法：「那座山上的木材價格有 100 萬元以上，主人現在有意以 80 萬脫手，請你把它買下來。2 個月內一定保證賺一成。超出一成利潤時，超出部分由我所得，如果賺不到一成時，我可以賠你一成的利潤。」

這樣角榮就讓有錢的朋友給他做連帶保證。如果買方把它買下來，買好

之後，角榮就代買主銷售，如此他往往以買價 2 倍左右的價格脫手。對買主來說，2 個月就有一成的利潤，而一成利潤比一年的銀行利息要多得多，而且有保證，安全可靠，因此找買主並不困難。

這項預約促銷的方法，顯然需要有一點社會信用才能辦得到。如果你有信用，有人能替你擔保，你只要有誠意和勤於跑腿，這項事業就可以日益壯大。

在百業都需大本錢經營的年代，角榮做這項不要資金的生意確有一套，並且頗有所獲。他本來一無所有，經過 10 年的努力，就是靠著這種高超的「借術」，賺取了 10 億日元。

「好風憑藉力，送我上青雲」，聰明的生意人知道「借」的妙處。在創業之初，他們大都白手起家，憑藉的就是「借雞生蛋」的生財良方。

做生意就是要膽大一點，盡一切所能讓資源為我所用。懂得借雞生蛋，利用別人的資源，意味著你會節省大量的創業實踐，提前奮鬥成功。當別人在為「無路可走」煩悶時，你已經利用多方面條件為事業鋪平了道路；當別人勞心費力的創造條件時，你已經利用別人的資源成功，不費吹灰之力的達成目的。因此，如果你想很輕鬆的使用自己獲得成功，獲得財富，而又不想用什麼實際上的投入的話，就要學會巧妙的運用「借」字，這是最高明的一種手段。

搶先一步，速度制勝

商界競爭中，時間是最寶貴的。商場如戰場，發現戰機而猶豫不決，敵人就會先發制我；我雖先發而行動不快，敵人就會先得其利。難得的是時間，易失的是機會。所以，商界競爭中的行動一定要迅速。

1983 年春節，一位華僑從美國家裡打來電話：「美國員警總署消息，美國員警要換服裝，34 萬人，需要 68 萬副徽章，每人兩套就是 650 多萬。你們可不可以做？」

兩個老闆心急如焚的直奔美國，向美國員警總署署長闡述意向。美國人認為不可能做出一流徽標，兩個老闆不溫不火的說：「有句古話叫『耳聽為虛，眼見為實』，請你們派兩位專員來看一看，費用我們全包。」

也許美國人有「不去白不去」的心態，兩位員警局專員專程過來，工人當場表演了從原料到成品只需 35 分鐘的過程。幾天後美國人帶著 100 副樣品回去了。美國員警總署頭頭們一看，價格只有本地一半，而且不需要定金，成交。兩個老闆如法炮製又做成了聯合國部隊和駐港部隊徽章的生意。

從這個事例中可以看出，搶占市場的速度之快，實在令人叫絕，他們往往是頭一天打聽到某個商機，第二天就能生產出產品，第三天就能收到訂單賺錢。所以說，速度往往就是贏得市場的殺手鐧。要想在同行之中不敗北，只有在市場上以快取勝。在生意場上，每個人的機會是均等的，相同的條件之下，誰能捷足先登，搶占先機，先發制人，那麼誰就能穩操勝券了。

在這「速度為王」的時代，速度已經成了主導作用，速度就是一切，快慢決定成敗。商戰要求快速行動、簡潔明快。快速反應是一個生意人的基本生存法則。只有做到迅速的應對市場變化，才能在激烈的市場競爭中立於不敗之地。

速度是贏得市場競爭最後勝利的重要前提條件。實踐已反覆證明，在其他諸因素相同或基本相同的情況下，誰速度快，搶占商機，誰就會取得最後的勝利，搶先的速度已成為在競爭中取勝的關鍵因素。

不管做什麼事，先人一步總是好的。天上不會掉錢，只有快人一步，才

能取得與別人不一樣的效果。對每個人來說，機會意義都是非凡的，但是能不能把握住機會是最重要的，快人一步才能實現機會的意義，否則，機會就會被別人把握，而你只有看別人成功了。所以，做什麼事都要快人一步，這樣才會搶占到先機。

宣傳品牌，讓客戶記住你

在現代經濟社會中，為了提高企業知名度，吸引更多的顧客，企業經營者應善於製造宣傳攻勢，讓客戶記住牌子，以達到名利雙收的目標。這是一種手段，也是一種策略。

日本的 SB 公司生產咖哩粉，有一段時間，這家公司的產品滯銷，堆在倉庫裡面賣不出去，眼看就要破產了。公司要破產，大家都在想方法進行促銷，可是一切手段都施展出來之後，公司的銷售量還是沒有上去。公司連續換了三任經理，第四任經理田中走馬上任之後，還是沒有好辦法。

大家都清楚，公司的產品賣不出去的原因是顧客對 SB 公司的牌子很陌生，很難注意到這種產品。咖哩粉不是暢銷商品，進口的、國產的，應有盡有。要讓人們回過頭來買自己的咖哩粉，那不是天方夜譚嗎？公司的銷量一天天萎縮，公司的資金一天天減少。由於沒有足夠的資金，大量做廣告是不實際的，但是如果不拚死一搏去做廣告，那就無異於坐以待斃。做廣告，做什麼廣告呢？

一天，經理田中正在辦公室裡翻報紙，一條新聞吸引住了他。這條新聞說：有家酒店的工人罷工，媒體進行了追蹤報導，罷工問題遂圓滿解決，酒店恢復營業，原先不景氣的生意現在變得異常興隆。在日本，勞資雙方的關係一般都比較和諧，一旦出現罷工的事情，就會成為新聞的熱點。

　　田中看著看著，大腦裡突然有了主意：這家酒店之所以生意興隆，就是因為新聞媒體無意之中給炒熱起來的。SB 公司為什麼不可以利用這種虛招進行一番自我宣傳呢？想著想著，一個巧妙的想法在他的大腦裡形成了。

　　不做則已，要做就要做出個名堂。他經過深思熟慮，偷偷叫來了幾個幹將，關上房門，如此如此的吩咐了一番……幾天之後，日本的幾家大報，如《讀賣新聞》、《朝日新聞》等刊登出了這樣一條廣告：SB 公司專門生產優質咖哩粉，為了提高產品的知名度，今決定雇數架直升機到白雪皚皚的富士山頂，然後把咖哩粉撒在山上。從此以後，我們看到的將不是白色的富士山，而只能看到咖哩粉的顏色了……

　　這是一條令全日本人都感到震驚的消息。在日本，富士山是一大名勝，不僅在日本人心目中，甚至在其他國家的人的心目中，富士山就是日本的象徵。在這樣神聖的地方，居然有公司膽敢撒咖哩粉？真是豈有此理！

　　SB 公司的廣告剛剛刊出，國內輿論一片譁然。很多人對如此的言辭難以忍受，都紛紛指責 SB 公司。本來名不見經傳的 SB 公司，連續好多天在報紙、電視、電臺等各種新聞媒體上成為大家攻擊的對象。有的人甚至放出話來，如果 SB 公司膽敢如此放肆，我們一定叫它倒閉！

　　在一片輿論的聲討聲中，SB 公司的名聲大振。臨近 SB 公司廣告中所說的在富士山撒咖哩粉日子的前一天，原先發表過 SB 公司的報紙都刊登出了SB 公司的鄭重聲明：鑒於社會各界的強烈反應，本公司決定取消原來在富士山頂撒咖哩粉的計畫……

　　反對的人們歡慶自己的勝利，田中和 SB 公司的員工們也在歡慶他們的勝利。這樣一番折騰，全日本的人都知道有一家生產咖哩粉的公司叫 SB 公司，並且以為這家公司是一家實力超群、財大氣粗的公司。很多小商小販都

紛紛投到 SB 公司的門下，大力推銷 SB 公司的咖哩粉，SB 公司的咖哩粉一時間成了暢銷產品。田中經理的一招妙棋救活了一家公司，目前這家公司在日本國內市場的占有率高達 50%。

在商品銷售環節，最重要的就是透過宣傳和推廣產品的知名度，讓消費者記住自己的產品，這樣才能在市場上取得比其他同類產品更好的銷路。

為了宣傳和推廣產品，每個企業都會製造宣傳攻勢，可製造宣傳攻勢也有講究，找到恰當的方式才能花最小的力氣，獲得最大的宣傳效果。

林佳華是一個生意人。有一次，他帶領屬下參加一個商品展銷會，令他感到懊惱的是，他被分配到一個極為偏僻的角落，而這個角落是很少有人光顧的。為他設計攤位布置的裝飾工程師勸他乾脆放棄這個攤位，認為在這種情況下要展覽成功是不可能的，唯一辦法只有等待來年再參加商品展銷會。

沉思良久，他覺得自己若放棄這一機會實在可惜，而這個不好的地理位置帶給他的厄運也不是不能化解，關鍵就在於自己怎樣利用這不好的環境，使之變成整個展會的焦點。他覺得改變這種厄運需要一種出奇制勝的策略，可是怎樣才能出奇制勝呢？他陷入了深深的思考。林佳華想到了自己創業的艱辛，想到了展銷會的組委會對自己的排斥和冷眼，想到了攤位的偏僻，在他心中突然想到了偏遠的非洲，自己就像非洲人一樣受到不應有的歧視。

第二天，林佳華走到了自己的攤位前，心裡充滿悲哀又有些激奮，心想既然你們把我看成非洲難民，那我就給你們打扮一回非洲難民，於是一個計畫就產生了。

林佳華讓他的設計師給他設計了一個阿拉伯古代宮殿式的氛圍，圍繞著攤位布滿了具有濃郁的非洲風情的裝飾品，把攤位前的那一條荒涼的大路變成了黃澄澄的沙漠，他安排雇來的人穿上非洲人的服裝，並且特地雇用動物

園的雙峰駱駝來運輸貨物，此外還派人定做大批氣球，準備在展銷會上用。

還沒到開幕式，這個與眾不同的裝飾就引起了人們的好奇，不少媒體都報導了這一新穎的設計，市民們都盼望開幕式盡快到來，一睹為快。展銷會開幕那天，林佳華揮揮手，頓時展廳裡升起無數的彩色氣球，氣球升空不久自行爆炸，落下無數的膠片，上面寫著：「當你拾起這小小的膠片時，你的運氣就開始了，我們衷心祝賀你。請到我們的攤位，接受來自遙遠的非洲的禮物。」這無數的碎片灑落在熱鬧的展銷會場，當然林佳華也因此奇特的改變與創新取得了巨大的成功。

可見，製造宣傳攻勢，不一定只有轟轟烈烈的大新聞才能吸引人的注意，利用自身的有利條件，進行創造性的思維，也能產生很好的效果。只要巧妙的切合到大眾的欣賞口味，充分利用自己的特點，也能製造出一些吸引人的轟動效應，讓客戶記住產品的牌子。

險中有夷，危中有利

做生意都要承擔一定的風險，世間沒有絕對沒有風險的商業機會。沒有風險的商業機會，也就沒有多大的利潤空間。風險與收穫常常是結伴而行的。險中有夷，危中有利。要想有卓越的結果，就要有膽量，敢於冒風險。

有句俗語：「明知山有虎，偏向虎山行。在生意場上，有許多成功的商人就是在這句話的感召下走向成功的。」

二戰結束後，有一位年近 6 旬的老翁，敏銳的感覺到未來的石油發展應該是中東。他要在中東開發石油，在美國的煉油廠提煉。但當時中東地區早已被世界上 7 家實力雄厚的大公司所控制，要想打進去十分困難。可是沒有人會想到，老翁竟然看中了沙烏地阿拉伯與科威特之間的一塊不毛之地。

這是一個屬於兩國共管的中立區，是一大片荒漠。老翁聘請的石油地質學家駕著飛機從空中觀察地形地貌，斷定那下面埋藏著石油。經過談判，老翁獲得了 60 年石油開採特許權，但他必須滿足沙烏地阿拉伯提出的相當苛刻的條件，要冒極大的風險。美國石油工業界許多人公開指出，這樣做註定要破產，他們認為那裡根本不可能出油。但老翁很有信心，他敢於這樣做，是因為他認為在沙烏地阿拉伯開採石油成本低廉，著眼於石油價格上漲因素，他斷定那塊地方從長遠來看一定能賺到大錢。4 年中，先後投下了 4,000 萬美元，但只產出少量劣質油。這種油很難提煉，幾乎沒有商業價值。石油工業界的預言似乎已經被證實了，連他本人也顯露出焦躁不安的情緒，畢竟他已經不再年輕。然而，在經歷了 4 年之久的不斷挫折之後，成功終於向勇敢人招手了。該地區的高產油井被一口接一口的打了出來，他的財富開始加倍的增加……這位頗富冒險精神的老翁叫保羅‧蓋蒂，他是當今最負盛名的石油大亨。

無獨有偶。1956 年，58 歲的哈默購買了西方石油公司，開始大做石油生意。石油是最能賺大錢的行業，也正因為最能賺錢，所以競爭尤為激烈。初涉石油領域的哈默要建立起自己的石油王國，無疑面臨著極大的競爭風險。首先碰到的是石油被幾家大石油公司壟斷，哈默無法插手；沙烏地阿拉伯是美國埃克森石油公司的天下，哈默難以染指……

如何解決油源問題呢？ 1960 年，當花費了 1,000 萬美元勘探基金而毫無結果時，哈默再一次冒險的接受一位青年地質學家的建議：舊金山以東一片被行士石油公司放棄的地區，可能蘊藏著豐富的天然氣，並建議哈默的西方石油公司把它租下來。哈默又千方百計從各方面籌集了一大筆錢，投入了這一冒險的投資。當鑽到 860 英尺（262 公尺）深時，終於鑽出了加利福尼

亞洲的第二大天然氣田，估計價值 2 億美元以上。

　　風險和利益的大小是成正比的。畏首畏尾，從不願意冒險的人頂多維持目前的狀況，而取得卓越成功的通常皆是有膽有識，敢冒風險的人。機遇就在我們面前，就看誰敢於冒風險了。

　　其實，任何經營，都有風險。即使守著幾分田種糧食，也可能會遇到天災。一般來說，風險越大的經營，利潤也會越高。要想發財致富，就不能因為害怕風險，裹腳禁足，謹小慎微，不敢有所行動，或是「傻子種田看隔壁」，人家做什麼我做什麼。這樣做，表面上看不會出差錯，風險比較小，實際上，現在經營中很多一哄而上而又一哄而散的現象，恰恰是因為這樣的心理造成的。因為懼怕風險，反而更有風險。

　　世界上沒有萬無一失的成功之路，商業戰場總帶有很大的隨機性，各要素變幻莫測，難以捉摸。對於一項有風險的投資，當別人猶猶豫豫的時候，你迅速做出決斷，大膽承擔起來，很可能這就是改變你的命運的關鍵性一步。

將目光放長遠一些

　　在當今高速發展的社會裡，很多人都無法預測和想像兩年後的社會將成為什麼樣子。但即使如此，想要成就人生，成就事業就不能不去企劃明天預見未來，這就需要有遠見。沒有遠見的人只看到眼前的、摸得著的、手邊的東西。相反，有遠見的人心中裝著整個世界。如果想成大事，就必須確定你有遠見的目標。

　　對於創業的人來說，沒有什麼比成功更令人嚮往的了。但是，怎樣才能成功呢？美國作家唐‧多曼在《事業變革》一書中認為，「把眼光放長遠」是

踏上成功之路的一條祕訣。

曾經有兩個企業都想在某郊區投資地產,並各派了專人前去調查那裡的情況。結果 A 企業的人在考察之後,向公司報告說:「那裡人口稀少,房產業發展機會渺茫,房子修好了也沒有人來住。」而 B 企業的人則在考察之後,向公司報告說,「該地雖然人口稀少,但那裡環境幽雅,人們厭倦了都市的喧囂,一定會喜歡在那裡置產生活。」果然不出 B 企業的所料,隨著都市包圍農村,城裡人越來越嚮往農村生活,尤其是一些農家樂,辦得更是如火如荼。所以 B 企業的投資是明智的。

A 企業的人員鼠目寸光,只看見眼前事物的表象,而 B 企業的人卻高瞻遠矚,從表象裡預見到未來。B 企業的遠見卓識遠遠高於前者。如果一個企業的主管像 A 企業的人一樣短視,那麼他的動作很可能都是短期行為,而如 B 企業那樣見識過人,眼光放長遠一點,就能使企業獲得長遠的利益。

眼光長遠的人,才會有著廣闊的天地,去拚搏、去奮鬥。作為一個商人,經營眼光往往會決定他的生意能夠做多大,以及他用怎樣的方式來賺錢;如果擁有一縣的眼光,那麼就可以做一縣的生意;如果你有一國的眼光,那麼你就可以做一國的生意;如果你擁有世界的眼光,那麼你就可以做世界的生意!

思路決定出路,眼光決定未來。通常有長遠眼光的人,常常能夠不拘於現有的狀況,對事物發展做出大膽的預測,具有冒險精神,並且有著睿智的頭腦,並非憑空去放遠他們的眼光,他們懂得如何能夠實現目標。

鋼鐵大王安德魯‧卡內基創業之初,正是美國南北戰爭時期。戰爭的發生,使鐵路橋梁屢屢被毀,國家損失慘重,但仍然要及時的進行補修重建,在這方面的耗資是十分巨大的。具有遠見的安德魯‧卡內基馬上發現了賺錢

的機會，他打算成立一個鐵橋建設公司。但當時他手頭的錢還不足以建立一個公司，好多人勸他說：現在的工作收入也不錯，何必要去冒險呢！但他一旦下定決心，就會立即付諸於行動。他四處籌集資金，很快建立了鐵橋建設公司，那時專門從事這一行業的公司還很少，且大多設備不全，不能擔起所有專案的設計和施工。所以卡內基鐵橋建設公司成立後，工程不斷，大量的財源流入了安德魯‧卡內基的口袋。

正當他的事業十分興隆之時，他卻放棄了自己苦心創建的鐵橋建設公司，這一做法讓許多人不理解，他們認為卡內基太不自量力了，這麼好的事業不去繼續開拓，反而捨棄掉現有的勝利成果，改行做別的，讓一切重新開始，一定是被成功沖昏了頭腦。但卡內基不以為然，他的眼光比普通人看得遠，他相信自己的判斷。他認為：「美洲大陸現在是鐵路時代、鋼鐵時代！需要建造鐵橋、火車頭和鐵軌，鋼鐵生意將是一本萬利的。」鐵路將成為美國最賺錢的行業，也是需要鋼鐵最多的地方。鐵路造得越多，對生產和經營鋼鐵者就越有利。他決定在鋼鐵方面開拓自己的事業。

為了掌握鋼鐵技術和先進的經營方法，他毅然放下手頭的一切，到歐洲作了長達 280 天的考察。在倫敦他參觀了鋼鐵研究所，買下了工程師道茲兄弟的鋼鐵製造法的專利。同時，他還買下了焦炭洗滌還原法的專利。回國後，卡內基就像是重新上緊了發條的機器一樣，迅速行動起來，全力向鋼鐵王國進軍。

1868 年，安德魯‧卡內基建立了聯合製鐵廠，並建立起了一座高 22.5 公尺當時世界最大的熔鐵爐。1872 年，他在匹茲堡的南面建起了一座鋼鐵廠，他的鋼鐵廠規模是當時美國最大的。卡內基的事業開始進入輝煌時期。在企業管理中，卡內基特別注意鼓勵工人尤其是技術人員放遠目光，努力學

習當時最先進的生產技術，注重技術的革新，所以卡內基企業的生產力一直在美國甚至是整個歐洲都處於領先地位。

卡內基自己更是時時關心當時最新的市場變化，並注意分析整個市場的走向，適時採取最有效的經營策略，所以他永遠都是走在時代最前列的企業家。1873 年，一場嚴重的經濟危機席捲了整個美國，他投資的新興鋼鐵業卻獨領風騷，正如他所預測的那樣：鐵路公司正在用鋼軌調換鐵軌，軍火工業和其他工業對鋼鐵的需求也在迅速增加。沒有多長時間，安德魯·卡內基的資產就翻了好幾倍，他的公司幾乎壟斷了美國的鋼鐵市場，他也一下子成了美國最有錢的富豪之一，並被譽為美國「鋼鐵大王」。

成功的捕捉商機，需要有敏銳的市場洞察力和分析力，不能光看眼前利益，而要把目光放遠，看到今後的發展趨勢，只有事事走在別人前頭，才有必勝的把握。

做生意要有長遠眼光，立足於長遠的利益。在商業社會中，流傳著這樣一句話：「大生意做趨勢，中生意看形勢，小生意看態勢。」這說明做生意必須具有國際視野，能全景思維，有長遠眼光，時刻留心捕捉生意資訊並且加以全面科學的分析，是經商必須要修練的基本功。

成功是借來的，失敗是自找的

投資「潛力股」，留下「人情債」，他人的資金、友好的關係……商業，就是這麼簡單！

作　　者：李定汝，潘鴻生

發 行 人：黃振庭

出 版 者：崧燁文化事業有限公司

發 行 者：崧燁文化事業有限公司

E-mail：sonbookservice@gmail.com

粉 絲 頁：https://www.facebook.com/
　　　　　sonbookss/

網　　址：https://sonbook.net/

地　　址：台北市中正區重慶南路一段六十一號八
　　　　　樓 815 室

Rm. 815, 8F., No.61, Sec. 1, Chongqing S. Rd., Zhongzheng Dist., Taipei City 100, Taiwan

電　　話：(02)2370-3310

傳　　真：(02) 2388-1990

印　　刷：京峯彩色印刷有限公司（京峰數位）

律師顧問：廣華律師事務所 張珮琦律師

國家圖書館出版品預行編目資料

成功是借來的，失敗是自找的：投資「潛力股」，留下「人情債」，他人的資金、友好的關係 …… 商業，就是這麼簡單！/ 李定汝，潘鴻生 著 . -- 第一版 . -- 臺北市：崧燁文化事業有限公司，2022.04
　　面；　公分
POD 版
ISBN 978-626-332-269-1(平裝)
1.CST: 生活指導 2.CST: 職場成功法
177.2　　111003715

電子書購買

臉書

定　　價：375 元

發行日期：2022 年 04 月第一版

◎本書以 POD 印製